Haus-Planset

Bauen, Ausbauen, Renovieren leicht gemacht
Anleitungen • Tipps • Informationen

Klaus M. Bayer

BELLAVISTA

Freuen Sie sich auf Ihr schönes Zuhause!

„Die große Mehrheit der Bürger wünscht sich, in den eigenen vier Wänden zu wohnen. Diesem Verlangen kommt das Haus-Planset entgegen, mit dessen Hilfe der virtuelle Lieblingstraum ein Stück Planungsrealität aus eigener Hand gewinnt."

Rüdiger Dorn, Präsident „Haus & Grund" Deutschland

Inhalt

Entscheidung, Planung, Finanzierung

Baustoffe

Das Dach

Das Fundament

Fassadengestaltung

Haustüren

Fenster

Wintergärten

Trockenausbau

Zimmertüren

Wand- und Bodengestaltung

Die Treppe

Badgestaltung

Die Küche als Lebensraum

Die moderne Heizung

Öfen

Der Dachausbau

Wärme- und Schallschutz

Elektroinstallation

Noch mehr Ratgeber

So können Sie mit dem Planset perfekte Ergebnisse erzielen !

Unser Tipp:

Legen Sie Transparentpapier über Ihre Grundrisszeichnung und probieren so einfach Alternativ-Lösungen, ohne immer gleich alles neu konstruieren zu müssen!

Lieber Leser!

Architekten und Redakteure haben das Haus-Planset so konzipiert, dass Sie sich umfangreich informieren können. Eine Fülle von ausgesuchten Produkten, Tipps und Ideen sowie Anleitungen finden Sie zu den häufigsten Bauaktivitäten.
Sucherei und Wege ersparen Ihnen die Angaben von Herstellern mit kompletten Adressen.

Besuchen Sie uns auch einmal im Internet: www.bauzirkel-verlag.de.
Dort finden Sie u. a. eine Menge interessanter Links.

Bevor Sie mit der Arbeit loslegen, lesen Sie sich bitte in der Baufibel das erste Kapitel durch. Hier werden entscheidende Punkte zur Wahl des Haustyps, zur Finanzierung und Gebäudeversicherung angesprochen.
Da Zeit und Geld zwei Dinge sind, die einem immer wieder weglaufen, ist ein Zeit- und Kostenplan in der Zeichenmappe, in dem Sie alle Daten festhalten können.

Die Grundrissplanung

Mit Hilfe des Maßstabes können Sie maßstabsgerechte Grundrisse und Wandansichten selbst zeichnen. Karopapier erleichtert das Zeichnen von geraden und rechtwinkeligen Linien.
Auf Ihrer Grundrisszeichnung können Sie mit den Möbelschablonen Ihre Einrichtung so lange hin- und herschieben, bis Sie die beste Lösung gefunden haben. Nachdem Sie die optimale Grundrissaufteilung festgelegt haben, sollten Sie sich mit der Farbgestaltung Ihrer Räume beschäftigen.

Mit den zum Set gehörenden Schablonen können Sie einfach „Möbel rücken" und maßstabsgerecht planen.

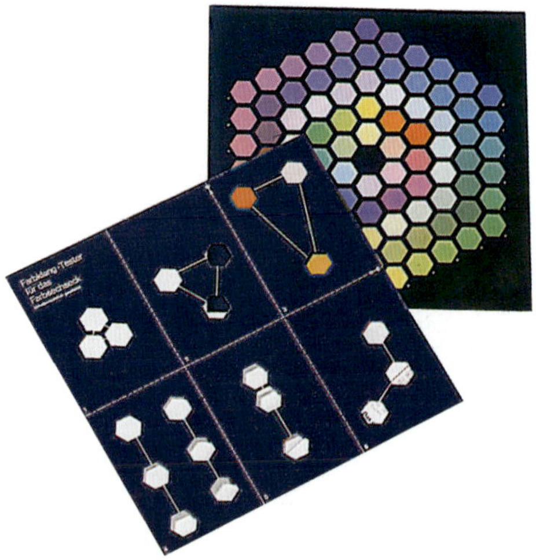

Mit diesem einmaligen Farb-Sechseck können Sie unzählige Farbklänge auswählen, die immer harmonisch sind!

Die Farbplanung

Das Thema „Farbe" ist sehr komplex. Es stellt sich die Frage, ob Sie Ton in Ton bevorzugen oder mit Kontrastfarben wohnen möchten, welche Materialien und Oberflächenstrukturen sich miteinander harmonisch kombinieren lassen.
Mit den von Farbberatern entwickelten Farb-Gestaltungsbögen können Sie ausgewählte Farben ausschneiden und kombinieren.
Um den Eindruck verschiedener Materialien zu bekommen, bedienen Sie sich

der Strukturfolien, die Sie auf die Farben legen und somit unterschiedlichste Kombinationen treffen können. Mit dem neuartigen Farbsystem können Sie enorm kreativ werden; es ermöglicht Ihnen eine Fülle von Farbvariationen.

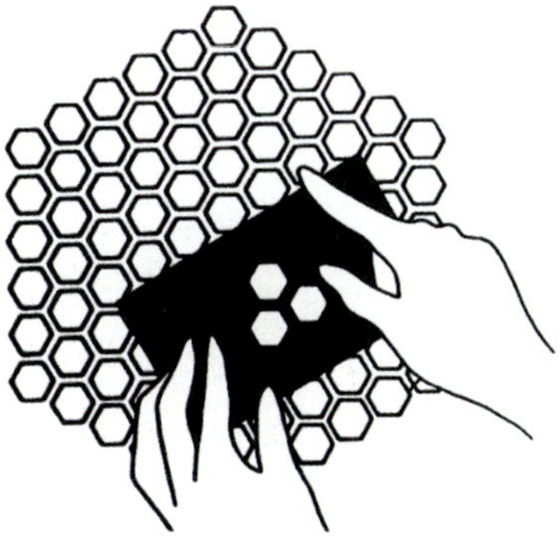

Interessante und gekonnte Farbkombinationen erzielen Sie auch mit dem Farbklangwähler. Sie beginnen folgendermaßen:

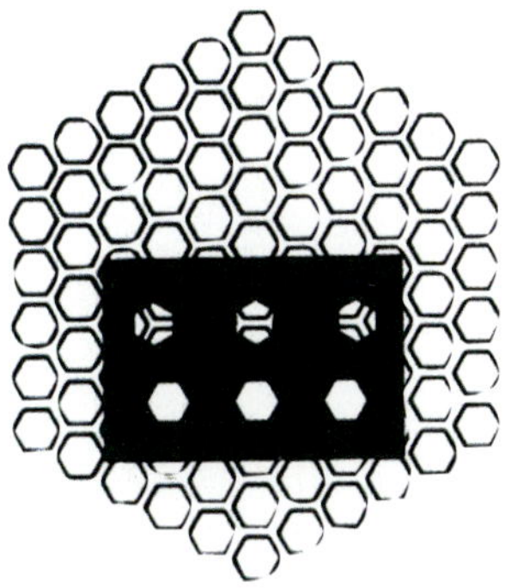

Als Ausgangspunkt wählen Sie zunächst eine Farbe, die Ihnen für den gedachten Zweck als Grundton am geeignetsten erscheint. Die zweite Überlegung wäre die, in welchem Spannungsverhältnis der zweite und dritte Ton zum ersten stehen soll. Neigen Sie zu starken Kontrasten, so wählen Sie zum Suchen die Masken, bei denen die Sechseckfenster weiter auseinanderliegen.

Seien Sie mutig bei Ihrer Farbgestaltung! Farbige (nicht bunte) Räume sind extravagant und stimmungsvoll. Abb. J.D. Flügger

Für Ton-in-Ton-Stimmungen dagegen sind die Masken, bei denen die Fenster nahe zusammen oder in einer Reihe liegen. Beim Arbeiten mit dem Sechseck ist zu beachten, dass die Farben des Spektrums in der äußersten Reihe liegen. In der Reihe nach innen sind alle Farben getrübt und in ihrer Intensität gebrochen. In der nächsten Reihe sind wiederum die getrübten Farben aufgehellt. Es folgt dann die Reihe mit einer kleineren Auswahl von reinen Farben, die um 180 Grad gedreht angeordnet sind und so die Möglichkeit erlauben, Klänge zu finden, die sich aus Komplementärfarben zusammensetzen. Die Reihe in der Mitte enthält eine Auswahl reiner und aufgehellter Farben. Liegen die Farben fest, so suchen Sie sich diese aus der Farbtonkarte aus und zeigen Sie sie Ihrem Maler.
Die besprochenen Planungsmaterialien liegen nicht jedem Buch bei und können beim Verlag bestellt werden. Adresse siehe Impressum.

Die Bauausführung

Und noch etwas – soll es an die Ausführung gehen, so überlegen Sie gut, ob Sie je nach Größe Ihres Bauvorhabens einen Architekten einschalten, um fachgerecht zu bauen und auch hieb- und stichfeste Verträge für Handwerker und Unternehmer zu bekommen.
Außerdem kann durch die Kenntnisse des Architekten mit neuesten Technologien und Materialien besser und kostengünstiger gebaut werden.
Im Folgenden informieren wir Sie über die wichtigsten Gewerke und zeigen Ihnen ausgewählte, empfehlenswerte Produkte. Um Ihnen lästige Recherchen zu ersparen, haben wir gleich die kompletten Hersteller-Adressen mit aufgeführt.

Wir wünschen Ihnen viel Freude und Erfolg bei Ihrem Vorhaben.

Ihr Redaktions-Team

Klaus M. Bayer

Entscheidungshilfen zur Wahl des Haustyps

Gerade in Zeiten unstabiler Wirtschaftslagen haben sich Immobilien als sicherste Anlage bewährt. Eigentum schaffen, Werte bilden, Schützen vor Inflation. Immobilien verlieren ihren Wert nie!

Abb. Invito GmbH D-36381 Schlüchtern

Egal was Sie auch unternehmen, in welcher Form auch immer Sie Ihr Eigentum erwerben, am Anfang steht eine Entscheidung. Bevor Sie die Sonnenstrahlen auf der Terrasse genießen, bevor Sie den Kamin anzünden, müssen Sie sich für etwas entscheiden ...
Haben Sie sich entschieden, so empfiehlt es sich, einen Fachmann (Architekten) mit der Begutachtung des entsprechenden Objektes zu beauftragen.

Abb. Vöma-Bio-Bau GmbH • D-35619 Braunfels

„Eine Villa im Grünen, mit großer Terrasse, vorn die Ostsee, hinten die Friedrichstraße; mit schöner Aussicht, ländlich mondän, vom Badezimmer ist die Zugspitze zu sehn; aber abends ins Kino hast Du es nicht weit.“
(Kurt Tucholsky)

Massivbauweise: Das Bauträgerhaus

Bauträgergesellschaften bieten Häuser komplett, schlüsselfertig, zum Festpreis an.
Diese Gesamtleistung geht jedoch leider manchmal auf Kosten der Individualität für den Eigenheimsuchenden.

Grundstücke und Finanzierungsmöglichkeiten werden oftmals aus einer Hand mitgeliefert. Dieses Komplettangebot unterscheidet das Bauträgerhaus im Wesentlichen vom Architektenhaus.

Wer sich unter den verschiedensten Möglichkeiten auf dem Weg zum eigenen Domizil für das Bauträgerhaus entscheidet, hat die hier interessanten Vorteile berücksichtigt.

Der Bauherr
- spart sich das mühsame Suchen nach einem geeigneten Grundstück,
- muss keine Zeit für die Architektensuche aufwenden,
- erspart sich teilweise Nerven aufreibende und zeitaufwändige Verhandlungen mit Behörden und Bauhandwerkern,
- weiß von vornherein, was sein Wunschobjekt kostet,
- kann oftmals bereits an Ort und Stelle die Realität betrachten, prüfen, wo der Wohnzimmerschrank demnächst steht, und kann die Finanzierung maßgerecht auf den Festpreis abstellen.

Ohne Zweifel Argumente, die man nicht so einfach vom Tisch streifen sollte. Fakten, die überlegenswert sind.
Gerade für den Stadtmenschen, für den Teil der Bevölkerung, der in Ballungszentren lebt, gibt es kaum noch Alternativen; der Weg zur Bauträgergesellschaft, der Kauf eines Bauträgerhauses ist in vielen Fällen die einzige Möglichkeit. Wer ein Haus oder eine Eigentumswohnung kaufen will, kommt um Bauträgerofferten nicht herum.

Um ihre Häuser zu möglichst verlockenden Preisen anbieten zu können, sparen Bauträger häufig bei Bauqualität und Ausstattung. Kontrolle vor Vertragsabschluss ist nötig. Schon mancher Eigenheimkäufer, der sich für das Konfektionsangebot einer Bauträgergesellschaft entschieden hat, um Geld, Zeit und Ärger zu sparen, erlebte nach dem Einzug ins neue Domizil unangenehme Überraschungen.
Weil die Qualität dieser Häuser von der Stange oft nicht den heutigen Mindestanforderungen entspricht, zeigen sich häufig schon bald nach Fertigstellung die ersten Mängel. Auf die oft meist blumig abgefassten Texte, in denen die Bauträgerunternehmen Baumaterialien und Bauweise beschreiben, ist mitunter kein Verlass. Vielmehr sollten Kaufinteressenten vor der Vertragsunterschrift über die Baubeschreibung hinausgehende Detailinformationen zum wahren Wert der angebotenen Bausubstanz verlangen.

Massivbauweise: Architektenhaus

Noch vor wenigen Jahren gab es für einen Bauwilligen im Grunde nur einen Weg zum Eigenheim: Er ging zu einem Architekten, ließ sich von diesem ein Haus entwerfen und baute es mit örtlichen Handwerksfirmen.

Dieser Weg zum Eigenheim wird auch heute noch von den meisten Bauherren eingeschlagen. Ein auf konventionelle Art und Weise gebautes Haus hat unbestreitbare Vorzüge. Ganz ohne Frage – die Individualität.

Ein mit den örtlichen Verhältnissen vertrauter, guter Architekt wird sich bemühen, die in langen Gesprächen entwickelten Wünsche und Vorstellungen des Bauherrn, die Gegebenheiten des Baugrundstücks, die Bebauung der Nachbarschaft, regionale Besonderheiten der Architektur, die Vorschriften des Bebauungsplanes und schließlich die finanziellen Möglichkeiten des Bauherrn mit seiner Idee, mit seiner „Handschrift" in Einklang zu bringen.
Auch bei der Detailplanung kann auf die Wünsche des Bauherrn eingegangen werden. Und ein kluger Bauherr wird sich informieren, um nicht nur bei der Farbe des Teppichbodens und der Tapete mitsprechen und mitbestimmen zu können, sondern auch bei den „unsichtbaren", aber substanziellen Dingen wie Baustoff, Wärmedämmung, Heizsystem, Fensterfabrikat, Elektroinstallation usw.

Die Individualität im weitesten Sinne und die Möglichkeit zur Mitbestimmung sind objektive Vorzüge des konventionellen Hausbaus gegenüber Alternativen. Die weit verbreitete Meinung, ein solides, dauerhaftes, wetterbeständiges Haus müsse Stein auf Stein gemauert sein, ist dagegen kein objektives Argument. Jeder Baustoff hat seine Vor- und Nachteile. Die beim konventionellen Haus verwendeten klassischen Materialien haben sich in Jahrhunderten bewährt.
Konventionelles, massives Bauen setzt einen aktiven Bauherrn voraus. Einen Bauherrn, der Zeit, Interesse und Geduld hat, sein eigenes Haus mitzugestalten, der bereit ist, Entscheidungen zu treffen. Ein informierter Bauherr, der engagiert und interessiert ist, und ein fähiger Architekt werden mit der Massivbauweise kaum Schiffbruch erleiden. Im Gegenteil. Sie werden ein „einmaliges", auf die Wünsche des Bauherrn zugeschnittenes Haus erbauen, das in die Landschaft und Umgebung passt, das funktionell, bau- und haustechnisch in Ordnung ist und das den Kostenvoranschlag des Architekten nur in einem erträglichen Maß übersteigt. Individuelles Bauen ist stets mit finanziellem Risiko verbunden. Die Wahl des Architekten ist der wichtigste Schritt des Bauherrn, die Kosten im Griff zu behalten, um so die positive Einstellung zur Massivbauweise und dem Architektenhaus anderen weiterzuempfehlen.

Das Ausbauhaus

Diese Bauform ist als eine Unterform des Selbstbauhauses zu sehen. Es handelt sich um das Angebot, den Innenausbau in Eigenleistung oder den weiteren Ausbau je nach Bedarf bzw. Lebensabschnitt vorzunehmen.

Das Angebot vieler Bauträgerfirmen:

Wir übernehmen Schreibkram, Behördenwege, den konstruktiven Massivbau, Sie übernehmen den Ausbau – das Ausbauhaus.

Der Kunde erhält einen wetterfest erstellten, abschließbaren Rohbau, dessen Dach bereits eingedeckt und der mit Fenstern sowie der Haustür ausgestattet ist. Dem Bauherrn bleiben die Arbeiten im Hausinneren, die er je nach handwerklichem Können allein oder mit Hilfe von Fachleuten bewältigen kann. Präzise Anleitungen helfen dem künftigen Hauseigner, das richtige Material mit dem richtigen Werkzeug am richtigen Platz zu installieren.

Heute nutzt bereits jeder dritte Hauskäufer die Möglichkeit, selbst Hand anzulegen. In welchem Umfang er das tut, bleibt eine Frage seiner handwerklichen Fähigkeiten. Zweifelsohne ist also das Ausbauhaus eine gute Möglichkeit, eine interessante Alternative für denjenigen, der seine Grenzen bei der „Do-it-yourself“ Methode erkennt. Aber aufgepasst! – auch die Angebote und Festpreisdarstellungen der Firmen sind genauestens zu prüfen.

Sie als künftiger Bauherr wollen Geld sparen. Passen Sie also auf, dass Ihr Ausbauhaus nicht zu teuer eingekauft wird. Da wir gerade beim Geld sind, abschließend der Hinweis, dass der Fleiß des Bauherrn leider vom Finanzamt schlecht belohnt wird. Die eigene Arbeitsleistung zählt nicht zu den Herstellungskosten des Hauses, die steuermindernd abgeschrieben werden können. Nur das eingekaufte Baumaterial erkennen die Finanzbeamten als absetzbare Herstellungskosten an.

Abb. BAUFRITZ

Unser Tipp:

Der Begriff Ausbauhaus ist, was den Leistungsumfang betrifft, nicht genau festgelegt.

Klären Sie deshalb mit den Anbietern genau ab, was für Leistungen und Materialien in dem Ausbauhaus enthalten bzw. nicht enthalten sind.

Altbau-Modernisierung

Die Modernisierung hat seit Mitte der 70er-Jahre in der Bundesrepublik – nicht zuletzt dank staatlicher Förderung – einen enormen Aufschwung genommen. Der Anteil von Modernisierungsinvestitionen am gesamten Wohnungsbauvolumen ist auf rund 40 Prozent angestiegen. Viele Millionen Wohnungen wurden durch Modernisierungsmaßnahmen in ihrem Wohnwert wesentlich verbessert.
Für Käufer eines alten Hauses, aber auch für Eigentümer, zahlt sich eine Modernisierung aus. Die Vorteile liegen auf der Hand:

- Erhalt der Bausubstanz
- Verbesserung des Wohnwertes
- Erhöhung des Wohnkomforts
- Vergrößern der Wohnfläche durch Um- oder Anbau
- Nutzen staatlicher Hilfen

Wenn jemand seine Wohnung oder sein Haus modernisieren möchte, ist es für ihn notwendig zu wissen, welche Arbeiten er in welchem Umfang durchführen muss und kann. Auch die Finanzierung sollte gesichert sein – diese wird in diesem Ratgeber an anderer Stelle erläutert. Wichtig ist es aber in jedem Fall, die Arbeiten in einer sinnvollen Reihenfolge selbst durchzuführen oder von entsprechenden Fachleuten durchführen zu lassen. In Gesprächen mit den zuständigen Behörden oder Fachleuten tauchen immer wieder verschiedene Begriffe auf. Damit diese richtig angewandt werden, wird hier zunächst eine kurze Erläuterung der verwendeten Begriffe gegeben:

Renovierung

An und in einem Haus oder einer Wohnung werden gezielte Erneuerungen vorgenommen.

Ein perfekt renoviertes Haus ist ein Schmuckstück

Modernisierung

Ein Haus, eine Wohnung wird durch umfangreiche Veränderungen bei weitgehendem Erhalten der vorhandenen Bausubstanz qualitativ verbessert.

Sanierung

Einen Altbau komplett abreißen und durch ein neues Gebäude ersetzen.

Altbauerneuerung

ist der Oberbegriff, der Modernisierung und Sanierung einschließt.

Bauliche Maßnahmen, die den Gebrauchswert verbessern, in Stichpunkten.

Neue Fenster

Einfach verglaste Fenster durch doppelverglaste ersetzen, gleichzeitig Vergrößerung oder Schaffung neuer Fensteröffnungen, Einbau von Rollläden.

Fußbodenerneuerung

Zum Zweck der Verbesserung von Wärme- und Trittschalldämmung.

Heizung

Einbau neuzeitlicher Heizungsanlagen, Einbau von Solar- und Photovoltaik-Anlagen und von Steuerungs- und Regeleinrichtungen, um die wirtschaftliche Ausnutzung der Energiequelle zu gewährleisten, Umstellung auf alternative Heizmöglichkeiten.

Fassade

Maßnahmen zur Wärmedämmung, Wärmedämmputz, Verklinkerung usw.

Was Sie auch tun ...

vieles ist einfacher geworden. Sie können mit wenig Mitteln sparsam um- oder ausbauen, mit fertigen Systemen problemlos modernisieren. Trocken ausführbare Bautechniken und viele vorgefertigte Bauteile ermöglichen eine rasche und einfache Fertigstellung. Ausbauprogramme, die aufeinander abgestimmt sind und den statischen und bauphysikalischen Ansprüchen des Altbaus entgegenkommen, sind wertvolle Hilfen.

Worauf es beim Hausbau ankommt

Perfektion in Planung und Bauablauf. Für Bauwillige ist es nicht gerade einfach, sich im Angebotsdschungel der Hausbauunternehmen zurechtzufinden. Neben dem Bau- und Ausstattungsstandard, dem Grundriss und der Architektur müssen auch die Konditionen beim Kaufvertrag stimmen.

Gerade beim schlüsselfertigen Bauen gibt es große Unterschiede, die oftmals im Detail liegen. Viel Geld kann deshalb sparen, wer verschiedene Angebote prüft und genau miteinander vergleicht. Im Zweifel lohnt es sich, beim Bauunternehmen nachzufragen. Schließlich ist das Eigenheim in der Regel die größte Investition, die man in seinem Leben tätigt. Beachten sollte man auf alle Fälle folgende Punkte:

Eine sichere Kalkulation für den Bauherrn ist nur dann möglich, wenn er mit einem Festpreis rechnen kann. Im Fertigbau ist eine Festpreisgarantie üblich, die für ein Jahr gilt. Es gibt aber auch schon Unternehmen, die diese Garantie auf 15 Monate verlängert haben. Weiterer Tipp: Ausstattungsdetails und Extras in den Vertrag mitaufnehmen lassen, dann ist der Festpreis gleichzeitig auch der Endpreis.

Bei den Gewährleistungszeiten sind heute 30 Jahre für die Grundkonstruktion Standard. Für die übrigen Bauteile schreibt die Verdingungsordnung für Bauleistungen (VOB, Teil B) lediglich eine Gewährleistung von zwei Jahren vor. Aber auch hier gilt: Es gibt Hausbauunternehmen, die von sich aus eine Gewährleistung von fünf Jahren anbieten.

Seit dem In-Kraft-treten der Energieeinsparverordnung am 1.2.2002 sind Niedrigenergiehäuser Standard. Um günstige Kredite von der Kreditanstalt für Wiederaufbau (KfW) erhalten zu können, darf der Primärenergiebedarf eines Hauses nicht höher als 60 kWh/m^2 und Jahr (Energiesparhaus 60) bzw. 40 kWh/m^2 und Jahr (Energiesparhaus 40) betragen. Diese Voraussetzung wird von führenden Anbietern vertraglich garantiert.

Ökologisch sinnvolle Komponenten wie Solar- und Regenwassernutzung sind normalerweise mit Mehrkosten verbunden. Bei knappem Budget sollten zumindest die Optionen für eine spätere problemlose Nachrüstung vorhanden sein. Diese sind ebenfalls schon ohne Aufpreis erhältlich.

Die Ausstattungsunterschiede sind teilweise gravierend. Während beispielsweise in vielen Fällen für das Wohnzimmer lediglich Teppichboden in der Basisausstattung zur Wahl steht, gibt es bei anderen Anbietern auch Bodenfliesen zum gleichen Preis. Qualitätsunterschiede stecken oft im Detail: Eine Vollglas-Duschkabine, Außenfensterbänke aus Granit oder Innenfensterbänke aus Marmor sind Beispiele für einen hochwertigen Ausstattungsstandard.

Angesichts der Tatsache, dass die Heizung rund 80 Prozent des Energieverbrauchs eines Hauses ausmacht, sollte auf eine Energie sparende Technik größter Wert gelegt werden. Bewährt haben sich Öl- oder Gas-Niedertemperaturheizungen. Den günstigsten Energieverbrauch weisen Gasheizungen mit Brennwerttechnik auf – auch diese gibt es bei renommierten Hausbauunternehmen schon standardmäßig.

Einen einzigen Vertragspartner für den Hausbau zu haben, bedeutet für die Bauherren kaum Stress und Risiko. Aus diesem Grund entscheiden sich immer mehr für das Angebot „Haus und Keller aus einer Hand“. Im Fertigbau gibt es Firmen, die das Haus komplett vom Keller bis zum Dach errichten.

Der Bauherr sollte die Gewissheit haben, dass Bauteile gesundheitlich und ökologisch unbedenklich sind. Die Mitglieder der Qualitätsgemeinschaft Deutscher Fertigbau (QDF) haben sich zu strengen Qualitätskontrollen durch neutrale Institute verpflichtet. Weit darüber hinaus geht der Gebäudepass der Landesgewerbeanstalt Bayern (LGA), den z. B. WeberHaus für das gesamte Hausprogramm erhalten hat.

Infos unter:
WeberHaus GmbH & Co. KG
Am Erlenpark 1 • D-77866 Rheinau-Linx
Info-Line +49 (0) 180/5 23 13 45
Fax 0 78 53/83-4 17
info@weberhaus.de • www.weberhaus.de

Gute Argumente für den Fertigbau

Es gibt viele Argumente für den Hausbau in Fertigbauweise. Mit Hilfe hochmoderner, umweltverträglicher Produktionsstätten werden solide, kostengünstige Häuser mit hohem Qualitätsstandard gebaut.

Aufgrund ihrer spezifischen Konstruktion bringen moderne Fertighäuser beste Voraussetzungen für den Einsatz moderner haustechnischer Systeme mit, seien es nun Anlagen zur kontrollierten Be- und Entlüftung mit Wärmerückgewinnung, Solaranlagen oder Photovoltaikanlagen. Auch in der Entwicklung von Niedrigenergiehäusern sind Fertighäuser führend.

Festpreis-Garantie

Immer wieder geraten Bauherren in finanzielle Schwierigkeiten, weil ihr Traumhaus teurer wird, als im Kostenvoranschlag absehbar war. Heute schon ist klar, was das Haus morgen kostet. Sie sind die Sorge wegen höherer Löhne und steigender Materialkosten los!

Vereinbarter Fertigstellungstermin

Bereits beim Vertragsabschluss kann der Termin für die Schlüsselübergabe vereinbart werden.

Beim Fertigbau werden die einzelnen Bauteile in witterungsgeschützten Werkhallen weitgehend vorgefertigt. Hierdurch wird ein Höchstmaß an Unabhängigkeit von den Wetterbedingungen auf der Baustelle erreicht, die planerische Terminsicherheit mit sich bringt. Der Vorteil für den Bauherren: Der Umzug kann frühzeitig vorbereitet werden, und man kündigt den alten Mietvertrag zur rechten Zeit. Die Miete endet genau dann, wenn die Tilgung für das neue Haus beginnt. Mit der Fertigbauweise spart man dank kürzerer Fertigstellung Kosten für die Zwischenfinanzierung.

Es ist oft schwierig, die Arbeiten der verschiedenen Firmen und Handwerker auf der Baustelle unter einen Hut zu bringen. Schlechtes Wetter oder Probleme mit einer einzelnen Firma bringen leicht den ganzen Zeitplan durcheinander. Dieser Nervenkrieg, der Zeit und Geld kostet, entfällt beim Fertigbau vollkommen, weil man mit dem Hausbau-Unternehmen nur noch einen einzigen Ansprechpartner hat.

Qualitätsgarantie

Der Hausbaumarkt ist für Sie als Laie nur schwer überschaubar. Der Verbraucher sucht nach Entscheidungshilfen. Hier ist die „Qualitätsgemeinschaft Deutscher Fertigbau“ (QDF), ein Zusammenschluss von namhaften Fertigbau-Unternehmen, eine beispielhafte Initiative für die gesamte deutsche Bauwirtschaft.

Abb. NovEx Hausbau GmbH · www. exnorm.de

Wetterunabhängige Produktion

Die Vorfertigung in geschlossenen Werkshallen zahlt sich aus. So kennt der Fertigbau im Herbst und Winter keine Saisonpausen, und die Qualität der Produkte ist gleichbleibend. Die häufigsten und teuersten Schäden im gesamten Hausbaubereich, etwa 57 Prozent, werden bei den Außenwänden und Dächern festgestellt. Im Fertigbau ist systembedingt ein Höchstmaß an Präzision und Güteüberwachung vorgegeben.

Mehr Wohnfläche

Die gute Wärmedämmung erreicht der Fertigbau mit wesentlich schmaleren Wänden als eine mit Ziegeln gemauerte Wand gleicher Leistung.

Lebensdauer

Ein Haus ist nicht nur Lebensbereich, sondern auch Kapitalanlage. Die hohen Qualitätsstandards im heutigen Fertigbau garantieren einen guten Wiederverkaufswert, der auch von Makler-Verbänden bestätigt wird. Dies belegt eine wissenschaftliche Untersuchung der Technischen Universität Braunschweig.

Umweltentlastung beim Hausbau

Die Fertigbauweise belastet die Umwelt in geringerem Umfang, da bei der Herstellung der Häuser ein niedriger Gesamtenergieaufwand erforderlich ist. Viele Fahrten zur Baustelle mit dem Lkw entfallen, denn nur die vorgefertigten Teile werden angliefert.

Abb. rechts: Bei einem Fachwerkhaus ist die Holzqualität und die fachgerechte Verarbeitung besonders wichtig. Abb. Emil von Elling Fachwerkhäuser

Schon so alt und immer modern: Die Holzbausysteme

Holzhäuser sind, gleichgültig welches Konstruktionsprinzip bevorzugt wird, alle wirtschaftlich, technisch ausgereift, gestalterisch perfekt und ganz individuell. Heute sind Holzhäuser High-Tech-Bauten. Für einen zeitgemäßen Holzbau stehen neben dem technisch fortentwickelten traditionellen Blockbau innovative Rahmen, Skelett- und Tafelbauten im Vordergrund.

Der Blockbau

Gebaut wurde er bereits in der Bronzezeit. Übereinander gefügte Stämme, rund und/oder profiliert, traditionell handwerkliche Eckverbindung und natürliche Oberflächenwärme bieten Behaglichkeit und Natur pur.

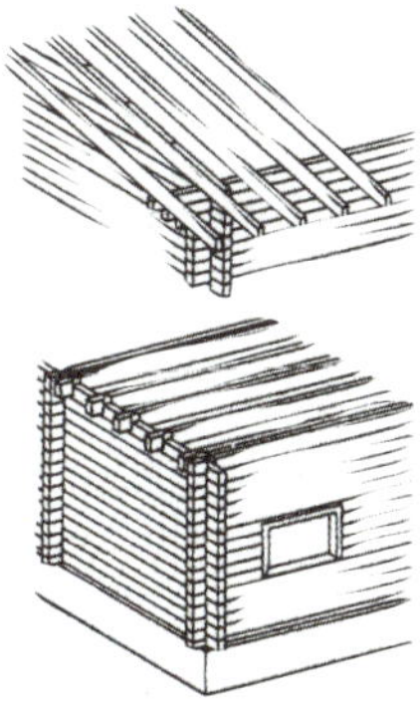

In Gestalt und Konstruktion sind traditionelle Verfahren und Optik mit modernem Wohnkomfort verbunden.
Abb. Emil von Elling Fachwerkhäuser

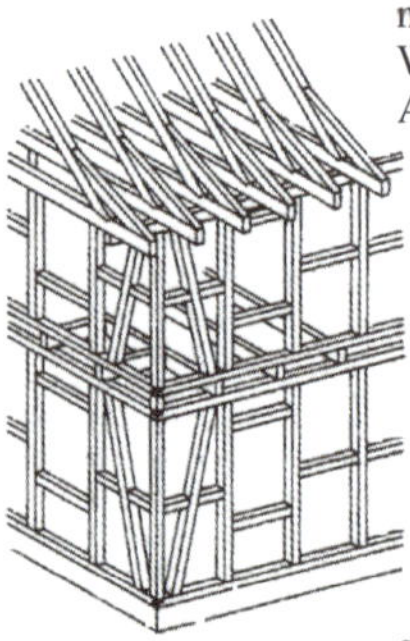

Der Fachwerkbau

Der nimmermüde Trendsetter vom Mittelalter bis in die Neuzeit. Der Stolz handwerklichen Könnens prägt regional unterschiedliche Konstruktionsformen und repräsentative Stadthäuser mit vier und mehr Geschossen. Stockwerk für Stockwerk aufgesetzt, bieten sie Zeugnis erhaltenswürdiger Stadtbilder und sind trotzdem technischen Neuerungen aufgeschlossen.

Der Skelettbau

Renaissance des Stabsystems mit klaren Linien und tragenden Stützen in unauffälligem Rastermaß. Systemplanung und die hohe Tragfähigkeit des Baustoffes Holz bieten größte Freiheiten in der Raumplanung. Ausgesteift wird mit Holzstrebe, Stahlverspannung oder integrierter „Scheibe".

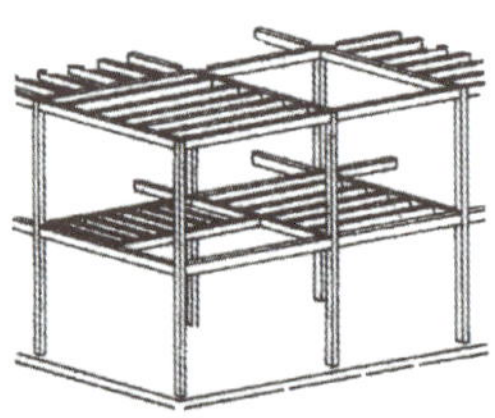

Der Tafelbau

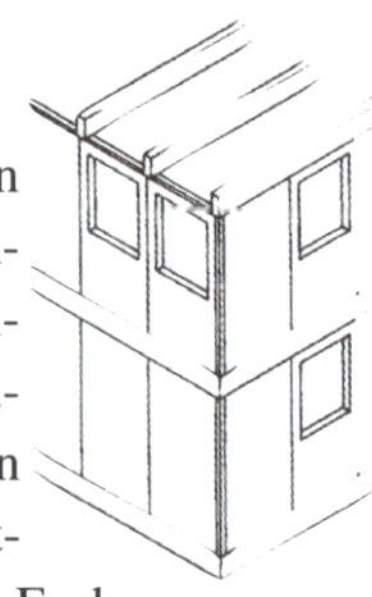

Vorgefertigte Tafeln bilden ein addierbares „Scheibensystem" und ergeben individuell gestaltete Gebäude. In der so genannten Holztafelbauweise entsteht zunächst eine Art Fachwerkkonstruktion, deren Zwischenräume mit schall- und wärmedämmenden Materialien gefüllt werden. Die Möglichkeit unterschiedlicher Materialkombinationen lässt keinen Wunsch offen, garantiert Niedrigenergiestandard und hohe Lebensdauer. Die Bauweise ist typisch für Fertighäuser.

Der Rahmenbau

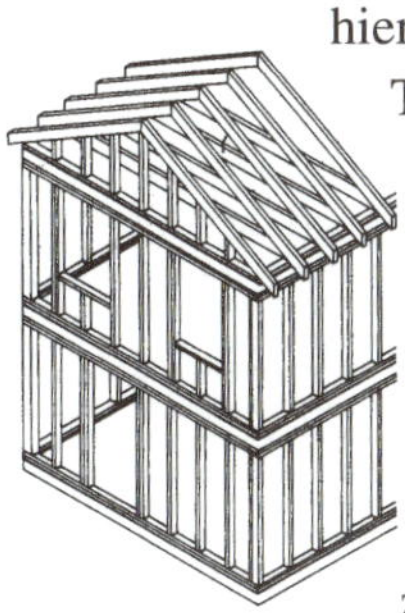

Dem Tafelbau verwandt, jedoch werden hier die teilweise vorgefertigten Tafeln erst am Bau komplettiert. Die unauffällige Standardisierung bietet alle Möglichkeiten für freies Gestalten und unterschiedlichste Ausstattungswünsche von kostengünstig bis zum verwöhnten Ambiente.

Quelle: Initiative Forst & Holz, Bonn

Modernes Bauen mit Lehm

Ökologisches Bauen, das heute den Rahmen der Wiederentdeckung des modernen Baustoffs Lehm bildet, verstand sich schon immer als ein Bauen mit Stoffen aus der Biosphäre – ein Bauen mit einfachen, verständlichen und lang bewährten Konstruktionen.

Lehm erobert sich seinen Marktanteil im Bauwesen, und seine Anwendung als Baustoff wächst stetig, da Lehm ein zeitloser Baustoff mit Tradition und besten Eigenschaften ist.

Lehm ist in fast jeder Region anzutreffen und mit geringstem Energieaufwand abzubauen. Kurze Transportwege zur Baustelle sind positive Nebenerscheinungen. Der Baustoff Lehm ist ohne Konservierung haltbar und frei von Schadstoffen. Lehmbauten haben dank der bauphysikalischen Eigenschaften ein angenehmes Raumklima, deren Bewohner oder Besucher es nicht missen möchten.

Ein Gebäude muss nicht unbedingt ganz aus Lehm bestehen. Kombinationen mit Naturstein, Holz, Stein, Beton, Stahl etc. sind möglich. Lehmputze und Lehmfarben lassen sich auch auf Ziegelstein-, Kalksandstein-, Zementsteinmauerwerk, Wände und Decken aus Beton, Gips etc. aufbringen.

Lehm hat viele gute Eigenschaften - kein Wunder, dass dieser uralte Baustoff heute ganz neu entdeckt wird.

Der Lehm als Baustoff hat Zukunft, da er vor allen anderen Baustoffen im Wohn- und Arbeitsbereich ein optimales Wohnklima erzeugt, wie z. B.

- Lehm reinigt die Raumluft aufgrund seiner diffusionsoffenen Oberfläche.
- Lehm regelt die relative Luftfeuchtigkeit auf ca. 50 Prozent, einen für den Menschen optimalen Wert.
- Lehm setzt die Ionisation der Luft herab.

Infos unter:

Ex-Norm Haus
Schwabstr. 45 • D-89555 Steinheim
Tel. +49 (0)73 29/9 51-0 • Fax 951-5 99
E-Mail: info@exnorm.de • www.exnorm.de

Bau-Fritz GmbH & Co.
Alpenstr. 25 • D-87746 Erkheim/Allgäu
Tel. +49 (0)83 36/9 00-0 • Fax 9 00-33
E-Mail: info@baufritz.com • www.baufritz.com

Emil von Elling & Sohn GmbH
Borsteler Weg 62-70 • D-21423 Winsen/Luhe
Tel. +49 (0)41 71/70 52-0 • Fax 7 54 01
E-Mail: info@fachwerkhaus.com
www.fachwerkhaus.com

Sjödalshus
Bamberger Str. 41 • D-97437 Haßfurt
Tel. +49 (0)95 21/95 17 30 • Fax 95 17 31
E-Mail: kontakt@sjoedalshus.de • www.sjoedalshus.de

H & K Märkische Lehmhaus GmbH
Matterhornstr. 104 • D-14129 Berlin
Tel. +49 (0)30/8 03 90 84 • Fax 0 30/8 03 12 44
www.lehmhaus-gmbh.de

Conluto Bauen mit Lehm
Köllerweg 13 • D-32825 Blomberg
Tel. +49 (0)52 36/82 71 • Fax 80 56
E-Mil: info@conluto.de • www.conluto.de

Dachverband Lehm e.V.
Postfach 11 72 • D-99409 Weimar
Tel./Fax +49 (0)36 43/58 34 31
E-Mail: dvl@dachverband-lehm.de
www.dachverband-lehm.de

Bundesverband Deutscher Fertigbau e.V. (BDF)
www.bdf-ev.de/musterhaeuser

Selbstbauhäuser in Eigenleistung — nicht für jedermann?

Durch Eigenleistungen kann man am Bau bis zu 25 Prozent der Baukosten sparen. Das ist die eine Seite der Medaille. Die andere Seite ist – Verzicht auf Freizeit, unprofessionelle Arbeit, oftmals teure Nacharbeiten durch Handwerker.

Wer mit offenen Augen über die Bauplätze in der Bundesrepublik schreitet, wird bereits nach kurzer Zeit eine interessante Feststellung machen. Die „Do-it-yourself-Bewegung" hat viele Anhänger, und es werden immer mehr. Ausschlaggebend für die steigende Nachfrage nach Selbstbau-Systemen, nach viel Eigenleistung, mag in erster Linie der Geldbeutel der künftigen Hausbesitzer sein; nicht alle sind finanziell auf Rosen gebettet. Bis zu 25 Prozent der Baukosten kann man sparen: Deshalb wagen viele das Abenteuer „„Hausbau mit Eigenleistung". Aus dieser Tatsache heraus erklärt sich die Tendenz, die Bewegung auf den Baumarkt bringt.

Jedenfalls ist die Befürchtung absurd, dass die Selbermacher die Arbeitsplätze der Profis gefährden könnten.

Gefährden kann doch nur der, der einem Anderen etwas wegnimmt. Bei den Selbermachern ist das aber nicht der Fall. Für sie gibt es doch oft nur die Alternative: entweder viel Eigenleistung im Bau investieren oder auf das eigene Heim verzichten.

Tatsache ist auch, dass der Selbermacher immer nur einen bestimmten Teil der Arbeiten am Bau selber machen kann. Den Rest muss er in die geschulten Hände des Fachmannes legen. Dieser profitiert letzten Endes von der Selbstbautendenz und erschließt sich einen neuen Markt, der ja ohne die „Do-it-yourselfer" nicht vorhanden wäre.

Abb. Poroton

Weil es Spaß macht!

Auch das hört man immer wieder; nicht nur die finanzielle Seite ist das Motiv für Eigenleistung, sondern auch der Wunsch nach körperlicher Betätigung. Von diesem „Fitnessangebot" mit realem Hintergrund machen sowohl Arbeiter und Angestellte als auch Akademiker, Manager und Beamte Gebrauch.

Aus Spaß an der Arbeit, an Bewegung und frischer Luft, greifen sie zu Spitzhacke und Schaufel. Nicht zuletzt auch mag mancher sein Haus in Eigenleistung errichten, um einfach eine Selbstbestätigung zu finden.

Das Angebot an Selbstbausystemen trägt diesem Umstand natürlich voll Rechnung. Jedermann findet in der Angebotspalette unterschiedlicher Bausätze das, was seinen Neigungen und Fähigkeiten entspricht. Es gibt Selbstbauhäuser aus Schalungssteinen, die mit Beton ausgegossen werden müssen. Es gibt Systeme, bei denen leichte Gasbetonsteine einfach aufeinander geklebt werden, und es gibt komplette Wandelemente, die der Selbermacher am Bauplatz zusammenfügen kann. Fast immer werden zu den Bausätzen reich bebilderte Anleitungen geliefert, die den Aufbau des eigenen Hauses bis ins letzte Detail beschreiben. Aber aufgepasst: Nicht immer geht alles so einfach, passt alles so haargenau, wie auf der Zeichnung beschrieben, und auch über die Gefahren und Risiken beim Selberbauen, beim Erbringen von Eigenleistungen sollten Sie informiert sein.

Voraussetzung

Die wichtigste Voraussetzung ist nun einmal die Tatsache, dass Sie Zeit haben. Dies kann man nun doppelt verstehen. Einmal müssen Sie Zeit haben in dem Sinn, dass der Bau keine Eile hat, denn Eile ist der schlechteste Helfer beim Selbermachen. Wenn Sie es mit dem Bau eilig haben, lassen Sie lieber die Finger vom Selbermachen. Dann aber auch Zeit im Sinne von Stunden, die Sie für das Selbermachen aufwenden können, und Stunden für weitere Personen und das, was Sie einfach nicht alleine machen

können; und davon gibt es am Bau viele Arbeiten.
Eine weitere Voraussetzung für Eigenleistungen ist ein gewisses Können. Überdurchschnittlicher, praktischer Sachverstand sollte vorhanden sein. Mit zwei „linken Händen" können Sie nicht viel Sinnvolles anrichten. Letzten Endes gehört auch eine gute Planung dazu, denn das, was man machen will, sich erst in der letzten Minute einfallen zu lassen, mag vielleicht genial erscheinen, ist in Wirklichkeit jedoch unüberlegt und wird teuer.

Risiken

Gegen einige Risiken können bzw. müssen Sie sich teilweise versichern. Fragen sie diesbezüglich den Fachmann, der speziell für Ihre Situation das richtige Angebot haben wird.

Zu den Risiken zählt natürlich auch die strafrechtliche Haftung. Wenn beispielsweise ein mithelfender Nachbar das Treppenhaus runter fällt, weil Sie nicht sofort nach Herstellung der Treppenläufe ein Notgeländer angebracht haben. Für dieses Risiko gibt es keine Versicherung. Aufpassen, ob die Baustelle in allen ihren Teilen genügend gesichert ist.

Ein weiteres Risiko ist der Verlust der Gewährleistung, denn für Ihre eigene Arbeit können nur Sie selbst Gewähr übernehmen!
Das allein wäre nicht oder nur halb so schlimm, aber Sie verlieren auch die Gewährleistungsansprüche bei anderen Dingen, z. B. für Sachen, die von einem Handwerker als Vorleistung erbracht wurden. Wie schnell zerstört man eine solche Arbeit beim Selbermachen.
Ein Gewährleistungsverlust kann auch eintreten, wenn Sie nicht merken, dass der Handwerker die Sache nicht richtig gemacht hat und Sie jetzt daran weiterarbeiten und der Handwerker dann später bemerkt, Sie hätten seine Arbeit ja durch Vervollständigung und Weiterarbeit abgenommen. Überhaupt ist die Schuldfrage dann, wenn etwas passiert, im Zusammenwirken mit Handwerkern immer schwierig zu klären.

Ein weiteres Risiko ist der Verlust der Aufklärung. Jeder Handwerker, ebenso wie der Architekt, hat die Pflicht, den Bauherrn über Vor- und Nachteile des von ihm durchgeführten bzw. vorgeschlagenen Arbeitsablaufs zu unterrichten; dann, wenn er Bedenken hat oder diese haben muss, muss er Sie darauf aufmerksam machen. Bei Ihren Arbeiten, bei der Eigenleistung, dem Selbstbau, müssen Sie auch das selber tun.
Ein weiteres Risiko besteht darin, dass Sie sich an Arbeiten wagen, für die man eine Zulassung braucht.
Beispielsweise die Elektroinstallation. Diese Arbeit wird von einer Behörde abgenommen, die nicht alle Handwerksfirmen für diese Tätigkeit zulässt. Elektroinstallateure, die von der Handwerkskammer zugelassen sind, müssen nicht unbedingt auch von der zuständigen Abnahmebehörde akzeptiert werden.
Schließlich ist da noch das Risiko der Qualitätsminderung.
Sicher, man ist bemüht, bei seinen eigenen Arbeiten möglichst gut zu sein.
Dieses Wollen ist bei Arbeiten von

Abb. Ytong

Handwerkern nicht immer vorauszusetzen, aber die große Gefahr besteht darin, dass der Mangel an Erfahrungen mit einer mangelhaften Planung zusammentrifft und so oftmals ein riesiges Durcheinander, nicht nur auf der Baustelle, sondern auch allzuoft im Familienkreis entsteht. Prüfen sie also vorher Ihre Möglichkeiten, damit Sie nachher auch Freude und Gewinn durch die erbrachte Leistung verzeichnen können.

Infos unter:

Arbeitsgemeinschaft Selbstbauhilfe e. V.
Bodenweg 15 • D-88662 Überlingen
Tel. +49 (0)75 52/40 93 43 • Fax 40 93 43
www.selbsthilfe.de

Zentrale Architekten-Kammer
Askanischer Platz 4 • D-10963 Berlin
Tel. +49 (0)30/26 39 44-0 • Fax 26 39 44-90
www.akh.de

Deutsche Heimwerker Akademie
Mollenbachstraße 33-35 • D-71229 Leonberg
Tel. +49 (0)71 52/9 78 20-0 • Fax 9 78 20
E-Mail: info@dha.de • www.dha.de

Bundesverband Deutscher Heimwerker-, Bau- und Gartenfachmärkte e.V. - BHB -
An der Rechtschule 1-3 • D-50667 Köln
Tel. +49 (0)2 21/27 75 95-0 • 27 75 95-79
E-Mail: info@bhb.org • www.bhb.org

Neues Bauen mit Stahl

Kühne Konstruktionen des Ingenieurbaus im 19. Jahrhundert läuteten in Europa den breiten Einsatz von Stahl im Bauwesen ein. Konstruktive ästhetische Eigenschaften des Werkstoffs fanden Eingang in die Architektur.

Aufstockung in Stahlständerbauweise

Ein Fachwerkhaus aus dem 17. Jahrhundert im ländlichen Umfeld von Dinslaken sollte aufgestockt werden. Dabei galt es, die Auflagen des Denkmalschutzes zu berücksichtigen und dem Wunsch des Bauherrn nach einem großzügigen, modernen Dachgeschoss gerecht zu werden. Die statischen Gegebenheiten des alten Hauses ließen eine herkömmliche Aufstockung nicht zu. Sie erforderten eine sehr leichte Bauweise, die im Stahlständerbau eine ädaquate Lösung fand. Das Gewicht der verwendeten Materialien beträgt nur knapp vier Tonnen. Die Stahlkonstruktion durfte gemäß den Anforderungen des Denkmalschutzes von außen nicht sichtbar sein.

Stahlständerbauweise

Konstruktive Grundlage des Bausystems sind filigrane, aber dennoch sehr stabile, feuerverzinkte Stahlleichtprofile, die zu Wand-, Decken- und Dachmodulen zusammengesetzt werden und neben ihrer individuellen Verwendbarkeit eine sehr hohe Maßhaltigkeit und Formstabilität bieten. Die einzelnen Module sind unter Einsatz modernster Verbindungstechniken zusammengefügt und montiert. Durch Vorfertigung der Bauelemente im Bauteilwerk konnte der gesamte Rohbau innerhalb von 14 Tagen fertiggestellt werden.

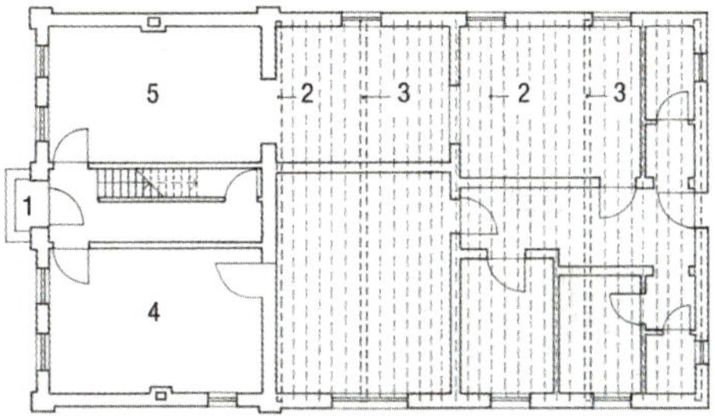

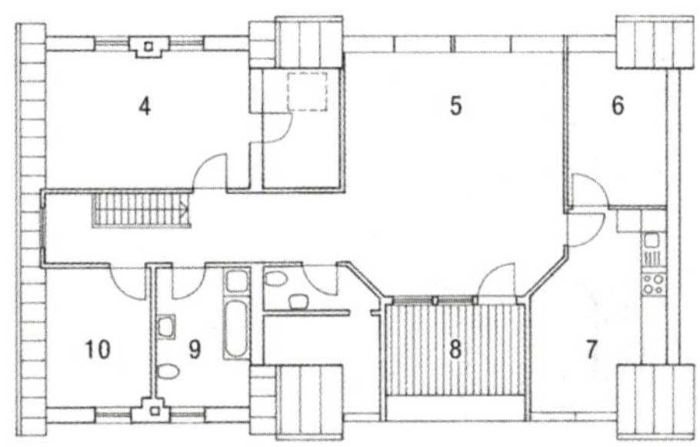

Grundriß OG (unten) · Grundriß EG mit Balkenlage Decke Maßstab 1:250

1 Eingang
2 Stahlleichtprofil C 200
3 Stahlprofil HEB 200
4 Schlafen
5 Wohnen
6 Arbeiten
7 Kochen
8 Loggia
9 Bad
10 Kind

Konstruktion und Bauablauf

Der Dachstuhl wurde bis zur Holzbalkendecke über dem Erdgeschoss abgetragen. Ein Stahlbeton-Ringanker über den Außenmauern und Träger aus HEB 200/C 200-Profilen stabilisierten die vorhanden Bausubstanz und bildeten die Unterkonstrukion für das neue Geschoss. Nach der Montage von Kniestock, Dachstuhl, Gauben und Loggia aus den vorgefertigten Elementen konnte mit den mehrschaligen Außenwänden und dem Neuaufbau des Daches begonnen werden.

Gartenansicht des aufgestockten Hauses.

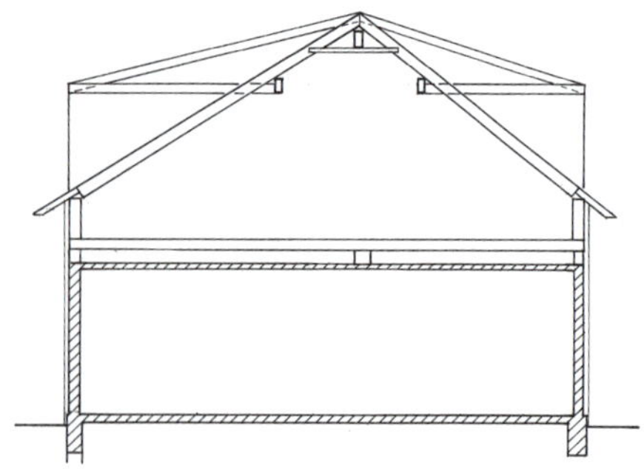

Schnitt und Seitenansicht.

Das alte Fachwerkhaus aus dem 17. Jahrhundert vor der Aufstockung

Dachkonstruktion aus verzinkten Stahlleichtprofilen

Die hochwärmegedämpfte Fassade, 150 mm Dämmung zwischen den Stahlständern und 80 mm davor, ist außen verklinkert. Vor die Giebelwand wurde wieder das alte Holzfachwerk gesetzt und mit alten Feldbrandsteinen ausgemauert, um das historische Erscheinungsbild wiederherzustellen

Die Dämmung des Daches besteht aus 200 mm Mineralwolle zwischen den Sparren, außen verstärkt durch 40 mm starke PU-Schaum-Platten. Für den Dachüberstand wurden neuere Eichenbalken zugesägt, leicht geschwärzt und in die Sparrenprofile eingeschoben.

Dachkonstruktion aus verzinkten Stahlleichtprofilen.

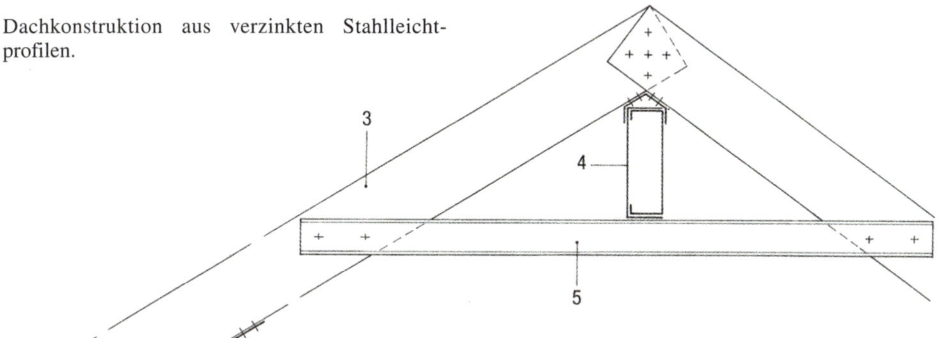

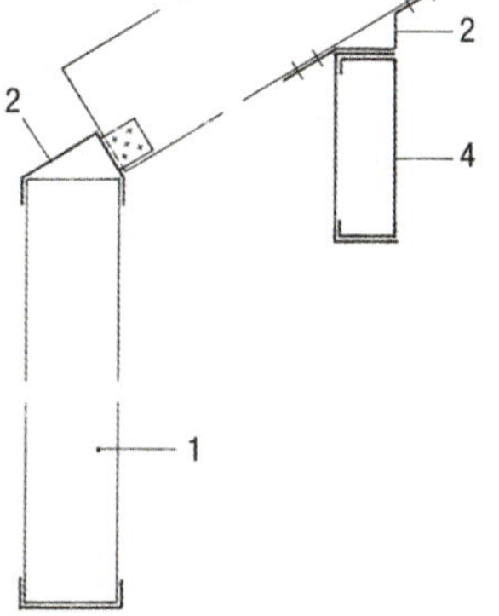

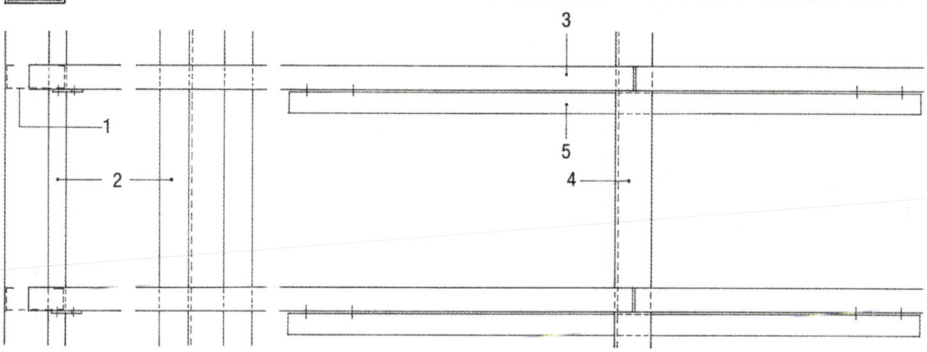

Übergang von altem Fachwerk zu dem neuen Stahlständerbau an der Giebelseite.

Diese erwecken durch ihre Behandlung den Eindruck von „alter Substanz“ und entsprechen damit auch den Belangen des Denkmalschutzes.

Die Dacheindeckung erfolgte mit robusten Pfannenprofilen aus beidseitig beschichtetem Stahlblech, die trotz ihres sehr geringen Gewichts aufgrund ihrer besonderen Befestigung auch starken Stürmen widersstehen können.

Fotografin: Carola Kohler, Düsseldorf

Infos unter:
Stahl-Informations-Zentrum
Postfach 10 48 42 • D-40039 Düsseldorf
Tel. +49 (0)2 11/67 07-0 • Fax 67 07-3 44
E-Mail: siz@stahl-info.de • www.stahl-info.de

1 Knicstock C 150/70/15/1,5 mm
2 Sonderkantteile 1,5 mm
3 Sparren C 200/79/15/1,5 mm
4 Pfetten C 300/100/25/3 mm und U 304/100/2 mm
5 Traverse c 100/70/15/ 1,5 mm

Anfallende Kosten für den Bauherrn...

Baukosten

Für den künftigen Bauherrn ist es nützlich zu wissen, was die Fachleute unter Baukosten verstehen. So manches Missverständnis kann durch die Kenntnis der Begriffe vermieden werden.

Grundstückskosten

Der Kaufpreis für das Grundstück macht den größten Teil dieser Kostenart aus. Dazu zählen aber auch alle Aufwendungen, die im Zusammenhang mit dem Kauf stehen, also Zahlungen an den Notar, die Gerichte, den Makler, den Vermessungsingenieur und das Finanzamt, wenn Grunderwerbssteuer fällig wird. Kosten einer eventuellen Bodenuntersuchung gehören ebenso dazu, genau wie die Erschließungskosten, Ausgaben für Rodung oder Abbruch von alten Gebäuden und zu guter Letzt die Straßenanliegerkosten.
Grundstückskosten können im Gegensatz zu den anderen Baukosten nicht abgeschrieben werden.

Reine Baukosten

Alle Aufwendungen, die bei der Errichtung eines Gebäudes anfallen, zählen zu den reinen Baukosten. Dazu gehören alle Bestandteile, die fest mit dem Gebäude verbunden sind, etwa Einbaumöbel, aber auch bestimmtes Zubehör, das nicht fest verbunden ist, z.B. der Hausschlüssel.

Baunebenkosten

Darunter werden alle Aufwendungen für Ingenieur- und Architektenleistungen im Zusammenhang mit der Planung, Ausschreibung, Bauleitung verstanden, ferner die Kosten aller Prüfungen und Genehmigungen.
Baunebenkosten sind auch die Aufwendungen bei der Beschaffung von Finanzierungsmitteln, die Eintragung der Baudarlehen ins Grundbuch, Disagio, Spesen, Bereitstellungs- und Zwischenkreditkosten.

Kosten der Außenanlagen

Dazu zählen alle Aufwendungen für die Versorgungsanlagen und Entwässerungsanlagen vom Haus bis zum öffentlichen Netz.
Kläranlagen oder Wasserzapfstellen im Garten gehören ebenso dazu wie Anlage des Gartens und der Terrasse, Zäune, Wege, Wäschepfahl, Außenleuchten und Ähnliches.

Gesamtkosten

Die Summe aller genannten Aufwendungen und der weiteren Ausgaben z.B. für Briefkasten, Mülleimer oder Hausfernsprecher, ergeben die Gesamtkosten.

Abb. Hebel Haus, Traumhäuser

Der Weg zu den eigenen „vier" Wänden: Kosten, Finanzierung, Belastung.

Was möchte ich erreichen? Wie teuer wird mein Vorhaben?

Bei der Planung eines eigenen Hauses ist zunächst die Grundstücksfrage zu klären. Hierbei sind zunächst die Lage, die Anbindung an den öffentlichen Verkehr sowie die Infrastruktur (Schulen, Kindergärten, Ärzte, Einkaufsmöglichkeiten, Banken, Post, öffentliche Stellen, Freizeitgestaltung u.ä.) zu beachten. Weiterhin ist in Erfahrung zu bringen:

- die Größe der Parzelle durch das Katasteramt der Gemeinde/Kreis
- die eingetragenen Lasten durch das Grundbuchamt/Amtsgericht
- die vorgeschriebene Bebauung durch das Bauamt der Gemeinde

Aus diesen gesamten Angaben ergibt sich der Kaufpreis.

Anliegerbeiträge

Weiterhin sind die baubezogenen Nebenkosten zu ermitteln. Diese sind die Anliegerbeiträge wie die Erschließungskosten für die Bereitstellung von Wasser, Abwasser, Strom, Straßenbau, etc. Diese Kosten können bei den Bau-, Planungs- und Liegenschaftsämtern der Gemeinden erfragt werden. Darüber hin aus erheben manche Gemeinden noch Vorauszahlungen für den endgültigen Ausbau der öffentlichen Wege in Neubaugebieten.

Baukosten

Bei den eigentlichen Baukosten, die zum einen von den örtlichen Gegebenheiten wie den öffentlichen Auflagen (so) wie zum anderen von Ihren eigenen Wünschen abhängen, sind die Kosten zu klären. Dieses geschieht zweckmäßigerweise durch einen Architekten, ein Fertighausunternehmen, ein Planungsbüro.

Baunebenkosten

Hinzu zu rechnen sind hier die Aufwendungen für die Beratung, die Planung (Zeichnungen, Statiken, Berechnungen), den Bauantrag beim Bauamt, die Prüfungsgebühren für die Statiküberprüfung, die Bauleitung und die Bauabnahme.

Anschlusskosten

Weiterhin entstehen Kosten für den Anschluss Ihres Hauses an die öffentlichen Ver- und Entsorgungsanlagen.

Außenanlage-Kosten

Zuletzt sind die Aufwendungen für die Außenanlagen nicht zu vergessen.

Gestehungskosten

Beim Kauf eines fertigen Objektes sind neben dem Kaufpreis auch alle Kosten wie bei einem Neubauprojekt zu entrichten. Vor allen Dingen sind hier jedoch auch Ihre Änderungs- und Modernisierungswünsche in die Kostenrechnung mit einzubeziehen. Auch bei der Renovierung/Modernisierung ist in jedem Fall ein Gesamtkostenplan zu erstellen.

„Wie kann ich das bezahlen?"

Nachdem nun die gesamten Aufwendungen errechnet sind, ist es erforderlich, einen Finanzierungsplan zu erstellen. Hier sind zunächst die Eigenmittel zusammenzustellen. Unter Eigenmittel versteht man alles zur Durchführung des Vorhabens verfügbare Kapital wie z.B. Barguthaben, Sparguthaben, Bausparguthaben, Grundwerte wie unbebaute und bebaute Grundstücke, die veräußert werden können, Erbschaften u.ä. Hinzuzurechnen sind zu den Eigenmitteln die Eigenleistungen. Doch sollte man diese nur gemäßigt, d.h. auch nur die absolut möglichen Eigenleistungen in Anrechnung bringen. Unter Eigenleistungen versteht man die Summe der Einsparungen von Fremdlöhnen.

Eigenheimzulage

Diese gewährt der Staat Ledigen und Verheirateten beim Bau oder Kauf einer Immobilie 8 Jahre lang mit 1% der Bau- und Grundstückskosten; max. 1.250,- Euro pro Jahr. Das gilt auch beim Kauf einer Gebrauchtimmobilie. Pro Kind gibt es zudem jährlich eine Zulage von 767,- Euro, ebenfalls 8 Jahre lang.

Beispiel: Eine Familie mit 2 Kindern erlangt einen Förderanspruch von bis zu 22.800,- Euro. Voraussetzung für die staatliche Förderung ist, daß im Antragsjahr und im Vorjahr keine höheren Einkünfte als 70.000,- Euro bei Ledigen und 140.000,- Euro bei Ehepaaren pro Jahr erzielt wurden. Die staatliche Eigenheimzulage ist in der Finanzierung wie Eigenkapital.

Eigenleistung

Anm.: In allen Fällen einer Renovierung bzw. Modernisierung wie auch in einigen Fällen von Neu- und Ausbauten können erhebliche Mittel durch Eigenleistung eingespart werden, wie sie im Weiteren dieses Plansets angeregt und erläutert werden.

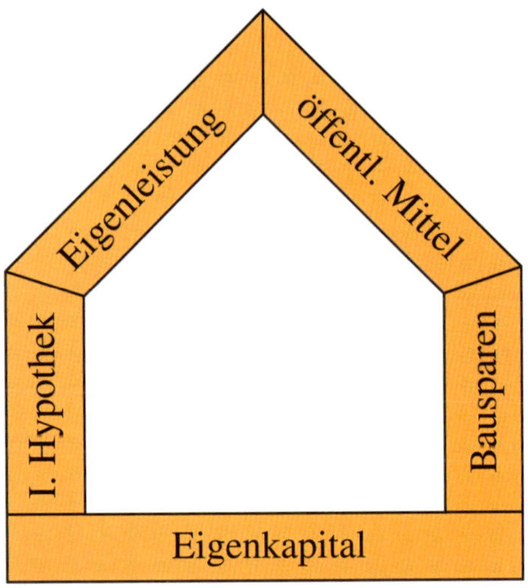

Fremdmittel

Zu den Eigenmitteln sind in der Regel Fremdmittel zur Durchführung vor allem bei größeren Bauprojekten erforderlich.

Bei der Prüfung von Angeboten sollte hier zunächst die Zuverlässigkeit der Kreditgeber außer Zweifel stehen. Deshalb meiden Sie unbekannte Institute, die mit Sonderangeboten locken, das böse Erwachen folgt meist in Kürze.

Die Möglichkeiten im Einzelnen:

- Bauspardarlehen der Bausparkassen Hypotheken der Banken, Sparkassen, Versicherungen.
- Arbeitgeberdarlehen der Arbeitgeber-Personalverwaltung.
- Öffentliche Mittel der Kommunen, Kreise und Bundesländer

Bevor Sie nun Kreditangebote für die benötigten Fremdmittel einholen, sollten Sie über folgende Punkte Bescheid wissen: in alphabetischer Reihenfolge:

Auszahlungskurs

Unter Auszahlungskurs versteht man den Prozentsatz, den Sie als Geldmittel zur Verfügung haben. Bsp.: Kreditsumme 50.000,- Euro, Auszahlungskurs 95% (= 5% Disagio), d.h. Ihnen stehen 47.500,- Euro zur Verfügung.

Bearbeitungsgebühren

Viele Gesellschaften erheben Bearbeitungsgebühren.
Diese werden einmalig zur Bearbeitung Ihres Kreditantrages erhoben, bzw. auch fortlaufend für die Führung Ihres Darlehensvertrages berechnet.

Bereitstellungszinsen

Sollen nach der Zusage Ihres Kreditantrages die Mittel erst später als geplant abgerufen werden, so erheben manche Darlehensgeber Bereitstellungszinsen.

Effektiver Jahreszins

Der wichtigste Faktor eines Kredites ist der effektive Jahreszins. Dieser errechnet sich aus dem Nominalzinssatz, dem Auszahlungskurs, Festschreibung und evtl. Bearbeitungskosten.

Laufzeit

Außer beim Bausparvertrag liegt die Laufzeit in aller Regel nicht fest. Man versteht darunter die Zeit bis zur vollständigen Rückzahlung des Kredites.

Nominal- oder Nennbetrag

Nominal- oder Nennbetrag heißt die Summe, über die Sie den Darlehensvertrag abschließen und auf die sich die Tilgungs- und Zinsbeträge errechnen.

Nominalzins

Der Nominalzins ist der Zinssatz, mit dem der Nominalbetrag verzinst wird.

Restschuld

Restschuld ist der Betrag, der bei einer Neufestsetzung der Konditionen (Zinsen, Tilgung) während der Laufzeit noch zurück gezahlt werden muss.

Schätzgebühren

Schätzgebühren fallen dann an, wenn der Kreditgeber selbst oder ein Beauftragter den Wert Ihres fertigen Objektes ermittelt. Diese Kosten bewirken ggf. eine Erhöhung des Effektivzinses.

Zinsfestschreibung

Die Zinsfestschreibung (Festschreibung) ist eine Absprache, über einen festen Zeitraum die Konditionen des Darlehens nicht zu verändern. Hierbei ist zu beachten, daß bei einer vorzeitigen Rückzahlung des Kredites der Kreditgeber ggf. eine Gebühr erheben kann, da der Kredit für eine längere Zeit vergeben war und somit der Zinsertrag geschmälert ist.

Bausparmittel

Zu den Fremdmitteln zählen auch Bauspardarlehen. Der Bauwillige schließt bei einer Bausparkasse einen Vertrag in gewünschter Höhe ab. Die Vertragshöhe wird als Bausparsumme bezeichnet (z.B. über 50.000,- Euro). Auf diesen Vertrag spart der zukünftige Bauherr erst einmal an, um ein Guthaben von 40-50% der Bausparsumme zu erreichen. Die monatlichen Sparbeiträge können je nach Bausparinstitut und Bauspartarif unterschiedlich hoch sein. Die Sparleistungen werden im Rahmen von Einkommenshöchstgrenzen (bei Ledigen 25.600,- Euro, Verheirateten 51.200,- Euro zu versteuerndes Jahreseinkommen) durch staatliche Wohnungsbauprämien honoriert. Das Bauspardarlehen (Bausparsumme ./. Guthaben = Darlehen) erhält der Bauwillige, sobald er die von seiner Bausparkasse vorgegebene Bewertungszahl erreicht hat. Diesc Zuteilungskennziffer ist schwankend. Deshalb empfiehlt cs sich, den jeweils aktuellen Stand und damit die Zuteilungsaussichten für den eigenen Vertrag beim Institut zu erfragen.

Formel (pauschalisiert) zur Errechnung des Effektivzinses

$$\frac{\text{Normalzinssatz x 100}}{\text{Auszahlungskurs}} \qquad \frac{\text{Nominalbetrag in \% -Auszahlungskurs}}{\text{Zinsfestschreibungszeit}}$$

Durch höhere als die vertraglich geforderten Ansparbeiträge (z.B. Sonderzahlungen) lässt sich der Zusteillungszeitraum verkürzen. Der wesentliche Vorteil der Bauspardarlehen liegt im unveränderlichen Darlehnszins während der gesamten Tilgungslaufzeit. Bauspardarlehen werden auch deshalb bevorzugt in eine Gesamtfinanzierung eingebaut, weil sie zu den sogenannten nachrangigen Darlehen zählen.

Tilgungs- oder Abzahlungshypothek

Bei der Tilgungs- oder Abzahlungshypothek wird über einen festen Zeitraum ein gleichmäßiger Tilgungsbeitrag geleistet. Die Höhe der Zinsen ist jedoch variabel gestaltet.

Festgeldhypothek

Die Festgeldhypothek vergibt über einen festen Zeitraum einen Kreditbetrag, für den nur Zinsen gezahlt werden. Erst zum Ablauf der Festgeldhypothek wird diese in einem Betrag getilgt. Diese Form wird oft von Versicherungsunternehmen vergeben.

Amortisationshypothek

Die übliche Form, vor allem bei Banken/-Sparkassen, ist die Amortisationshypothek. Die Rückzahlung der Hypothek erfolgt in regelmäßigen Beträgen, z.B. monatlichen Raten. Die Rate bezeichnet man als Annuität, die sich aus dem Anteil der zu leistenden Zinsen und der Tilgung zusammensetzt. Im Laufe des Rückzahlungszeitraums verringert die Tilgung die Restschuld und somit auch die daraus resultierende Zinsbelastung. Bei einer festen Annuität erhöht sich deshalb stetig der Anteil der Tilgungsleistung um den Betrag der verringerten Zinszahlung. Innerhalb der Annuität verschieben sich also im Zeitablauf die Anteile mehr und mehr zugunsten des Tilgungsaufkommens - bei unveränderter Höhe der festgelegten Rückzahlungsrate.

Versicherungshypothek

Eine besondere Form der Festgeldhypothek ist die Versicherungshypothek. Während der Darlehensnehmer über die gesamte Laufzeit überwiegend nur Zinsen zahlt, übernimmt eine gleichzeitig abgeschlossene Lebensversicherung durch ihren Kapitalaufbau die zum Ablauf des Kreditvertrages fällige Rückzahlung.

Zwischenkredit

Besondere Formen der Fremdmittel sind die Zwischenkredite. Diese übernehmen die Finanzierung eines Darlehens aus einem Bausparvertrag für die Zeit, in der der Bausparvertrag noch nicht zugeteilt ist. Da der Bausparvertrag gewissermaßen vorfinanziert ist, bleiben die Zwischenkredite tilgungsfrei.

Bankvorausdarlehen

Eine andere Form ist das Bankvorausdarlehen. Hier vergibt der Darlehensgeber eine Hypothek über einen Zeitraum, in dem der Kreditnehmer z.B. einen Bausparvertrag anspart, der später nach der Zuteilung das Bankvorausdarlehen ablöst.

Arbeitgeberdarlehen

Einige Arbeitnehmer haben die Möglichkeit, Arbeitgeberdarlehen zu erhalten. Diese sind in der Regel der Höhe nach eingeschränkt, von den Konditionen aber sehr reizvoll.

Diese Arbeitgeberdarlehen schaffen aber eine Abhängigkeit, die vielleicht nicht gewollt ist.

Öffentliche Mittel

Die Vielfalt der öffentlichen Mittel hier zu erläutern, würde unseren Rahmen sprengen. Hier können nur die wichtigsten Möglichkeiten angedeutet werden. Da sind zum einen die Zuschüsse und Darlehen bei der Althaussanierung, zur Besserung der Wärme- und Schalldämmung, bei Altstadtsanierungen wie im sozialen Wohnungsbau. Zum anderen vergibt der öffentliche Träger Mittel aus dem Lastenausgleichsgesetz, Steuererleichterungen, Darlehen an kinderreiche Familien und vieles Ähnliche. Um diese Fragen zu klären, ist es erforderlich, sich mit den Stadt-, Kreis- und/oder Gemeindeverwaltungen in Verbindung zu setzen.

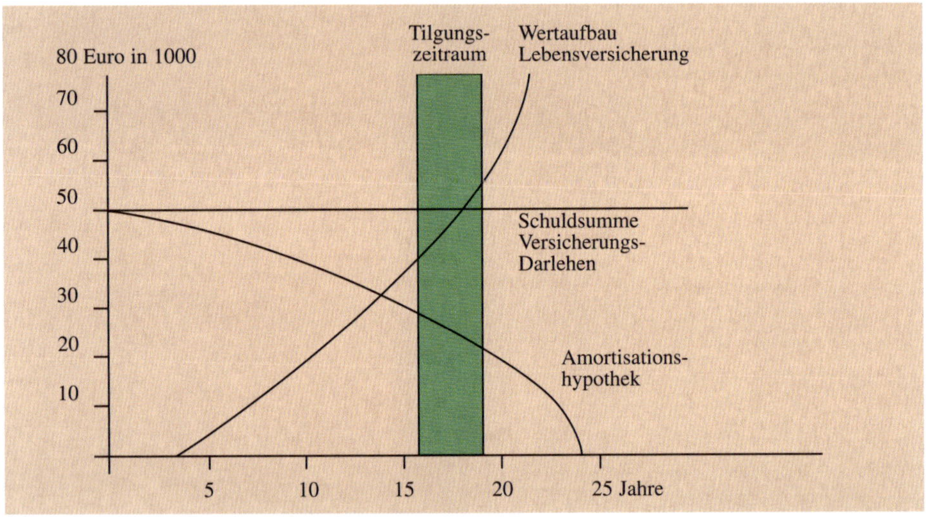

Nebenkosten

Nachdem nun die Fremdmittelfrage geklärt ist, sind noch einige Kosten zu beachten. Hier sind zunächst die Notar- und Grundbucheintragungskosten. Diese werden fällig bei der Eintragung des Grundstücks/Ihrer Eigentumswohnung in das Grundbuch auf Ihren Namen. Berechnet werden diese Kosten nach bestimmten objektwertabhängigen Tabellen, die der Gesetzgeber erstellt hat. Darüber hinaus können Maklergebühren für die Vermittlung von Eigentum bzw. Finanzmitteln u.a. entstanden sein.

Wie sieht nun die Gegenüberstellung der Kosten mit dem Einkommen aus?

Auf der Sollseite sind die Zinsen und Tilgungen für die Fremdmittel der größte Posten. Hinzu zu rechnen sind hier zusätzlich abgeschlossene Tilgungsaussetzungsversicherungen und Risikoabsicherungen (z.B. beim Bauspardarlehen). Weiterhin sind hier die Unterhaltungskosten zu beachten. Dazu zählen die Gebäudeversicherungen (Feuer, Leitungswasser, Sturm, Glas, Gebäudehaftpflicht, Öltankversicherung), die Unterhaltungskosten für die Versorgung mit Strom, Wasser, Gas, Heizung, die laufenden öffentlichen Abgaben (Grundsteuer Regenwasser, Straßenreinigung, Straßenbeleuchtung, Müllabfuhr, Abwasser), die Rücklagen für Reparaturen, Schönheitsreparaturen und vieles mehr. Demgegenüber stehen die Einkünfte. Hier sind zunächst die Einkünfte aus Löhnen und Gehältern wie Erträge aus selbständiger Tätigkeit in Anrechnung zu bringen. Weiterhin kommen Mietertrage, Steuerermäßigungen wie Abschreibungen und ggf. Verluste, Kindergeld, Renten, Mietbeihilfen als Lastenzuschüsse, Zinserträge und Dividenden hinzu. Außer den oben genannten Einkünften gibt der Gesetzgeber kinderreichen Familien noch besondere Zuschüsse, Aufwendungsdarlehen genannt, die zur Milderung der Kostenbelastung bei der Bildung von Wohnungseigentum dienen. Diese Zuschüsse sind in den einzelner Ländern unterschiedlich. Die Vergabe ist in der Regel den Kreisverwaltungen zugeordnet.

Welche Größen sind bei der Beurteilung meines Vorhabens zu beachten?

In der Gegenüberstellung meiner laufenden Belastung mit meinen Einkünften sind folgende Größen mindestens einzusetzen:

	Ihre Sparleistungen und die staatlichen Vergünstigungen pro Jahr		Sparleistungen plus Spargewinn nach 7 Jahren	Empfohlene Bausparsumme (unverb. Richtwert)
	a) Prämienbegünst. Sparleistungen b) Vermögenswirksame Leistungen	a) Wohnungsbauprämie 10% b) Arbeitnehmersparzulage 10%[4]	+ Verzinsung des Bausparguthabens je nach Tarif zwischen 2-5%	Die exakte Höhe hängt vom jeweiligen Bauspartarif u. den Zuteilungsaussichten ab.
Ledig/[2] Alleinstehende	a) 511,- Euro b) 479,- Euro	a) 51,- Euro b) 48,- Euro	ca. 7.669,- Euro	17.895,- Euro
Ehepaar/[3] 1 Arbeitnehmer	a) 1.023,- Euro b) 479 Euro	a) 102,- Euro b) 48,- Euro	ca. 10.226 Euro	25.565,- Euro
Ehepaar/[3] 2 Arbeitnehmer	a) 1.023,- Euro b) 957,- Euro	a) 102,- Euro b) 96,- Euro	ca. 13.805 Euro	35.790,- Euro

[1] Vermögenswirksame Leistungen werden je nach Branche vom Arbeitgeber ganz oder teilweise gezahlt, z.B. 40,- Euro monatlich.

[2] mit einem zu versteuernden Einkommem bis zu 25.600 Euro

[3] mit einem zu versteuernden Einkommem bis zu 51.200Euro

[4] Die 10%ige Arbeitnehmersparzulage vom Staat erhalten Ledige/Verheiratete bis zu einem zu versteuernden Jahreseinkommen von 17.900,- Euro/ 35.800,- Euro.

Gesamteinkünfte Netto

— Haushaltsbedarf
(ø- Bedarf mtl.: Ehepaar 767,- Euro
1. Kind 205,- Euro
jed. weitere Kind 153,- Euro)

Restsumme

— lfd. Versicherungen
— Kredite, laufende Kosten
— Unterhaltsverpflichtungen
— nicht genannte Kosten

Restsumme

— Risikoabschlag mind. 10% der monatlichen Belastung

Summe zur Tilgung der Gesamtbelastung aus dem Bauvorhaben

Sparen beim Bauen

1. Auf Größe verzichten

Kostenoptimiertes Bauen heißt Sparen an der Fläche: am Bauplatz sowie an der Wohnungsgröße. Wenn Sie statt eines 800-m^2-Areals nur einen Baugrund von 500 m^2 kaufen, spart das bei einem m^2-Preis von 150 Euro rund 45.000 Euro. Wer auf 20 m^2 Wohnfläche verzichtet, baut um bis zu 30.000 Euro billiger.

2. Flexibilität einbauen

Denken Sie bei der Planung immer auch an die Zukunft. Familiäre und finanzielle Verhältnisse können sich ändern. Soll der gebaute Lebensmittelpunkt auch in etlichen Jahren noch Freude bereiten, muss sich das Haus neuen Gegebenheiten anpassen. Schaffen Sie sich deshalb flexible Grundverhältnisse mit vielen leicht veränderbaren, nicht tragenden Wänden. Im Bad sollten Vorwandinstallationen jederzeit kostengünstig interne Umbauten ermöglichen. Greifen Sie am Anfang zu pflegeleichten Bodenbelägen, Wandoberflächen und Möbeln. Wenn die Kinder größer und umsichtiger sind, können die Einrichtungsansprüche steigen.

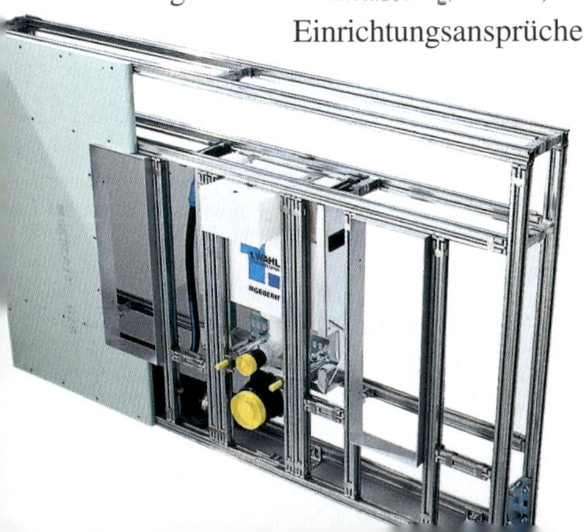

Abb. Röben

3. Notargebüren senken

Versuchen Sie, bei Ihrer Bank zu erreichen, dass diese bei einer Grundschuld auf eine „Unterwerfung unter die sofortige Zwangsvollstreckung" verzichtet. Bestehen Sie darauf, dass dann das Grundschuldformular von Ihrer Bank – gebührenfrei – ausgefüllt wird und nicht vom Notar. Bei guter Bonität und bei Vollständigkeit aller Unterlagen können Sie das aushandeln. Beim Notar selber: Lassen Sie sich genau erklären, ob und welche erforderlichen Genehmigungen Sie selbst einholen können, um Notargebühren zu sparen.

4. Skonto aushandeln

Verhandeln Sie über Zahlungsmodalitäten von Rechnungen. Auf den Handwerkerrechnungen wird häufig auf die Zahlungsweise („Ohne Abzug") hingewiesen. Skontoabzüge dürften nicht geltend gemacht werden, heißt es dort. Bestehen Sie im Vertrag trotzdem auf einen Nachlass von 2 Prozent bei pünktlicher Begleichung der Rechnung. Es lohnt sich! Zu Ihren Gunsten erzielte Absprachen fixieren Sie am besten schriftlich und lassen Sie den Partner gegenzeichnen.

5. Bauland pachten

Sparen können Bauherren auch, wenn sie das Bauland nicht kaufen, sondern vom Eigentümer auf lange Sicht pachten. Städte, Gemeinden, Kirchen oder Stiftungen verkaufen die Nutzungs- und Bebauungsrechte. In der Regel dauert ein solcher Vertrag 99 Jahre.

6. Bauleistungen ausschreiben

Bei der Ausschreibung von Bauleistungen sollte strikt zwischen der Planung und der Ausführung getrennt werden, um Interessenkonflikte auszuschalten. Das ist nicht einfach durchzuführen, weil sich der Planer ungern die Zügel wegnehmen lässt. Legen Sie rechtzeitig vertraglich fest, dass Kostenvoranschläge von einer unabhängigen Hand eingeholt werden. Die Praxis zeigt, dass eine neutrale Ausschreibung trotz der Gebühren für die dann erforderliche fachliche Beratung zu weit niedrigeren Baukosten führt.

7. Grunderwerbsteuer sparen

Wer sein Grundstück in eigener Regie erwirbt und es dann mit einem Generalunternehmer bebaut, spart bei der Grunderwerbsteuer. Das kann schon mal 3.500 Euro ausmachen, bei folgender Rechnung: Wert des Wohnungsneubaus 275.000 Euro. Davon entfallen auf Haus und Keller 175.000 Euro, also 100.000 Euro für den Boden. Die Grunderwerbsteuer von 3,5 Prozent muss aber nur auf den 100.000 Euro teuren Bauplatz bezahlt werden.

8. Grundstück prüfen

Immer häufiger werden Grundstücke als Wohnbauland genutzt, auf denen früher Industrie und Gewerbe betrieben wurden. Die Gebäude sind längst verschwunden, doch die Spuren der Gewerbetätigkeit befinden sich immer noch im Boden. Verseuchte Böden sowie Grundstücke, auf denen Gewerbe- und Hausmüll oder Bauschutt vergraben liegt, sind keine Seltenheit. Deshalb: Im Zweifel vor dem Kauf ein Bodengutachten erstellen lassen. Das kostet nur rund 511 Euro, kann aber Bodensanierungskosten von 205 Euro je Kubikmeter ersparen.

9. Erfolgshonorar vereinbaren

Es ist wichtig, für Ihr Bauvorhaben das „richtige“ Planungsbüro zu finden. Lassen Sie sich deshalb in der Phase der Architektensuche alle Zeit der Welt. Sprechen Sie mit Leuten, die mit dem Büro Ihrer Wahl gebaut oder renoviert haben. Verhandeln Sie mit Ihrem Planer. Die Voraussetzungen nach der Honorarordnung für Architekten und Ingenieure (HOAI) wurden im Sinne der Bauherren geändert. Danach können Erfolgshonorare für rationalisierungswirksame Leistungen vereinbart werden.

10. Kellerfrage richtig entscheiden

Eine sehr vordergründige Rechnung wird häufig bei der Kellerfrage aufgemacht: Ohne Keller sind rechnerisch schnell 30.678 Euro gespart. Die Entscheidung pro oder kontra Untergeschoss ist später jedoch nicht mehr zu korrigieren. Überlegen Sie deshalb in der Vorentwurfsphase mit dem Architekten zusammen:

Abb.: Knecht

• Ist es preiswerter, ein kleineres Haus mit Keller zu bauen und dafür aus allen Geschossen das Maximum an Wohnfläche herauszuholen?

• Oder ist es preiswerter, auf den Keller zu verzichten und für die Kellerfunktion einen Teil der Dachgeschossfläche zur Verfügung zu stellen?

• Oder sollten gar Kellerersatzflächen in Form eines preiswert zu erstellenden Gartenhauses geschaffen werden?

11. Hausanschlüsse zusammen fassen

Bisher ist es üblich, dass jedes Reihenhaus seinen eigenen Hausanschluss für Gas, Wasser und Strom erhält. Das kostet je nach Gemeinde zwischen 5.113 und 10.226 Euro. Mit einer zentralen Übergabestation der Leitungen am Grundstücksrand der gesamten Häuserzeile könnte bares Geld gespart werden. Abzüglich der Kosten für die Leitungsführung an die Einzelhäuser, die dann in eigener Auftragsvergabe erfolgt, bleiben rund 5.000 Euro übrig.

12. Auf kurze Leitungen achten

Je näher die Nassräume am öffentlichen Kanal liegen, desto kürzer und damit preiswerter werden die Grundleitungen. Die Nassräume sollten so zusammengelegt sein, dass nur an einer Stelle Steigleitungen notwendig sind. Sofern es möglich und zulässig ist, führen Sie das Regenwasser nicht mit dem Abwasser ab.

13. Warmwasserspeicher dezentral planen

Der ideale Standort für den Warmwasserspeicher ist nicht etwa im Keller, sondern direkt neben oder zwischen den Zapfstellen (Wasserhähnen), aus denen am häufigsten (nicht das meiste) Wasser entnommen wird. Liegen die Küchen-Zapfstellen weit vom Warmwasserbereiter, ist es günstiger, diesen Raum dezentral mit warmen Brauchwasser zu versorgen. Ein elektrischer 10-Liter-Speicher in der Küche genügt. Leitungsverluste und Investitionskosten verringern sich; Zirkulationspumpen sind entbehrlich.

Abb. Stiebel Eltron

Warmes Wasser ist ein Vergnügen! Stiebel Eltron bietet Warmwasserbereitung mit innovativen Technologien – energiesparend und ökologisch.

Infos unter: Stiebel Eltron GmbH & Co. KG
Postfach • D-37601 Holzminden
Tel. +49 (0)55 31/7 02-0 • Fax 7 02-4 80
www.stiebel-eltron.com

14. Eigenleistung realistisch ansetzen

Der Wert Ihrer eigenen Leistung am Haus ist (fast) Gold wert, zumindest ersetzt es teure Kredite. Die Banken erkennen die Eigenleistung der Bauherren bis zu 20 Prozent der Baukosten als Eigenkapital an.

Abb. construktiv GmbH

Doch das Engagement auf der Baustelle ist kein Spaziergang. Wer rund 10 Prozent der Baukosten durch Eigenleistung ersetzen will, muss etwa 1.000 Stunden am Baufortschritt aktiv mitwirken. Das heißt: Wochenende- und Feierabendarbeit, zwei Jahre lang, 14 Stunden die Woche! Wenn Sie mit Freunden und Bekannten insgesamt 1.500 Arbeitsstunden in Ihr Eigenheim investieren, sollte es genug sein.

15. Bausubstanzen erhalten

Jeder Eingriff in den Rohbau oder gar in die statische Struktur, jede Grundrissveränderung eines Gebäudes wird teuer. Deshalb sollte man, wo möglich, keine Eingriffe, etwa bei Treppen, sondern nur leichte Anpassungen vornehmen. Bewohner eines Altbaus, die bereit sind, auch unkonventionelle Lösungen zu akzeptieren, können statt üblicher Standardlösungen, bei der Möblierung etwa, mit wenig Geld attraktive Raumsituationen für sich schaffen.

16. Schäden rechtzeitig beheben

Instandsetzungsarbeiten beim Altbau sind um so teurer, je später sie in Angriff genommen werden. Bei regelmäßigen Rundgängen um das ganze Gebäude lassen sich rechtzeitig Schäden feststellen und abstellen. Kosten sind gespart.

17. Finanzierungsangebote vergleichen

Als Kreditnehmer sind Sie nicht Bittsteller, sondern Kunde.
Holen Sie sich verschiedene Finanzie-

Eigenleistung kann entscheidend viel sparen.

rungsangebote von mehreren Banken und/oder Bausparkassen ein und lassen Sie jede wissen, dass Sie auch noch mit Mitbewerbern verhandeln. Vorteile können Sie bei der Beleihungsquote und beim Zinssatz herausholen.

Beschaffen Sie sich bei nicht zugeteilten Bausparverträgen ein Zwischenfinanzierungsangebot. Die Konditionen sind meist abhängig von der Zeit bis zur Zuteilung und sie liegen meist unter den normalen Bankzinsen.

18. Auktionshaus nutzen

Obwohl die Zahl der Zwangsversteigerungen in Deutschland rapide steigt, steckt nicht hinter jeder Hausauktion ein Schnäppchen. Neben der Zwangsvollstreckung gibt es mit der freiwilligen Grundstücksauktion eine weitaus diskretere Form des Immobilienerwerbs. Für den Verkäufer, weil sein Name nicht veröffentlicht wird, und für den Interessenten, weil er auf die gesamte Organisation eines Auktionshauses zurückgreifen kann. Bei der freiwilligen Auktion kann der Interessent über umfangreiches Informationsmaterial verfügen und seinen Meinungsbildungsprozess vollständig und ohne Versteigerungsdruck abschließen.

19. Kreditvolumen splitten

Bei den derzeit niedrigen Zinsen sollten Sie Hypothekendarlehen lange festschreiben. Vereinbarungen von 10 bis 25 Jahren sind zu empfehlen. Auch sollten Sondertilgungen vertraglich abgesichert sein. Macht die Bank nicht mit, drängen Sie auf ein Splitting des Darlehens, wobei in einer von beiden Teilen die Option auf vorzeitige Tilgung enthalten sein sollte.

20. Fassade nicht nur anstreichen

Soll eine Fassade einen neuen Anstrich bekommen, wäre zu prüfen, ob nicht gleich in ein Wärmedämmverbundsystem investiert wird. Folge: Deutlich reduzierter Energiekonsum. Das Gerüst muss in jedem Fall errichtet werden, ob für den Farbauftrag oder für das Dämmsystem.

Eine perfekte Wärmedämmung reduziert den Energiebedarf.

So planen Sie Ihr Bauvorhaben richtig

Ob Sie einen Neubau, Umbau oder Anbau errichten möchten oder Modernisierungen planen; das Einholen von Genehmigungen ist unabdingbare Voraussetzung. Der Bauantrag für das jeweilige Objekt oder die einzelne Maßnahme muss bei der Bauaufsichtsbehörde eingereicht werden, und zwar in mehrfacher Ausführung, unterschrieben vom Bauherrn und dem Architekten.

Bestandteile sind: Antrag auf Genehmigung, Baubeschreibung, Lageplan, Bauzeichnung, statische Berechnungen, Zeichnungen von Be- und Entwässerungsanlagen, Begrenzung des Vorgartens, Anordnung von Garagen oder Stellplätzen und Carports. Wie, wo und was gebaut werden darf, regelt die Länder-Bauordnung. Sie schreibt vor, welche Fläche zu bebauen ist, welche Geschosshöhe erlaubt ist, wie groß der Abstand zu Nachbargrundstücken sein muss. Vorschriften zum Schall-, Feuer- und Wärmeschutz sind ebenso in ihr festgelegt wie z. B. die Anlage von Treppen, Schornsteinen, Installationen, Dachneigung und Garagen. In Zusammenarbeit mit dem Architekten, Statiker oder Ingenieur wird die Baumaßnahme sorgfältig nach den Vorgaben geplant und mit dem Bauaufsichtsamt abgestimmt. Viele Länder haben mittlerweile ein vereinfachtes Genehmigungsverfahren eingeführt.

Entspricht das Bauvorhaben den Vorgaben der Landesbauordnung und liegt das zu bebauende Grundstück im Geltungsbereich eines qualifizierten Bebauungsplanes bzw. einer entsprechenden Gemeindesatzung, kann der Bauherr sein Bauvorhaben „anzeigen“ und nach Ablauf einer bestimmten Frist mit dem Bau beginnen, wenn kein Einspruch seitens der Gemeinde erfolgt. Der Baubeginn und die beauftragte Firma, die die Arbeiten ausführt, sind dem Bauaufsichtsamt bekannt zu geben.

Versorgungsbetriebe

Ohne Strom und Wasser lässt sich nicht bauen. Es obliegt dem Architekten, der ausführenden Firma oder Ihnen selbst, die zuständigen Versorgungsbetriebe über geplante und erforderliche Anschlüsse zu verständigen und termingerechte Vereinbarungen zu treffen. Auch die Anschlüsse für Telefon oder Kabelfernsehen müssen bei den betreffenden Unternehmen beantragt werden. Die vom Bauherrn unterschriebenen Anträge mit den technischen Angaben müssen bei den jeweiligen Versorgungsbetrieben eingereicht werden.

Bauversicherungen

Neben der Bauherren-Haftpflichtversicherung, die vor Regressansprüchen finanziell schützt, z. B. wenn eine Person auf der Baustelle verunglückt oder jemand durch herabfallendes Material verletzt wird, ist die gesetzliche Unfallversicherung vorgeschrieben. Sie versichert automatisch – mit Ausnahme des Bauherren – alle am Bau beschäftigten Personen gegen Arbeits- und Wegeunfälle.

Die Redaktion Haus-Planset empfiehlt: Schließen Sie eine Bauleistungsversicherung ab. Diese kommt für unvorhersehbare Schäden der versicherten Bauleistung während der Bauzeit auf. Das können Schäden sein, die durch extreme Witterungseinflüsse, höhere Gewalt, unvorhersehbare Beschaffenheit des Baugrundes oder Diebstahl und Vandalismus auftreten. Sie als Bauherr sollten ebenfalls auf einer Baufertigstellungs-Versicherung durch den Bauunternehmer bestehen, um die Fertigstellung des Hauses nicht zu gefährden, wenn diese Firma Konkurs erleidet. Die Feuer-Rohbauversicherung schützt den Rohbau und die auf dem Baugrundstück befindlichen Gegenstände vor Brand-, Explosions- und Blitzschlagschäden.

Nach Fertigstellung des Hauses sorgt eine Haus- und Grundstückshaftpflichtversicherung, die im Normalfall gegen Feuer-, Sturm- und Leitungswasserschäden finanziell schützt, für Sicherheit. Eine zusätzliche Absicherung bringt der Abschluss einer Gewässerschaden-Haftpflichtversicherung. Sie kommt für Personen-, Sach- und Vermögensschäden auf, die aus Gewässerschäden entstehen. Zur Ergänzung bietet sich noch der Abschluss von Glas- und Hausratversicherungen an, um auch Schäden in diesen Bereich wirksam finanziell aufzufangen.

Arbeitsschutz

Entsprechende Baustellenabsicherungen und Warntafeln, die Unbefugte auf die Gefahren bei Betreten des Grundstückes hinweisen oder den Zutritt verbieten, müssen deutlich sichtbar an der Baustelle angebracht werden. Weitere wirksame Maßnahmen zum Arbeitsschutz und zur Unfallverhütung können bei der Bauberufsgenossenschaft erfragt werden. Die Bauaufsichtsbehörde kann die Baustelle schließen und die Bauarbeiten einstellen, wenn die Unfallverhütungsvorschriften nicht eingehalten werden.

Abnahme

Nach Fertigstellung des Rohbaus – hierzu gehören Mauern, Decken, Treppen, Dachdeckung, Schornsteine usw. – muss eine Abnahme durchgeführt werden, die die ordnungsgemäße Durchführung aller Arbeiten bestätigt. Anschließend erfolgt die Fertigstellung des Gebäudes, das nach der Endabnahme bezogen werden kann. Diese Aufgabe, die früher nur der Bauaufsichtsbehörde zustand, wird heute vermehrt von dem ausführenden Architekten übernommen, der in seiner Person für die korrekte Planung und Durchführung verantwortlich zeichnet. Bei eindeutigen Hinweisen auf Nichteinhaltung baurechtlicher Vorschriften oder bei sichtlichen Mängeln beim Material oder Arbeitsschutz sowie besonderen Bauarbeiten tritt aber immer noch die Bauaufsichtsbehörde als zuständige Instanz auf. Das Recht auf Bauüberwachung kann jederzeit von der Bauaufsichtsbehörde wahrgenommen werden. Ist eine Bauabnahme vorgeschrieben, ist der Behörde rechtzeitig der Termin mitzuteilen, an dem der Rohbau vermutlich fertiggestellt ist, mindestens 1 Woche vorher. Die Abnahme der Befeuerungsanlagen wie Heizung, Schornstein oder Kamin kann erst stattfinden, wenn die Bestätigung zur Brandsicherheit und zur Abführung der Abgase durch den Bezirksschornsteinfegermeister vorliegt. Mit der Endabnahme des Gebäudes wird zum einen festgestellt, dass die vertraglich vereinbarten Arbeiten erbracht worden sind, zum anderen geht die ganze Verantwortung nun auf den Bauherren über. Er muss auch bei auftretenden Mängeln dem Bauunternehmer nachweisen, dass dieser nicht fachgerecht gearbeitet hat oder seinen Vertragsverpflichtungen nicht nachgekommen ist. Die Gewährleistungspflicht liegt generell zwischen 2 und 5 Jahren.

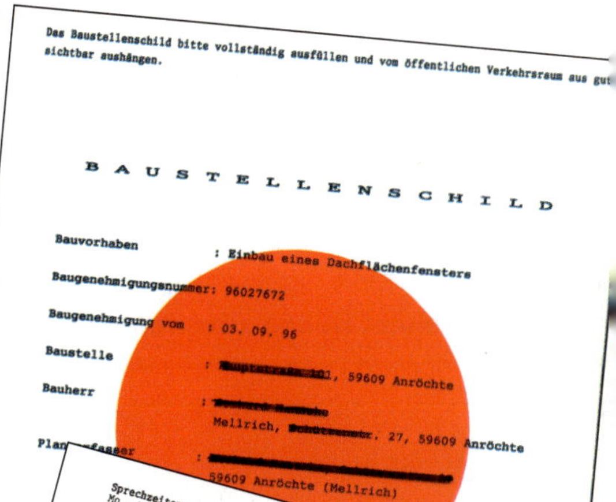

Das Baustellenschild bitte vollständig ausfüllen und vom öffentlichen Verkehrsraum aus gut sichtbar aushängen.

B A U S T E L L E N S C H I L D

Bauvorhaben : Einbau eines Dachflächenfensters
Baugenehmigungsnummer: 96027672
Baugenehmigung vom : 03. 09. 96
Baustelle : [redacted], 59609 Anröchte
Bauherr : [redacted]
Mellrich, [redacted]. 27, 59609 Anröchte
Planverfasser : [redacted]
59609 Anröchte (Mellrich)

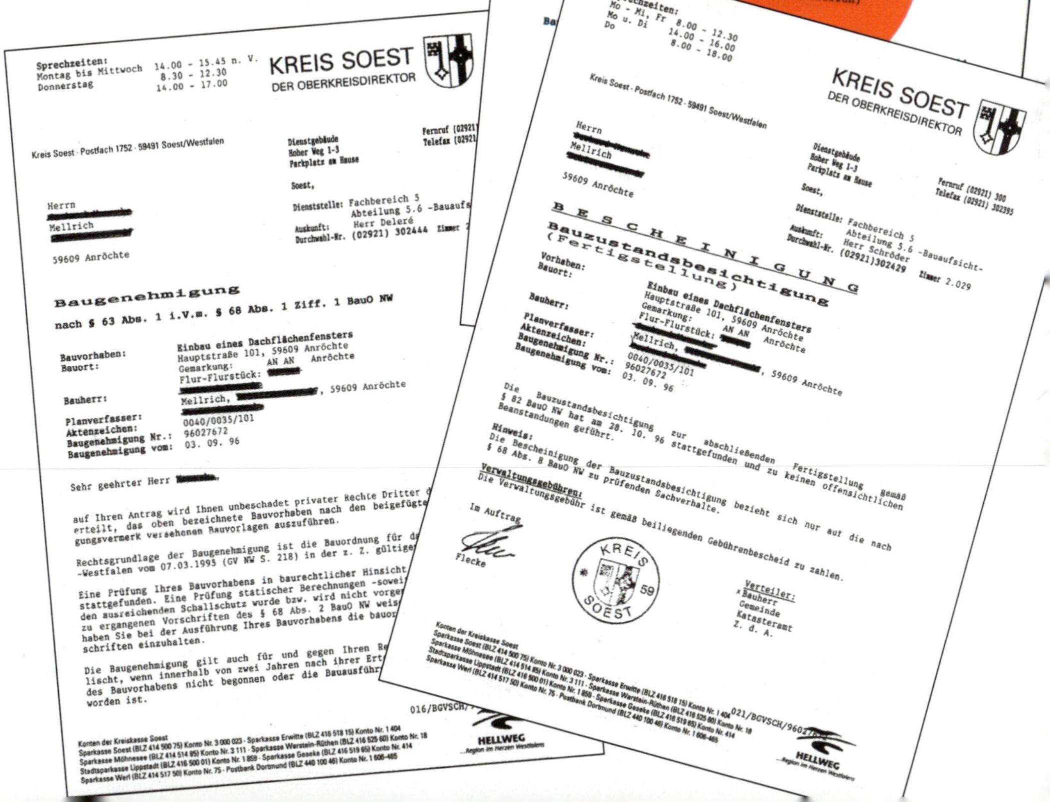

Sprechzeiten:
Montag bis Mittwoch 14.00 - 15.45 n. V.
8.30 - 12.30
Donnerstag 14.00 - 17.00

KREIS SOEST
DER OBERKREISDIREKTOR

Kreis Soest · Postfach 1752 · 59491 Soest/Westfalen

Dienstgebäude
Hoher Weg 1-3
Parkplatz am Hause

Fernruf (02921
Telefax (02921

Soest,

Dienststelle: Fachbereich 5
Abteilung 5.6 -Bauaufs
Auskunft: Herr Deleré
Durchwahl-Nr. (02921) 302444 Zimmer

Herrn
[redacted]
Mellrich
[redacted]

59609 Anröchte

Baugenehmigung

nach § 63 Abs. 1 i.V.m. § 68 Abs. 1 Ziff. 1 BauO NW

Bauvorhaben: Einbau eines Dachflächenfensters
Bauort: Hauptstraße 101, 59609 Anröchte
Gemarkung: AN AN Anröchte
Flur-Flurstück: [redacted]
Bauherr: [redacted], 59609 Anröchte
Mellrich, [redacted]
Planverfasser:
Aktenzeichen: 0040/0035/101
Baugenehmigung Nr.: 96027672
Baugenehmigung vom: 03. 09. 96

Sehr geehrter Herr [redacted],

auf Ihren Antrag wird Ihnen unbeschadet privater Rechte Dritter d
erteilt, das oben bezeichnete Bauvorhaben nach den beigefügte
gungsvermerk versehenen Bauvorlagen auszuführen.

Rechtsgrundlage der Baugenehmigung ist die Bauordnung für d
-Westfalen vom 07.03.1995 (GV NW S. 218) in der z. Z. gültige

Eine Prüfung Ihres Bauvorhabens in baurechtlicher Hinsicht
stattgefunden. Eine Prüfung statischer Berechnungen -sowei
den ausreichenden Schallschutz wurde bzw. wird nicht vorge
zu ergangenen Vorschriften des § 68 Abs. 2 BauO NW weis
haben Sie bei der Ausführung Ihres Bauvorhabens die bauor
schriften einzuhalten.

Die Baugenehmigung gilt auch für und gegen Ihren Re
lischt, wenn innerhalb von zwei Jahren nach ihrer Ert
des Bauvorhabens nicht begonnen oder die Bauausführ
worden ist.

016/BGVSCH/

Konten der Kreiskasse Soest
Sparkasse Soest (BLZ 414 500 75) Konto Nr. 3 000 023 · Sparkasse Erwitte (BLZ 416 518 15) Konto Nr. 1 404
Sparkasse Möhnesee (BLZ 414 514 85) Konto Nr. 3 111 · Sparkasse Warstein-Rüthen (BLZ 416 525 60) Konto Nr. 18
Stadtsparkasse Lippstadt (BLZ 416 500 01) Konto Nr. 1 859 · Sparkasse Geseke (BLZ 416 519 65) Konto Nr. 414
Sparkasse Werl (BLZ 414 517 50) Konto Nr. 75 · Postbank Dortmund (BLZ 440 100 46) Konto Nr. 1 606-465

HELLWEG
...Region im Herzen Westfalens

Sprechzeiten:
Mo - Mi, Fr 8.00 - 12.30
Mo u. Di 14.00 - 16.00
Do 8.00 - 18.00

KREIS SOEST
DER OBERKREISDIREKTOR

Kreis Soest · Postfach 1752 · 59491 Soest/Westfalen

Herrn
[redacted]
Mellrich
[redacted]

59609 Anröchte

Dienstgebäude
Hoher Weg 1-3
Parkplatz am Hause

Fernruf (02921) 300
Telefax (02921) 302395

Soest,

Dienststelle: Fachbereich 5
Abteilung 5.6 -Bauaufsicht-
Auskunft: Herr Schröder
Durchwahl-Nr. (02921)302429 Zimmer 2.029

B E S C H E I N I G U N G

Bauzustandsbesichtigung
(Fertigstellung)

Vorhaben: Einbau eines Dachflächenfensters
Bauort: Hauptstraße 101, 59609 Anröchte
Gemarkung: AN AN Anröchte
Flur-Flurstück: [redacted]
Bauherr: [redacted]
Mellrich, [redacted], 59609 Anröchte
Planverfasser:
Aktenzeichen: 0040/0035/101
Baugenehmigung Nr.: 96027672
Baugenehmigung vom: 03. 09. 96

Die Bauzustandsbesichtigung zur abschließenden Fertigstellung gemäß § 82 BauO NW hat am 28. 10. 96 stattgefunden und zu keinen offensichtlichen Beanstandungen geführt.

Hinweis:
Die Bescheinigung der Bauzustandsbesichtigung bezieht sich nur auf die nach § 68 Abs. 8 BauO NW zu prüfenden Sachverhalte.

Verwaltungsgebühren:
Die Verwaltungsgebühr ist gemäß beiliegenden Gebührenbescheid zu zahlen.

Im Auftrag

Flecke

KREIS SOEST 59

Verteiler:
x Bauherr
Gemeinde
Katasteramt
Z. d. A.

021/BGVSCH/9602

Konten der Kreiskasse Soest
Sparkasse Soest (BLZ 414 500 75) Konto Nr. 3 000 023 · Sparkasse Erwitte (BLZ 416 518 15) Konto Nr. 1 404
Sparkasse Möhnesee (BLZ 414 514 85) Konto Nr. 3 111 · Sparkasse Warstein-Rüthen (BLZ 416 525 60) Konto Nr. 18
Stadtsparkasse Lippstadt (BLZ 416 500 01) Konto Nr. 1 859 · Sparkasse Geseke (BLZ 416 519 65) Konto Nr. 414
Sparkasse Werl (BLZ 414 517 50) Konto Nr. 75 · Postbank Dortmund (BLZ 440 100 46) Konto Nr. 1 606-465

HELLWEG
...Region im Herzen Westfalens

Wie bekomme ich eine Baugenehmigung?

Diese Frage beschäftigt alle Bauwilligen. Man kann sie nicht einheitlich beantworten. Fest steht jedoch, dass ohne Baugenehmigung der Traum vom eigenen Heim in vielen Fällen nie Wirklichkeit wird. Nur in Ausnahmefällen ist keine Genehmigung erforderlich. Auch wer später an- oder umbaut, braucht unter Umständen die Erlaubnis des Bauaufsichtsamtes der Stadt oder der Gemeinde.

Der Architekt zeichnet die Baupläne, koordiniert die Beiträge anderer Fachplaner – wie z. B. die des Statikers oder des Vermessungsingenieurs –, bereitet den Bauantrag mit allen Beschreibungen und Berechnungen vor und reicht ihn schließlich bei der Behörde ein.

Ihr Architekt kann beurteilen, ob „genehmigungsfreies" Bauen vorliegt oder die Erlaubnis der Behörde eingeholt werden muß. Er weiß auch, ob ein vereinfachtes Genehmigungsverfahren oder der Antrag auf Erteilung eines Bauvorbescheides

Abb. Ytong

Abb. Ytong

sinnvoll ist. Rechtlich betrachtet läuft das Baugenehmigungsverfahren so ab: Der Bauherr beantragt offiziell die Baugenehmigung und ist daher Antragsteller. Praktisch gesehen unterschreibt er lediglich den Bauantrag, nachdem der Architekt diesen vorbereitet hat.

Im vereinfachten Genehmigungsverfahren soll die Baubehörde innerhalb von sechs Wochen über den Bauantrag entscheiden. Ob dieses Verfahren angewendet wird, ist vom konkreten Bauvorhaben abhängig. Bei Wohngebäuden mit geringer Höhe und maximal zwei Wohnungen beispielsweise ist die Prüfung auf wenige Sachverhalte beschränkt. Die Bauaufsichtsbehörde informiert, in welchen Fällen das Verfahren beschleunigt werden kann.

Einen Antrag auf Vorbescheid, eine Vorstufe des eigentlichen Bauantrages, sollte der Bauherr immer dann stellen, wenn es keinen Bebauungsplan gibt und unklar ist, ob auf dem Grundstück überhaupt gebaut werden darf – und wenn ja, was. So geht er sicher, daß seine weiteren Planungen nicht vergeblich sind. Den Bauantrag ersetzt eine solche Voranfrage nicht.

Die Behörde stellt fest, ob die Pläne und Beschreibungen für das Haus sämtlichen Bauvorschriften entsprechen.

Planung, Termine, Ausführung

Wer Termine exakt planen will, muss dreierlei wissen: Art und Umfang der Maßnahmen, Ausführungsdauer und welche Handwerker nötig sind.

1. Art und Umfang der Modernisierungsmaßnahmen, mit so exakten Plänen, wie sie im Altbau möglich sind. Eine Analyse des Bauzustandes, vorgenommen durch einen Architekten, soll vorausgegangen sein. Am besten mit Hilfe einer „Checkliste Zustand", damit sich die Details für den Terminplan leichter überschauen lassen.
2. Welche Handwerker durch flexibel gehaltene Ausschreibungen heranzuziehen sind, falls die Arbeiten nicht vom Bauherrn selbst übernommen werden.
3. Die Ausführungsdauer der einzelnen Arbeiten sowie die Lieferfristen bestimmter Bauteile usw.

Die nach heutigen Maßnormen hergestellten und sofort erhältlichen Bauteile wie Türen oder Fenster passen oft nicht in ein Althaus aus dem Jahre 1935. Sonderanfertigungen werden nötig und brauchen längere Zeit. Auch kann es passieren, dass die einzige Fliese, die dem Bauherrn gefällt, umständlich aus Japan besorgt werden muss.

Wenn Sie diese drei Punkte aufmerksam durchgelesen haben, dann wird die Bitte, sich Zeit für eine gründliche Vorplanung zu lassen, sicher nicht befremden.

Und noch etwas: Wenn Sie sich entschieden haben, dann lassen Sie es bitte dabei. Denn jede Änderung während der Bauzeit verzögert die anderen Arbeiten, bringt Ärger, kostet Zeit und vor allem Geld. Rechnen Sie auch mit allerlei Überraschungen im Althaus: Mit unbrauchbaren, verkalkten Wasserleitungen zum Beispiel, mit verfaulten Hölzern im Fachwerk oder sonstigen verborgenen Mängeln, die erst während der Arbeiten sichtbar werden. Ein zu eng gehaltener Terminplan wird durch sie schnell zu Altpapier.

Sind diese Voraussetzungen klar, dann ist es relativ einfach, einen Terminplan aufzustellen. Nur wissen müssen Sie noch, wer nach wem kommt.

Nun: Der Arbeitsablauf bei der Altbau-Modernisierung gleicht im Prinzip dem Ablauf im Neubau. Doch bietet er den zeitlichen und materiellen Vorteil, dass zum größten Teil der Rohbau mit den notwengen Trockenzeiten für Mauerwerk und Beton schon beendet ist.

Die Frage der Baufeuchtigkeit oder besser Trockenheit für gewisse Bauteile und Materialien sollten Sie trotzdem im Auge behalten: Sie können nämlich sehr viel Zeit sparen, wenn Sie, wo irgend möglich, sich für eine Trockenbauweise entscheiden:

Für Zwischenräume nehmen Sie beispielsweise Holzwände, Gipsdielen oder geklebte Gasbetondielen.

Statt des üblichen Wandputzes geht es häufig besser mit Gipskartonplatten oder, falls nicht anders möglich, mit so genanntem Maschinenputz – der trocknet immerhin in ca. 10 bis 14 Tagen aus.

Auch Holzschalungen benötigen keine Trockenzeit und können an der richtigen Stelle ungemein reizvoll sein. Anstelle von Nassestrichen (Unterböden) sind sogenannte Trockenestriche zu empfehlen, beispielsweise Spanplatten, die auf weichen Faserplatten oder auf geschüttetem Material liegen, oder Trockenestrich-Verbundelemente aus Gipskarton- oder Gipsfaserplatten.

Diese Beispiele mögen hier genügen, doch sei noch eine kurze Bemerkung zum Thema Baufeuchtigkeit angefügt:

Eingedrungenes Regenwasser oder sonstige Feuchtigkeit – geplatzte Wasserleitung, umgestürzter Wassereimer oder Ähnliches – trocknet unverhältnismäßig schneller aus als die für den Abbindeprozess des eingebauten Materials notwendige Wasserbeimengung.

Sie brauchen also keine grauen Haare zu bekommen, wenn es einmal hereinregnet. Im Übrigen ist es ratsam, die Witterung zu beachten und die vom Wetter abhängigen Arbeiten bei entsprechender Trockenheit auszuführen. Sehen Sie zu, dass beispielsweise in der kühlen Jahreszeit die Heizung möglichst bald eingeschaltet werden kann. Aber wenn geheizt wird, dann öffnen Sie bitte die Fenster, damit die Feuchtigkeit, die durch die warme Luft aufgenommen wurde, auch entweichen kann und sich nicht wieder in den Räumen niederschlägt.

Doch nun zurück zum Hauptthema, zur Reihenfolge der einzelnen Arbeiten. Zu beachten ist dabei eine ganz einfache Regel: Jede Arbeit baut auf der vorhergehenden auf, ohne Wand keinen Wandputz, ohne Wandputz keine Tapete usw. Bei der Aufzählung der Reihenfolge der einzelnen Arbeiten, wie sie hier folgt, sind wir von einem Umbau ohne größere Komplikationen ausgegangen. Neben kleineren Rohbauarbeiten wie das Setzen von Wänden kommen alle üblichen Modernisierungsarbeiten vor: neue Installationen im sanitären und elektrischen Bereich, z. B. neue Fenster, Türen, Wand- , Decken- und Fußbodenbeläge, Wärmedämmung des Daches und der Außenwände, Ausbesserung der Dachdeckung, neue Heizung, Ausschleudern (Auspressen) des Kamins zur Querschnittverringerung, neue Anstriche. Selbstverständlich überschneiden sich viele Arbeiten, auch müssen einzelne Arbeiten zeitlich geteilt werden – z. B. muss die Badewanne montiert sein, bevor der Fliesenleger kommt, und der Maler muss die Wände hinter den Heizkörpern streichen oder tapezieren, bevor diese befestigt werden usw.

Wie ein solcher Plan in der Praxis funktioniert, will der beigefügte Terminplan veranschaulichen, der auf den Tag genau eingehalten werden könnte.

Die in unserer schematischen Aufstellung zusammengefassten Arbeiten sind aufgeteilt. Beispiel: Die Schreinerarbeiten bestehen aus Innentüren neu, Regalen Dachgeschoss, Schalungen. Die Rohbauarbeiten sind in die zum richtigen Zeitpunkt notwendigen Einzelmaßnahmen unterteilt, ebenso die Zimmererarbeiten usw. Die Arbeiten überschneiden sich zeitlich, d. h., sie laufen parallel. Für alle Arbeiten wurde der vorgesehene zeitliche Rahmen mehr als verdoppelt, um so die zeitliche Flexibilität zu erreichen, die Überraschungen abfangen kann. So bekam beispielsweise der Fußbodenleger zwei volle Wochen Zeit. Sie sehen, ein Kinderspiel ist es nicht, einen Terminplan aufzustellen, der auch wirklich praktikabel ist. Doch werden auch jene zurechtkommen, die viel selber machen wollen, wenn sie sich nur jeden Arbeitsgang bis ins Detail überlegen und ihren Terminplan wieder und wieder überarbeiten, bis er stimmt. Das lohnt sich in jedem Fall.

Für Ihre Planung: Die schematische Reihenfolge der Arbeiten

- Rohbauarbeiten: Erdarbeiten, Kanalisationsarbeiten, Mauerarbeiten, Betonarbeiten.
- Arbeiten für die Sanitär-Installation und die Elektro-Installation.
- Abpressen und Abnahme der Heizkörper sowie Isolierung der Warmwasserleitungen,
  Parallel: rechtzeitige Bestellung und Einbau von Fenstern mit guten Wärmedämm- und Schalldämmwerten.
- Ausbesserung des Daches durch Umdecken und Ergänzen unbrauchbarer Dachplatten sowie Wärmedämmung des Daches von außen (bei ausgebautem Dachraum) oder von innen.
- Klempnerarbeiten am Dach: z. B. Dachrinne, Regenfallrohre, Verwahrungen usw., Ausschleudern des Kamins, um eine Querschnittverringerung zu erreichen.
- Anbringen von Putzleisten und Putzbrettern an neuen Wänden als Lehren für den Putzer. Versetzen der inneren und eventuell auch der äußeren Fensterbänke samt Konsolen usw.
- Innenputzarbeiten: alle gefährdeten Bauteile dabei abdecken bzw. abkleben.
- Während dieser Arbeiten notwendige größere Befestigungen für Außenmarkisen und Ähnlichem anbringen, auf jeden Fall vor dem Wärmeputz außen. Wichtig ist dabei, trockenes und frostfreies Wetter abzuwarten.
- Estricharbeiten: Nassestrich wegen der Baufeuchtigkeit nur, wenn ein Trockenestrich nicht möglich ist.
- Schreinerarbeiten: z. B. neue Türen, Türen ausbessern, Wand- und Deckenverschalungen.
- Schlosserarbeiten: Fenstergitter, Balkongitter, Gartentor, Briefkastenanlage.
- Fliesenleger: Wand- und Bodenfliesen in Küche, Bad, Eingangsflur, Wandsockel.

Abb. Ytong

Wie setze ich die Bauarbeiten in Gang?

Die Ausführungsplanung

Ausführungspläne sind Zeichnungen, nach denen die Handwerker auf der Baustelle arbeiten sollen. Deshalb enthalten sie alle für die Ausführung notwendigen Angaben. Grundrisse, Schritte und Ansichten werden in der Regel im Maßstab 1:50 gezeichnet. Wichtige Details in einem noch größeren Maßstab, ggf. bis zur Größe von 1:1. In die Zeichnung fließen alle Vorgaben aus der Entwurfs- und Genehmigungsplanung sowie Beiträge der übrigen Fachingenieure ein, die an der Planung beteiligt sind.

Die Ausschreibung

Meist kann der Bauherr nur wenige Bauarbeiten am eigenen Haus selbst übernehmen. Schon vor dem ersten Spatenstich klärt er, was er Fachfirmen überlassen will. In der Regel wirken viele verschiedene Handwerker beim Bau mit, wie z. B. Maurer, Dachdecker oder Installateure.

Der Architekt schreibt aus und prüft die Angebote

Der Bauherr kann sich viel Mühe sparen, wenn er seinen Architekten mit der Auswahl der zu beauftragenden Fachfirmen betraut. Der Architekt weiß, welche Arbeiten anfallen, und kann auf Grund seiner Baupläne den Materialverbrauch genau berechnen. Auch bei der Auswahl des Materials ist der Architekt ein guter Ratgeber.

Um frühzeitig zu wissen, wie viel Zeit und Geld für den Bau einkalkuliert werden müssen, führt der Architekt eine Ausschreibung durch. Das heißt, dass er mehrere Bauunternehmen oder Handwerker um ein schriftliches Preisangebot für eine bestimmte Leistung bittet.

Je detaillierter die Ausschreibung ist, um so exakter kann der Handwerker die Preise anbieten – und der Bauherr die Gesamtkosten abschätzen. Wer bei der Ausschreibung Leistungen vergisst, kann bei der Endabrechnung eine böse Überraschung erleben.

Mit den Mengenangaben allein kann der Handwerker die Preise noch nicht genau ermitteln. Deshalb wird der Architekt ihm mitteilen, welches Material der Bauherr wünscht, sei es beim Stein oder beim Fußbodenbelag. Welche Fenster und Türen werden eingebaut, wie wird die Fassade verputzt? Auch das sind Fragen, die die Ausschreibung beant-

Abb. Ytong

wortet. Der Architekt achtet auf die richtige Form und Gliederung der Ausschreibung und auf eine präzise Leistungsbeschreibung.
Mengen und Leistungsbeschreibungen werden für die einzelnen Gewerke, d. h. die verschiedenen Handwerksbereiche, getrennt aufgestellt. So kann man genau kalkulieren, welche Arbeiten z. B. für den Maurer, Zimmerer, Dachdecker und Tischler anfallen.
Der Architekt achtet besonders darauf, dass sich die Firmen an die Vorgaben halten, denn sonst kann er nachher die verschiedenen Angebote nicht vergleichen. Wichtig ist auch, dass in den Angeboten die Zahlungstermine und die Ausführungszeit genannt sind.
Der Architekt kennt viele Handwerker und Baufirmen und kann deren Arbeit einschätzen. Er prüft ihre Angebote und beurteilt, ob die Preise angemessen sind. Auf Grund der Angebote erstellt er eine Übersicht zu allen Kosten (Kostenanschlag). Der Architekt bereitet die mit den Handwerkern zu schließenden Verträge vor und informiert den Bauherren über die verschiedenen Vertragsformen.
Der Architekt kann beurteilen, ob es sinnvoll ist, wenige, aber leistungsfähige Firmen zu beauftragen. Wenn beispielsweise derselbe Unternehmer sowohl die Erdarbeiten als auch die Beton- und Maurerarbeiten und den Innen- und Außenputz übernimmt, kann er sich bei Verzögerungen nicht damit entschuldigen, andere Handwerker seien mit der Arbeit nicht rechtzeitig fertig geworden. Außerdem gibt es bei Reklamationen keinen Streit darüber, wer einen Fehler verursacht hat.

Abb. Ytong

Das preisgünstigste Angebot ist nicht immer das beste. Es kann sich bezahlt machen, die Aufträge an einen soliden und zuverlässigen, dafür aber etwas teureren Betrieb zu vergeben. Das bedeutet weniger Ärger, und die Mehrkosten werden oft durch eine termingemäße Fertigstellung ausgeglichen.

Abb. Ytong

Weitere interessante Infos bekommen Sie in dem Bauherrn-Handbuch.

Zu bestellen für 1,50 Euro zzgl. Porto bei:
Architektenkammer NRW
Postfach 32 01 28 • D-40416 Düsseldorf
Tel. +49 (0)2 11/49 67-0 • Fax 4 91 14 75
E-Mail: Info@aknw.de • www.aknw.de

Abb. Hebel

Sollte manches also unverständlich erscheinen, ist es ratsam, sich immer wieder Klarheit in den nebenstehenden Abbildungen zu verschaffen.

Baupläne lesen und verstehen

Vor und während einer Bauphase wird die Baufamilie mit einer beachtlichen Anzahl von Bauzeichnungen konfrontiert, mit denen sie oft nichts oder nur sehr wenig anfangen kann.

Daher ist es für jeden Bauherrn durchaus von Interesse, sich rechtzeitig mit dem Lesen von Bauplänen zu beschäftigen, um beim Fachsimpeln mit Hausherstellern, Bauunternehmern oder Handwerkern nicht als inkompetent abqualifiziert zu werden. Besonders der aktive Bauherr, der durch Eigenleistung Kosten senken will, sollte sich in dem Gewirr aus Linien, Zahlen und Schraffuren zurechtfinden. Um Baupläne zu erstellen oder auch zu lesen und zu verstehen, benötigt man ein gewisses räumliches Vorstellungsvermögen. Heute ersetzen Computer teilweise diese Form der Abstraktion durch Umwandlung der Pläne in dreidimensionale Darstellungen virtueller Bilder. Auf der Baustelle muss man jedoch nach alter Sitte mit „Tusche auf Papier“ vorliebnehmen. Die nun folgende theoretische Betrachtung über das Verstehen von Bauplänen lautet meistens komplizierter, als sie tatsächlich ist.

Linienarten und Schnittebenen

Der Architekt macht bei seinen Zeichnungen – sofern es sich nicht um Ansichten handelt – einen Schnitt durch das von ihm geplante Projekt, rechtwinklig zu der zu betrachtenden Fläche. So entstehen Grundrisse, bei denen der Schnitt ca. einen Meter über dem fertigen Fußbodenaufbau (inkl. Estrich) erfolgen sollte, und Vertikalschnitte mitten durch das Gebäude, vorzugsweise durch den Heizungskeller. Im Grundriss werden Wände, Mauerpfeiler sowie die Umrisse aller massiven Bauteile mit kräftigen Linien dargestellt. Hinzu kommen alle weiteren Kanten, die hinter der Schnittfläche sichtbar werden. Ein Beispiel hierfür sind Deckendurchbrüche oder auch Kanten von Treppenstufen. Im Vertikalschnitt sind es hingegen Fundamente, Wände und Decken, die durch kräftige Linien dargestellt werden. Auch hier finden sich die sichtbaren Kanten, beispielsweise die von Türöffnungen, wieder. Bauteile, die in der Schnittebene nicht sichtbar, für das Verständnis der gesamten Darstellung allerdings unentbehrlich sind, werden in kurz gestrichelten Linien dargestellt.

Außerdem besteht die Möglichkeit, weitere, mit dem Bauvorhaben in Verbindung stehende Sachverhalte mit unterschiedlichen Linien zu kennzeichnen: Mit der Strich-Punkt-Linie wird beispielsweise die Lage der Schnittebene, d. h. die Schnittachse, abgebildet. Dies geschieht in der Regel im Grundriss, in dem eine solche Linie duch die Mitte des Bauwerks hindurchgeht. Der Betrachter kann nun in dem Vertikalschnitt, der in dieser Ebene erfolgt, in das „offene" Gebäude hineinschauen. Lang gestrichelte Linien sind hingegen dafür geeignet, vorhandenes Gelände oder verdeckte Leitungen wie beispielsweise Drainage- oder Regenwasserleitungen darzustellen. Diese müssen allerdings im Plan als solche beschriftet werden. Eine zusätzliche Beschriftung ist z. B. auch bei einer Grenzmarkierung notwendig. Eine Bauplatz- oder Gemarkungsgrenze wird durch eine lang gestrichelte, mit Punkten unterbrochene Linie gekennzeichnet.

Maßlinien und Schreibweisen

Das Bauwerk wird in der Zeichnung von den Maßketten umrahmt: Die Maßlinien sind deutlich dünner als die Darstellungslinien und werden als durchgezogene Volllinien parallel zu den zu bemaßenden Strecken angeordnet. Oft sind fünf Maßlinien hintereinander notwendig, um alle für die Herstellung des Gebäudes relevanten Maße abtragen zu können. Die äußerste gibt dabei in der Regel die Außenmaße des Gebäudes an. Auf den weiteren Maßketten findet man Innenmaße, Maße von Maueranschlägen und -vorsprüngen sowie Wandstärken. Die Maßlinienbegrenzung ist durch Schrägstriche oder Punkte im Linienkreuz darzustellen. Abweichend davon werden Treppen, Fenster und Türöffnungen, Aussparungen für Schächte und Rohre anders vermaßt: Eine Hilfslinie deutet auf den zu vermaßenden Bauteil hin, und Breite und Höhe werden ober- beziehungsweise unterhalb der Hilfslinie aufgetragen. Die Hilfslinie selbst verläuft in diesen Fällen orthogonal, d. h. senkrecht zu den übrigen Maßlinien dieser entsprechenden Seite.
So wie bei den Hilfslinien werden die Maßzahlen bei der „Normalvermaßung" parallel zu den Maßlinien aufgetragen. Die Maßzahlen sollen möglichst so eingetragen werden, dass sie mittig zwischen Maßlinienbegrenzungen stehen und von unten oder von rechts lesbar sind. Die Schreibweise der Maßzahlen hat in Zeichnungen auch eine besondere Bedeutung: Als Kommazahl geschriebene Maße sind als Meterangaben zu verstehen. Ganzzahlige Maße ohne Komma bedeuten Angaben in Zentimetern, dahinter hochgestellte Ziffern geben die hinzuzuzählenden Zehntelzentimeter wieder. Grundsätzlich sind alle Maßzahlen möglichst so einzutragen, dass sie von unten oder von rechts lesbar sind. Der Vertikalschnitt weist zuzüglich der bekannten Maßlinien auch noch eine weitere Form der Darstellung von Maßen auf, in diesem Falle von Höhenmaßen. Das Bauwerk wird in verschiedene Ebenen eingeteilt. Jeder Ebene ist eine Maßzahl zuzuordnen, die sich auf die Ebene mit der Maßzahl 0.00 bezieht. Diese Bezugsebene entspricht oft einem festgelegten Punkt der Geländeoberkante und kann beim Bauwerk im Einzelfall die Oberkante des Fertigfußbodens im Erdgeschoss sein. Positive Maßzahlen geben den Abstand der betreffenden Ebene von der Bezugsebene nach oben in Metern wieder, umgekehrt sind die negativen für den Abstand nach unten.

Die Ausführungspläne

Für den Handwerker auf der Baustelle sind die Ausführungspläne von besonderer Bedeutung. Diese sind meistens im Maßstab 1:100, in Ausnahmen auch im Maßstab 1:50 erstellt und enthalten teilweise zusätzliche Detail- und Sonderzeichnungen. Durch Aufmessen einer oder mehrerer fraglicher Strecken und maßstabgerechtes Umrechnen kann sich der Selbstbauer bei im Plan fehlenden Maßen schon eine grobe Orientierung verschaffen. Er sollte jedoch nie nach einer solchen Information ein Bauteil

Baustoffe, Mauerwerk

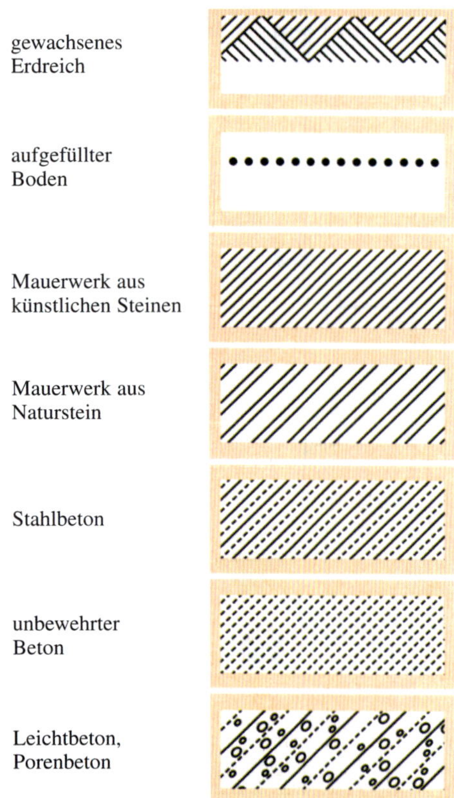

Glas, Gips

Tafelglas, Fensterglas

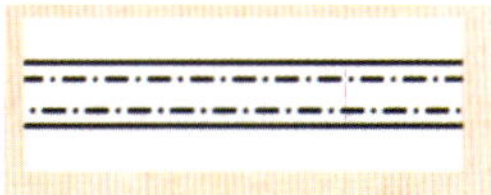

Gipsbauplatten

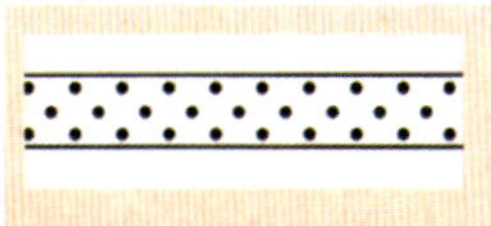

Abdichtungen, Dämmungen

Abdichtung allgemein

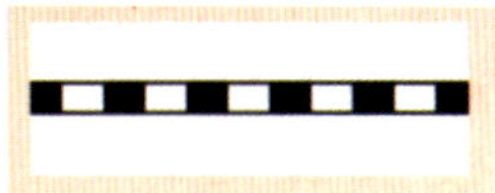

Dämmschicht gegen Wärmeverlust

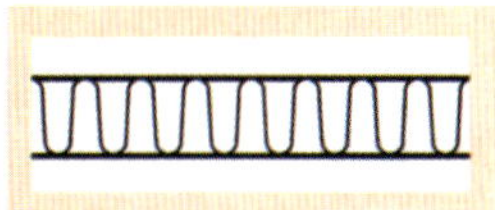

Dichtungsbahn mit Einlage aus Gewebe

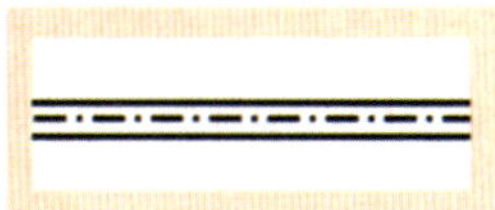

Bautenschutzfolie mit Verstärkung

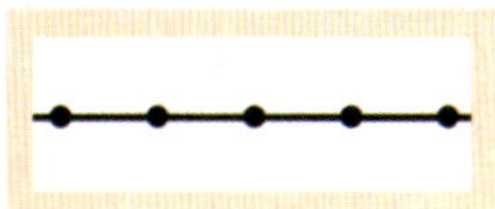

Schaumkunststoff

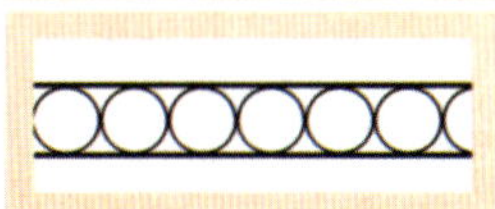

Kork

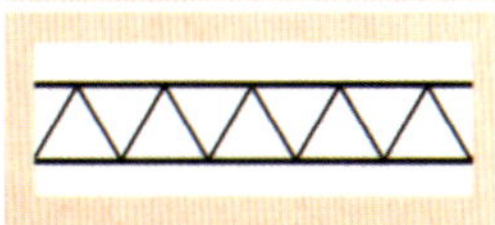

erstellen! Erst mit komplett vermaßten Grundrissen in der Hand kann die Arbeit in Angriff genommen werden.

In der Baupraxis begegnet auch der Fachmann mitunter Ausführungsplänen, die selbst ihn vor Schwierigkeiten stellen können. Dazu gehören unter anderem die Bewehrungspläne des Statikers, die mit unzähligen Linien und speziellen Materialbezeichnungen gespickt sind. Eine Ausnahme bilden die Deckenbewehrungspläne für den Einbau einer Fertigteildecke mit Ortbeton. Bei einer solchen Decke muss auf der Baustelle noch die Deckenoberbewehrung montiert werden. Dies geschieht nach einem vom Deckenhersteller entworfenen Plan. Da die Oberbewehrung von herkömmlichen Geschossdecken nicht so umfangreich ist wie die Unterbewehrung, sind Lage und alle nötigen Angaben zur Materialkennzeichnung in diesem Plan noch relativ übersichtlich angegeben. Dagegen sind Architektenpläne wesentlich einfacher zu verstehen: Wände, die mit unterschiedlichen Steinen oder anderen Ma-

Der Vertikalschnitt A-A

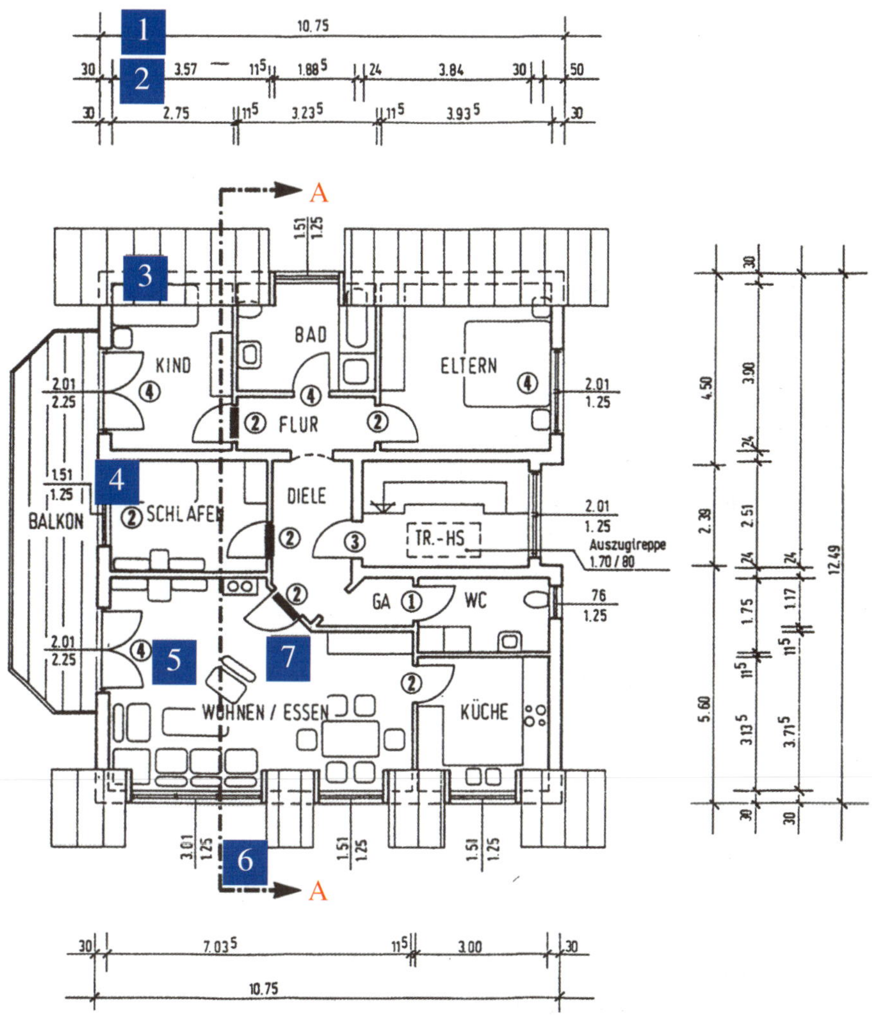

terialien hergestellt werden, kennzeichnen die Architektenpläne unterschiedlich farbig. Diese Form der Darstellung ist besonders dann nützlich, wenn die gängigen Schraffuren nach DIN 1356 nicht mehr ausreichen. In der Legende wird dann detailliert erklärt, um welchen Baustoff es sich handelt. Außerdem werden in den Plan verschiedene Positionsziffern eingetragen, um die Lage einzelner Bauteile wie Stürze oder Rollladenkästen zu erklären. Zusätzlich zu den Detailzeichnungen wird dem Selbstbauer der maßgenaue Einbau aller Materialien ermöglicht.

Zeichenerklärung

1. Die äußere Maßlinie: Die Entfernung der Gebäudeaußenkanten wird in Metern aufgetragen.

2. Weitere Maßlinien für die Innenmaße: Die Wandstärken werden ohne Komma in Zentimetern angegeben.

3. Die gestrichelten Linien kennzeichnen die vom Dachkörper verdeckte Giebelwand.

4. Die Hilfslinie weist auf die Fensteröffnung im Schlafzimmer hin. Die Öffnung ist 1,51 Meter breit und 1,25 Meter hoch.

5. Die eingekreisten Positionsziffern 1 bis 4 weisen auf Rollladenkästen und Stürze unterschiedlicher Größe hin. In einer separaten Legende wird das Baumaterial genau beschrieben.

Der Dachgeschossgrundriss

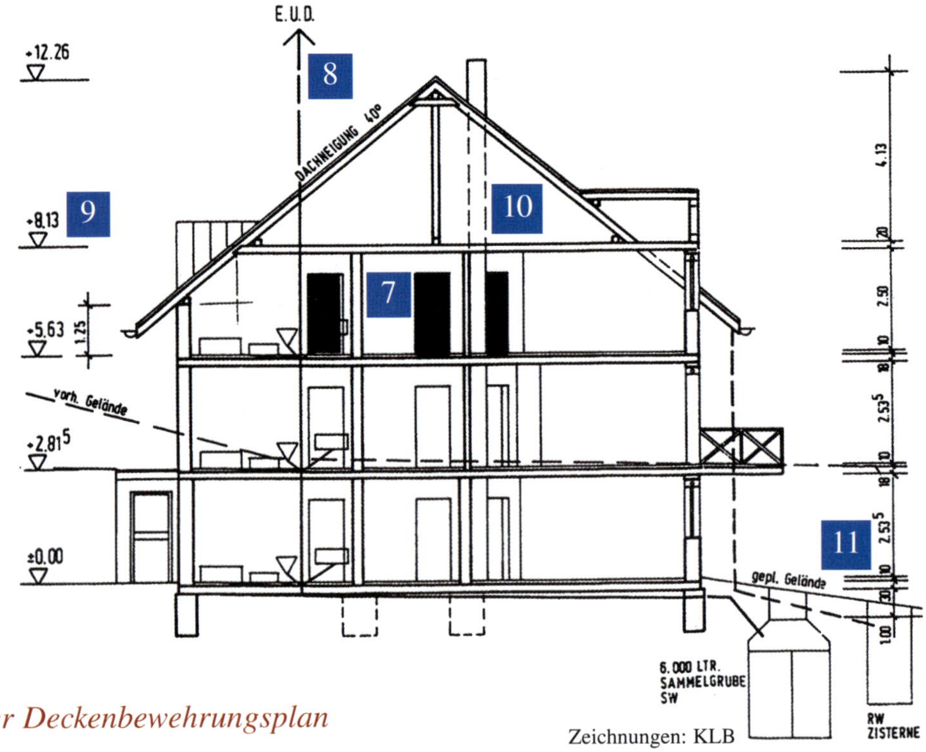

Der Deckenbewehrungsplan

Zeichnungen: KLB

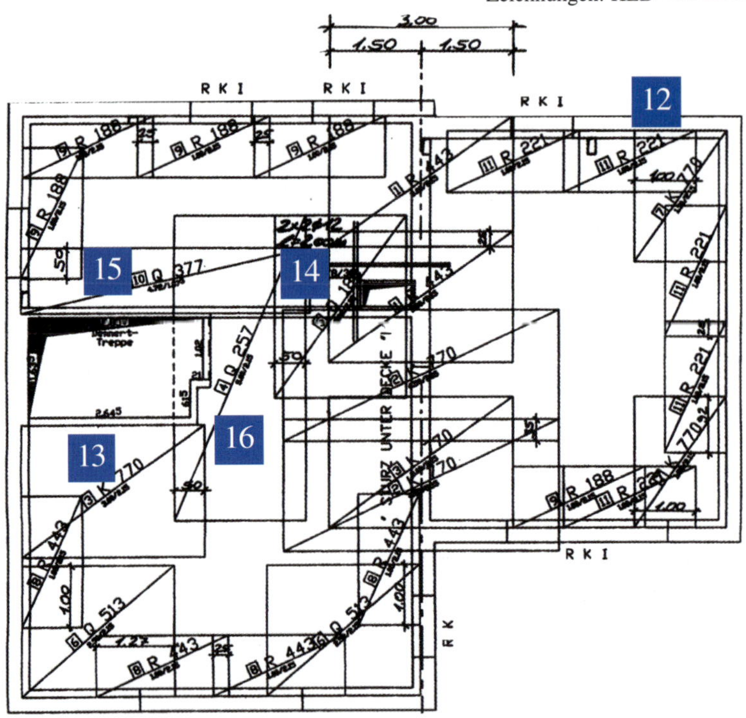

6. Die Strich-Punkt-Linie kennzeichnet die Lage einer Schnittebene. Die durch die angegebene Blickrichtung entstehende Schnittfläche wird im nächsten Plan dargestellt.

7. Zur Orientierung sind die im Vertikalschnitt sichtbaren Türöffnungen in beiden Zeichnungen farbig gekennzeichnet.

8. Die Entlüftung der sanitären Anlagen wird im Vertikalschnitt mit einer kräftigen Linie dargestellt. Die Entlüftung soll, wie die Abkürzung zeigt, über das Dach erfolgen.

9. Dünne Hilfslinien deuten auf die relevanten Ebenen hin, hier ist es jeweils die Oberkante des Fertigfußbodens. Ein Pfeil weist zusätzlich auf das Höhenniveau hin, die nebenstehende Maßzahl gibt den Abstand zur Bezugsebene (0.00) an.

10. In der festgelegten Schnittebene ist hier der Blick zum Schornstein durch eine Wand versperrt. Darum wird er gestrichelt dargestellt.

11. Die Maßkette ist geeignet, um lichte Geschosshöhen, Deckenstärken und die Stärke des Fußbodens aufzutragen.

12. Bei einem Deckenbewehrungsplan, hier für eine Fertigdecke, erscheint das Gewirr aus Linien noch komplizierter. Wichtig ist die Abbildung der tragenden Wände.

13. Lage, Größe und Bezeichnung der einzelnen Baustahlmatten sind das Entscheidende in diesem Plan. Hier handelt es sich um eine Matte K 770 mit den Abmessungen 3,00 x 2,15 Meter, die direkt im Anschluss an das Treppenloch zu verlegen ist.

14. Am Schornstein müssen zusätzlich Einzelstäbe verlegt werden, und zwar beidseitig je zwei Stäbe, zwei Meter lang und mit einem Durchmesser von zwölf Millimetern.

15. Die Positionsziffern in den eckigen Feldern sind wichtig zur Identifizierung der Position auf der Materialliste. Gleiche Ziffern bedeuten also nicht gleiche Lage innerhalb eines Bauwerks, sondern jeweils gleiche Materialbeschaffenheit.

16. Die Diagonallinie ist wichtig, um bei den sich überlappenden Matten Anfang und Ende zu kennzeichnen.

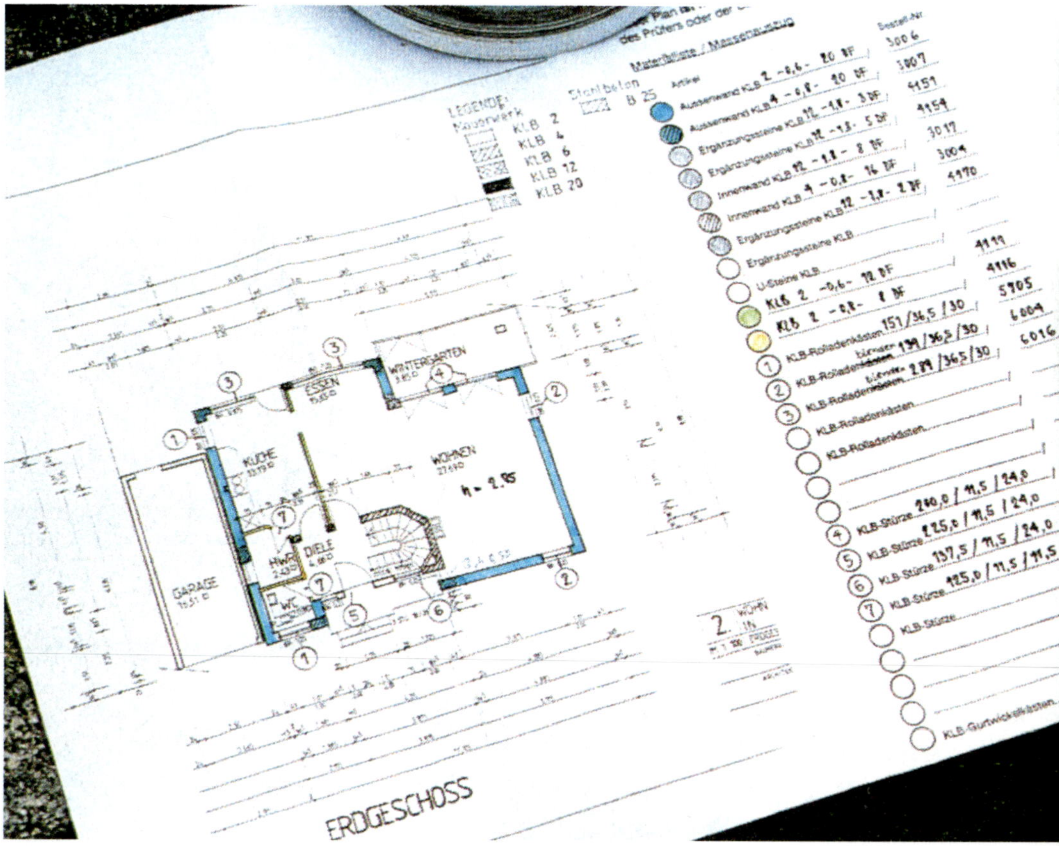

Ein detaillierter Ausführungsplan mit allen Maßen und Angaben: Die farbige Kennzeichnung der verschiedenen Wände stellt dabei immer eine nützliche Hilfe dar.

Abb. Hebel AG

Baustoffe

Neben den schon erwähnten Mauersteinen in ihren unterschiedlichsten Ausführungen werden heute mit Hilfe von Metall- und Holzbaustoffen Ideenreichtum, Geschmack und Kreativität im Hausbau umgesetzt. Ob mit diesen Werkstoffen nur Akzente gesetzt oder Exklusivität betont werden soll, diese Entscheidung beruht nicht nur auf dem individuellen Geschmack, sondern auch auf genauer Kenntnis, wo welche Baustoffe optimal eingesetzt werden können.

Bei Metallbaustoffen z. B. hat erst die konsequente Weiterentwicklung der Produktions- und Bearbeitungstechnik dazu beigetragen, dass diese Materialien seit Anfang des 19. Jahrhunderts den statischen Anforderungen im Hochbau entsprechen. Wolkenkratzer sind nur ein Beispiel des Machbaren mit dem Werkstoff „Stahl".

Metallbaustoffe haben den großen Vorteil, industriell gefertigt und montiert werden zu können. Die gestalterischen Möglichkeiten gehen nahezu in das Unendliche. Standardprodukte wie Dachrinnen, Gitterroste und Regenfallrohre sind uns allen bekannt.

Ebenso begegnet uns der Baustoff Metall in Heizungsrohren, Armaturen oder im Fensterbau. Ob als Balkon- oder Treppengeländer, als Stufen zur Dachterrasse oder als Bewehrung im Beton, Metall findet sich in verschiedensten Formen und unterschiedlich starker Prägung in jedem Haushalt.

Fallrohr aus Zink

Wachsende Bedeutung finden Metalle heute in der Fassadengestaltung. Da Metalle aber generell unter Temperatureinfluss arbeiten, ist dieses spezifische Merkmal besonders bei der Planung zu berücksichtigen, um Spannungsschäden vorzubeugen.

Als wirksamer Korrosionsschutz wird das Feuerverzinken angesehen. Möchten Sie bei der Fassadengestaltung verschiedenartige Metalle verwenden, erkundigen Sie sich vorher in einem Fachbetrieb nach der Verträglichkeit untereinander. Nicht alle Metalle können miteinander kombiniert werden. Einige reagieren miteinander. Um diese Kontaktkorrosion zu vermeiden, können Abstandhalter aus Gummi oder Kunststoff zwischengesetzt werden.

Die Unempfindlichkeit von Kupfer gegenüber Witterung und Temperatur hat zu mannigfaltigem Einsatz dieses Werkstoffes im Hausbau geführt. Mit der Zeit entsteht auf der Oberfläche eine grüne Patina, die eine Zerzetzung verhindert. Ob als Bestandteil der Fassadengestaltung, im Dachbereich oder als Rohrleitung – Kupfer ist über Jahrzehnte hinweg ein beständiger und edler Baustoff.

Ähnliche Qualitäten wie Kupfer hat der Baustoff Aluminium aufzuweisen. Vorwiegend als Ingrediens im Tür- und Fensterbau eingesetzt oder in Vordach-Konstruktionen, hat auch Aluminium einen natürlichen Korrosionsschutz. Durch eine spezielle Oberflächenbehandlung erreicht man die Bildung einer Oxidschicht, die in unterschiedlichen Farbtönen eingefärbt werden kann. Das macht Aluminium zu einem attraktiven Designelement.

Wenden wir uns nun einem der ältesten Baustoffe überhaupt zu: dem Holz. Holz wurde schon zu Urzeiten zur Errichtung von Unterkünften verbaut und findet heute besonders bei Naturliebhabern Verwendung.

Gesundheitsliebe, Umweltinteresse und Preisbewusstsein haben den Stellenwert des Baustoffes Holz in den Vordergrund gerückt. Holz ist ein nachwachsender Rohstoff, der einzigartig darin ist, das schädliche Kohlenmonoxid zu binden und damit der Atmosphäre zu entziehen. Holz ist – unter gesundheitlichem Gesichtspunkt betrachtet – wohngiftfrei und durch Feuchtigkeitsregulierung in der Lage, ein absolutes „Wohlfühlklima“ zu schaffen. Statisch betrachtet hat Holz ein geringes Gewicht, gute Wärmedämmfähigkeit sowie die erforderliche Druckfestigkeit.

Unser Tipp:
Setzen Sie Aluminium nur an adäquaten Stellen ein und achten Sie auf fachmännische Montage. Aluminium reagiert empfindlich auf Kratzer, die sich nur schwer beseitigen lassen.

Weitere Infos:
Rheinzink GmbH & Co. KG
Bahnhofstr. 90 • D-45711 Datteln
Tel. +49 (0)23 63/6 05-0 • 6 05-2 09
E-Mail: info@rheinzink.de • www.rheinzink.de

DKI – Deutsches Kupferinstitut e.V.
Am Bonneshof 5 • D-40474 Düsseldorf
Tel. +49 (0)2 11/4 79-63 00 • Fax 4 79-63 10
E-Mail: info@kupferinstitut.de
www.kupferinstitut.de

Arbeitsgemeinschaft Holz e.V.
Rather Str. 49a • D-40476 Düsseldorf

Stahl-Informations-Zentrum
Postfach 10 48 42 • D-40039 Düsseldorf
Tel. +49 (0)2 11/67 07-0 • Fax 67 07-3 44
E-Mail: siz@stahl-info.de • www.stahl-info.de

Mauersteine

Mauersteine sind der Massivbaustoff schlechthin. Es gibt unterschiedliche Mauersteine für das gesamte Baugefüge auf der Grundlage von Festigkeit (Statik) und Rohdichte (Wärme- und Schallschutz).

Zu den meist verwendeten Mauersteinen gehört seit tausenden von Jahren der Ziegel. Baubiologisch ist er ein hochwertiges Naturprodukt und erfüllt alle Anforderungen an Schall-, Brand- und Feuchtigkeitsschutz und Witterungsbeständigkeit. Die ausgezeichneten Wärmedämm- und Wärmespeichereigenschaften werden durch eine Porosierung des Ziegels erreicht und spiegeln sich in einem angenehmen Raumklima wieder.
Als Alternative zum Ziegel bietet sich der Porenbeton an. Dieser überzeugt vorwiegend durch sein leichtes Gewicht, einfache Bearbeitung und ausgezeichnete Wärmedämmbeschaffenheit. Obwohl

Großformatige Bauteile bieten Rationalisierungseffekte. Abb. Hebel „Jumbo ®"

keine vergleichbare Schalldämmung wie bei Ziegeln erreicht wird, sind diese immer noch gut im Vergleich mit anderen Baustoffen.
Kalksandsteine werden überwiegend zum Bau tragender Wände, zum Fundament- und Kellerbau eingesetzt. Die hohe statische Belastbarkeit und der gute Schallschutz sind die Kerneigenschaften dieses Mauersteins. Frostbeständige Vormauer-Kalksandsteine finden ihre Verwendung in der Sichtmauerwerk-Gestaltung.
Großformatige Leichtbetonsteine, Bims- und Blähtonsteine mit ihrem geringen Gewicht und dem Charakteristikum der optimalen Wärmedämmung zählen zu den wirtschaftlichen Baustoffen und werden auch in kompletten Bausätzen angeboten, was den Hausbau erheblich vereinfacht.

Ein neuer Planziegel von der Fa. Trost bringt beste Voraussetzungen für den Bau von Niedrigenergiehäusern.

Schnell und ohne Komplikationen lassen sich Ytong-Bauteile verarbeiten.

Mauersteine und Anzahl je m²

Bez.	Format (LxBxH in mm)	Anzahl
NF	240 x 115 x 71	48 Stück
DF	240 x 115 x 52	64 Stück
2-DF	240 x 115 x 113	32 Stück
3-DF	240 x 175 x 113	32 Stück
4-DF	250 x 115 x 238	16 Stück
6-DF	250 x 175 x 238	16 Stück
8-DF	250 x 240 x 238	16 Stück
10-DF	250 x 300 x 238	16 Stück
12-DF	250 x 365 x 238	16 Stück

Infos unter:

Hebel AG
Postfach 1353 • D-82243 Fürstenfeldbruck
Tel. +49 (0)8141/980
www.hebel.de

Ytong AG
Hornstr. 3 • D-80797 München
Tel. +49 (0)89/30614-0 • Fax 30614-183
www.ytong.de

Röben Tonbaustoffe GmbH
Postfach 1209 • D-26330 Zetel
Tel. +49 (0)4452/880 • Fax 88245
E-Mail: roeben@roeben.com • www.roeben.com

Abb. rechts: Energie sparende Mauerwerk-Konstruktionen mit Röben-Poroton-Plansteinen

Der Grundstein für das Mauerwerk

Poroton-Ziegel von Wienerberger sind wahre Multitalente. Sie vereinigen in sich die günstigen baubiologischen Eigenschaften des Rohstoffs Ton.

Poroton – der Wohnwert-Ziegel

Als Maßstab für die Wärmedämmung eines Hauses wird häufig der U-Wert herangezogen. Er steht für die Wärmedurchlässigkeit von Wänden, Decken oder Fenstern. Je geringer der Wert, desto weniger Wärme wird nach außen abgegeben. Für das Bauen mit Poroton gilt: Mit den bewährten Ziegelkonstruktionen erreichen Sie mühelos das Niveau eines Niedrigenergiehauses nach der neuen Energieeinsparverordnung (EnEv). Denn der Ziegel dämmt sehr gut, speichert die Wärme und ist zudem noch in der Lage, Wärme über die Wand von außen nach innen zu leiten. Die Anforderungen der neuen Energieeinsparverordnung lassen sich deshalb mit Wienerberger Proton-Ziegeln auch ohne zusätzliche Wärmedämmung erfüllen.

Bauphysikalische Vorzüge

- ausgezeichneter Wärmeschutz
- hochbelastbare, langlebige Wandkonstruktionen
- beruhigender Schallschutz
- Brandschutz inklusive

Ein gesundes Wohnklima trägt entscheidend zum Wohlbefinden bei. Wände aus Poroton wirken wie eine natürliche Klimaanlage: Temperaturschwankungen dämpfen sich durch Abgabe oder Aufnahme von Wärme. Der Effekt: Im Winter bleibt das Haus wohlig warm und im Sommer angenehm kühl. Und bei der Regulierung von Feuchtigkeit ist der Ziegel in seinem Metier.

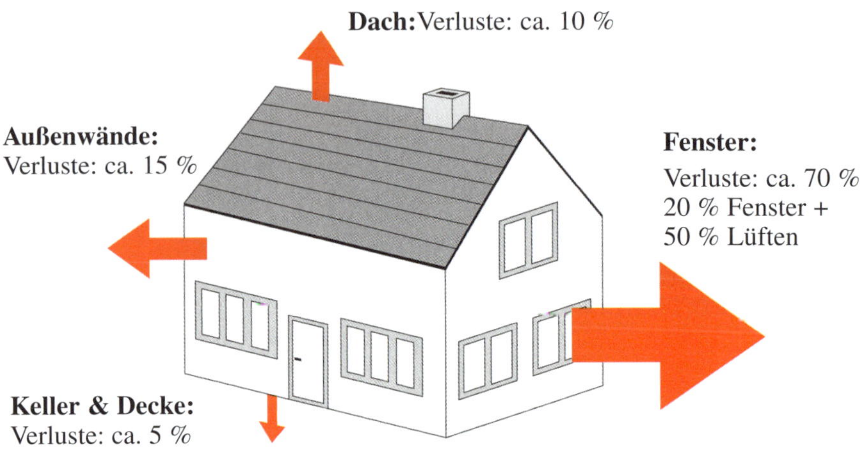

Quelle: Landesinstitut für Bauwesen und angewandte Bauschadensforschung NRW, Studie 1.19.1993

Einfach schlau beim Bau

Poroton-Ziegel sorgen schon immer für deutliche Arbeitserleichterung beim Rohbau. Ein erster Schritt war die mörtelfreie Stoßfuge. Neue Maßstäbe setzt der Planziegel: Er kann im Tauchverfahren oder mit der Mörtelrolle besonders einfach verarbeitet werden. So wird das Bauen zu einer schnellen und sicheren Sache.

Den Dünnbettmörtel rühren sie mit Bohrmaschine und Rührquirl an.

Eine aufwändige Vermörtelung der Wand gehört der Vergangenheit an: mit dem Poroton-Planziegelsystem. Denn hier erfolgt die Verarbeitung im wirtschaftlichen Tauchverfahren oder mit der Mörtelrolle. Sie tauchen den handlichen Ziegel nur kurz in den Dünnbettmörtel, streifen ihn aber nicht ab. Der Mörtel haftet fest an der plangeschliffenen Lagerfläche. Oder Sie tragen den Dünnbettmörtel einfach mit der Mörtelrolle auf die vorhergehende Ziegelschicht auf. Jetzt wird der Planziegel einfach in die Verzahnung des Nachbarziegels gesetzt und exakt ausgerichtet. In kurzer Zeit können Sie so auf einfache und wirtschaftliche Weise ein homogenes, nahezu fugenloses Mauerwerk errichten. Sauber und normgerecht.

Griffhilfen machen das Tauchen und Setzen bequemer.

Schnelle und einfache Bauausführung mit Poroton-Ziegel

Der Ziegel wird einfach in die Verzahnung des Nachbarziegels gesetzt.

POROTON Schallschutz-Planziegel-T
Druckfestigkeitsklasse 8
Rohdichteklasse 0,7-0,8

POROTON Planziegel-T12
Druckfestigkeitsklasse 6
Rohdichteklasse 0,65

Infos unter:
Wienerberger Ziegelindustrie GmbH
Oldenburger Allee 26 • D-30659 Hannover
Tel. +49 (0)5 11/6 10 70-0 • Fax 61 44 03
E-Mail: info@wzi.de • www.wienerberger.de

Erstellen einer Kalksandsteinwand

Der Reparaturmörtel wird mit Wasser im Mörtelfass in verarbeitungsgerechter Konsistenz angerührt. Hier erleichtert ein Mörtelquirl die Arbeit.

Auf das Betonfundament wird eine Lage Reparaturmörtel aufgetragen. An den Eckpunkten wird jeweils ein Kalksandstein eingesetzt. Der waagerechte Verlauf wird mit einem Richtscheit und Wasserwaage überprüft.

Um einen fluchtgerechten Wandverlauf zu gewährleisten, wird eine Richtschnur gespannt.

Bei den hier verwendeten Kalksandsteinen handelt es sich um stark saugende Steine. Um ein Aufbrennen des Mörtels zu verhindern, werden die Steine vorgenässt (Eintauchen in Wasser).

Für eine vollfugige Vermauerung wird der Mörtel satt auf den Steinkopf aufgetragen und passgenau in das Mörtelbett der unteren Lage eingesetzt. Die Fugenbreite sollte ca. 12 mm in der Lagerfuge und 10 mm in der Stoßfuge betragen. Herausquellenden Mörtel abstreifen.

Die Mauer wird hier im Halbstein-Verband gesetzt, d. h., die Fugen der unteren und oberen Lage verspringen jeweils um eine halbe Steinbreite.

Zur besseren Verbindung zur Hauswand werden Maueranker in die vorgebohrten Dübellöcher eingeschlagen und mit in die Fugen des neuen Mauerwerks eingemauert.

Nach Beendigung der Mauerarbeiten werden zur Vorbereitung der nachträglichen Verfugung die Stoß- und Lagerfugen noch am Tag der Vermauerung (vor Aushärtung) mindestens 15 mm tiefflankensauber mit einem Fugeisen ausgekratzt.

Zum Schutz des Mauerwerks vor Regen- und Frostschäden wurde eine Natursteinabdeckung ausgewählt. Zur Verlegung wird hier Naturstein-Verlegemörtel mit einem Rührquirl verarbeitungsgerecht angemischt.

Der Profi-Tipp:

Vor der Erstellung einer Gartenmauer sind unbedingt der genaue Grenzverlauf des Grundstücks sowie behördliche Vorschriften (z. B. maximal erlaubte Höhe, landschaftliche Gesichtspunkte bzgl. der Materialauswahl etc.) zu beachten. Bei Grenzbebauung sollten Sie die geplante Maßnahme mit Ihrem Nachbarn absprechen.

Zur besseren Verbindung zum Mörtelbett wird eine Haftschlämme aus Naturstein-Verlegemörtel mit einem Pinsel satt auf die Rückseite der Natursteinplatte aufgestrichen (Mörtel hierzu etwas nachnässen).

Der Naturstein-Verlegemörtel wird auf die letzte Steinlage aufgetragen und plangezogen.

Die Natursteinplatten werden aufgelegt und lot- und fluchtrecht ausgerichtet. Herausquellender Mörtel ist abzustreifen.

Checkliste

Produkt:
Reparaturmörtel
Zementmörtel zum Mauern und Putzen, für starke Beanspruchungen, für den Innen- und Außenbereich, frostsicher nach Erhärtung.

Verbrauch als Mauermörtel:
2 DF-Steine, Wanddicke 11,5 cm: ca. 32 kg/m²
3 DF-Steine, Wanddicke 17,5 cm: ca. 45 kg/m²

Produkt:
Naturstein-Verlegemörtel
Zum Ansetzen und Verlegen von Natursteinen und -platten im Dickbettverfahren. Für Bodenbeläge, Terrassen, Treppenstufen etc. Verarbeitung mit gleichzeitiger Fugengestaltung, für innen und außen, frostsicher.

Verbrauch:
je nach Auftragsstärke

Werkzeuge:
Mörtelkübel, Rührquirl, Maurerkelle, Wasserwaage, Richtschnur, Richtscheit, Maueranker, Maurerhammer, Pinsel, Fugeisen, Zollstock

Das ansprechende Produkt: eine professionelle Gartenmauer

Infos unter:
Quick-mix Gruppe GmbH & Co. KG
Mühleneschweg 6 • D-49090 Osnabrück
Tel. +49 (0)541/601-01 • Fax 601-853
E-Mail: info@quick-mix.de
www.quick-mix.de

Das Dach — Schönheit, Sicherheit und Schutz

Das Dach bildet nicht nur den „krönenenden“, oberen Abschluss Ihres Hauses. Für welche Dach-neigung oder Dachform Sie sich entscheiden, ob die Eindeckung mit Ton- oder Betondachsteinen, Schiefer oder Dachplatten erfolgt, an welcher Position Gauben oder Fenster eingesetzt werden sollen, hier spielt nicht nur der ästethische Aspekt eine Rolle.

Das Dach erfüllt in erster Linie eine Schutzfunktion. Gerade dieser Bauteil ist wie kein anderer dem Wetter und Umwelteinflüssen ausgesetzt. Es soll Regen, Hagel, Sturm, Kälte, Hitze und Frost Widerstand leisten. Und wir erwarten nach der Fertigstellung, dass gerade das Dach unser Haus viele Jahre vor allen schädlichen Einflüssen durch Natur und Umwelt bewahrt.

Unser Tipp:

Nutzen Sie hier die Erfahrung und Kompetenz von Dachdeckerfachbetrieben. Lassen Sie sich bei der Materialauswahl eingehend beraten. Nur die korrekte Planung und fachlich akkurate Ausführung aller Arbeiten bietet den gewünschten Schutz, verhindert Eindringen von Nässe und garantiert Haltbarkeit über viele Jahre hinweg.

Dachneigung und Dachform

In Deutschland wird im Hausbau überwiegend den geneigten Dächern (5 bis 40 Grad) der Vorzug gegeben. Flachdächer bis maximal 5 Grad Neigung und Steildächer ab 40 Grad sind bei uns weit weniger verbreitet. Einer Gratwanderung zwischen baulichen Vorschriften und persönlichem Geschmack gleich kommt die Auswahl zwischen Pult- oder Satteldach, Walm- oder Mansarddach usw. Interessant ist auch die Alternative der Dachbegrünung, mit dem Vorteil einer guten Dämmung und Schaffen einer positiven, ökologischen Wirkung (Mikroklima). Nicht alles, was gefällt, ist erlaubt – fragen Sie also rechtzeitig Ihr Bauamt. Egal für welche Dachform Sie sich entscheiden, die Gesamtharmonie des Hauses steht auch hier im Vordergrund. Aber Achtung: Je komplizierter die ganze Dachgestaltung mit Gauben, Kehlen, Fenstern usw., desto größer ist das Risiko, „Schwachstellen“ zu schaffen, und umso teurer wird es.

Dachkonstruktion

Diese richtet sich nach dem Grundriss, der Dachform, der Dachneigung und der geplanten Dachraumnutzung. Zur Verfügung stehen Holzkonstruktionen für Dachstühle oder Massivkonstruktionen als Dach- oder oberste Geschossdecke. Unser Tipp: Gerade wenn Sie einen Ausbau planen, achten Sie auf die bauliche Eignung des Dachstuhls. Ziehen Sie einen Fachmann zu Rate.

Unterspannbahnen und Dachdämmung

Unterspannbahnen verhindern das Eindringen von Feuchtigkeit, z. B. durch Schlagregen, Flugschnee, und sind staubabweisend. Sie sind von außen dicht und von innen dampfdurchlässig.

Die Dämmung hat gleich mehrere Funktionen zu erfüllen. Zuerst einmal sorgt sie für das „Wohlfühl-Klima“, indem sie extreme Winter- und Sommertemperaturen „aussperrt“, damit diese die Raumtemperatur nicht beeinflussen. Die richtige Dämmung verhindert Energieverlust, schützt vor Temperaturschwankungen und fördert ein angenehmes Raumklima. Die Wärmeschutzverordnung macht hier genaue Vorgaben bzgl. des Wärme- und Umweltschutzes, die eingehalten werden müssen. Zur Dämmung werden unterschiedliche Materialien wie z. B. Mineralfaser eingesetzt. *– Siehe Extrakapitel*

Abb. Trost

Die verschiedenen Dachformen zur Auswahl

Satteldach mit Kniestock

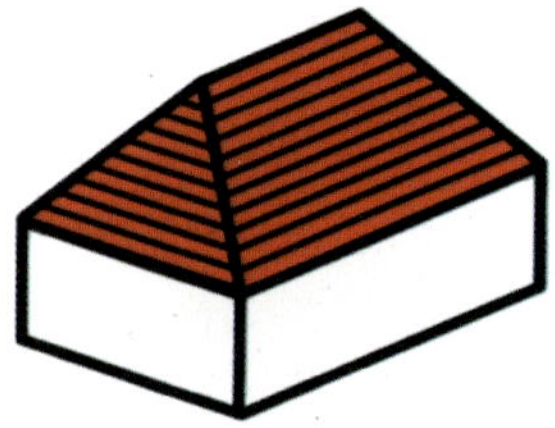
Walmdach

Zeltdach

Satteldach mit Krüppelwalm

Mansarddach

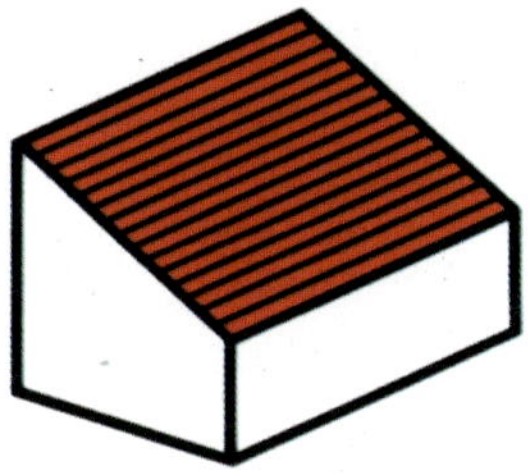
Pultdach

Satteldach

Zur Beachtung: Nicht jede gewünschte Dachform wird vom Bauamt genehmigt. Vorher beim Bauamt erkundigen!

Dacheindeckung

Wenden wir uns jetzt der Eindeckung zu. Auch hier gilt es aus der Flut unterschiedlichster Materialien zu filtern. Zu beachten ist, dass nicht jedes Dachdeckungsmaterial oder jede Dachdeckungsart für bestimmte Dachneigungen verwendet werden kann. Während profilierte Flachdachziegel und ausdrucksstarke Betondachsteine wirkungsvoll die Optik flach geneigter Dächer unterstützen, entfalten Schiefermaterial, Faserzementplatten oder Bitumenschindeln auf steileren Dächern ihre volle Schönheit.

Ton-Dachziegel und Beton-Dachsteine sind mit 92 Prozent die absoluten Vorreiter bei den Deckungsmaterialien. Bei der Auswahl des geeigneten Materials muss aber immer auf die Dachneigungen und den vorhandenen oder geplanten Unterbau Rücksicht genommen werden. In beiden Sparten unterscheidet man zwischen Flächenziegeln und Formziegeln. Flächenziegel dienen der Flächendeckung, während Formziegel wie Trauf-, First-, Kehl-, Ortgang-, Antennen-, Grad- und Lüftungsziegel zu den Sonderformen zählen, die zur Detailausführung verwendet werden.

Tondachziegel

Tondachziegel sind ein Naturprodukt und zeichnen sich durch hohe Langlebigkeit aus. Sie halten allen Witterungseinflüssen stand, egal ob Hitze, Regen, Frost oder Hagel. Zu den bekanntesten Ziegeln zählen hier Biberschwänze, Krempziegel, Falzziegel, Hohlpfanne und Flachdachpfannen. Aus der Altbausanierung sind die kräftig roten Tondachziegel nicht mehr weg zu denken.

Betondachsteine

Auch die Betondachsteine, welche aus einer Mischung aus Zement, quarzhaltigem Sand und Wasser hergestellt sind, erfüllen alle Anforderungen an Haltbarkeit und Ökologie. Sie zeichnen sich durch eine große Vielfalt an Farben, Formen und Funktionen aus. Die schmutzabweisende Oberflächen-Veredelung lässt keine Bemoosung oder Kalkausblühung mehr zu.

Ob Frankfurter Pfanne, Heidelberger

Ein Dach, dass gänzlich aus farbbeschichtetem Aluminium ist, hat beste Eigenschaften: Es ist leicht, stabil und korrosionsfrei.

Dachstein oder die Harzer Dachpfanne. Der Dachgestaltung sind hier keine Grenzen gesetzt.

Alternativen

Mit Reetdach-, Faserzementplatten-, Schiefer-, Metall- oder Holzschindeldeckung lassen sich weitere Akzente in der Dachgestaltung setzen. Dennoch gilt es bei aller Liebe zur Individualität: Beachten Sie die Bebauungspläne Ihrer Kommune. Der Gesamtharmonie des Baugebietes sollte Rechnung getragen werden.

Dachaufbauten

Unter den Dachaufbauten stehen Gauben an erster Stelle. Gauben sind senkrecht stehende Fenster in einer geneigten Dachfläche. Die Varianten im Aufbau reichen hier von Satteldachgauben über Rund-, Spitz-, Schlepp- und Fischmaulgauben bis hin zu der wunderschönen Fledermausgaube und werden vom Zimmermann in den Dachstuhl mit eingearbeitet. Um lichtdurchflutete Dachwohnungen zu schaffen, eignen sich Dachflächenfenster oder großflächige Atelierfenster. Das „dunkle Kämmerlein“ im Dachgeschoss ist dank großzügiger Fenstervielfalt längst kein Thema mehr.

Lange Lebensdauer ist garantiert

Röben hat über 50 verschiedene Tondachziegelsorten und -farben im Sortiment. Dazu passend: Formziegel von der Traufe bis zum First. Ob Antennenziegel, Dunstrohr, Lüfterfirst oder schmückende Zierfirstplatte – jede Form ist aus gebranntem Ton und fügt sich nahtlos in die Dachfläche ein.

Infos unter:
Prefa Aluminiumprodukte GmbH
A-3182 Markt/Lilienfeld
Tel. +43 (0)27 62/5 02-0 • Fax 5 03-8 74
www.prefa.at

Unser Tipp:

Damit Sie lange Freude an Ihrem Dach haben, lassen Sie es regelmäßig vom Fachmann auf Schäden untersuchen. Denken Sie auch an die regelmäßige Reinigung der Dachrinnen und Fallrohre. Das Vorbeugen erspart Ihnen Schäden und teure Reparaturen.

Baustoff	Preise* in Euro/m²
Dachziegel	ab ca. 30,-
Betondachsteine	ab ca. 25,-
Schiefer	ab ca. 30,-
Holzschindeln	ab ca. 30,-
Reet	ab ca. 55,-
Metall	ab ca. 45,-
Faserzement	ab ca. 40,-

*Circapreise ohne Gewähr für Eindeckung und Material von Dachflächen; bei allen Preisen werden noch Zulagen für Kehle, Ortgang, Traufe, Grate, Firstabdeckung etc. berechnet.

Entscheidungshilfe für das perfekte Dach

Die Schönheit des Hauses wird oben entschieden – mit der Wahl der richtigen Dachpfanne. Das richtige Dach ist die Visitenkarte – so wählen Sie es aus:

Das Dach gibt dem Haus sein unverwechselbares, attraktives Gesicht. Vorausgesetzt, es passt zum Stil des Hauses. Das definieren drei Kriterien: erstens die Oberflächenwirkung, zweitens die Form, drittens die Farbe. Treffen Sie Ihre Entscheidung in diesen Punkten. Und Sie werden zu einem Ergebnis kommen, das Sie und Ihre Familie überzeugt.

1. Oberfläche

Matt? Seidenglanz? Hochglanz? Welche Oberflächenwirkung passt zu Ihrem Stil? „Matt" gibt dem Dach eine angenehm zurückhaltende Optik. „Seidenglanz" ist die leicht glänzende Variante. Sie verleiht dem Dach einen edlen Charakter und sorgt für ein harmonisches Gesamtbild. „Hochglanz" ist der feine Unterschied. Wirkt exklusiv, betont das Dach und sorgt für ein ausdrucksvolles Licht-und-Schattenspiel. Ein weiteres Plus: „Seidenglanz" und „Hochglanz" behalten länger ihre ursprüngliche Farbwirkung – dank ihrer glatten, Schmutz abweisenden Oberfläche.

2. Form

Klassisch? Modern? Modern klassisch? Die Form gibt Charakter. Auf welche Art möchten Sie die Architektur Ihres Hauses unterstreichen? Es gibt eine umfangreiche Auswahl für ein unverwechselbares Haus. Die Frankfurter Pfanne ist der zeitlos schöne Klassiker, zudem millionenfach bewährt. Welche Richtung ist Ihr Stil?

Die Frankfurter Pfanne in Blau macht sich besonders gut bei moderner, sachlicher Architektur.

3. Farbe

Welche Farbe steht Ihrem Haus?
Rot ist der Klassiker. Blau- und Grautöne sind der Trend. Vielleicht wäre aber auch Brillantschwarz ideal für Ihr Haus. Ihr Farbwunsch kann sicher verwirklicht werden. 25 Farben gehören zur außergewöhnlichen Vielfalt, die im Markt ihresgleichen sucht. Bestes Beispiel: Allein die beliebte Frankfurter Pfanne gibt es in 12 Farbvarianten.

Eine gelungene Renovierung, gekrönt von einem neuen Dach mit der Frankfurter Pfanne in Klassisch-Rot.

Infos unter:
Lafarge Dachsysteme GmbH
Frankfurter Landstr. 2-4 • D-61440 Oberursel
Tel. +49 (0)61 71/61-0 14 • Fax 6 11 58 60
E-Mail: mail@lafarge-dachsysteme.de
www.braas.de

Baubegleiter entdecken Mängel rechtzeitig

Wenn die stolze Familie beim Einzug in ihr neugebautes Eigenheim gravierende Mängel entdeckt, ist es oft zu spät:

Eine regelmäßige Kontrolle ist wichtig und bewahrt den Bauherrn vor größeren Schäden, die zu hohen Mehrkosten führen können.

So mancher Bauunternehmer ist nicht bereit, Fehler zuzugeben und nachzubessern. Ein jahrelanger Rechtsstreit mit zusätzlichen Kosten kann folgen. Daher empfiehlt der Informationsverein Besser Bauen (IVBB) schon während des Baus Qualitätskontrollen durchzuführen. So kann der Bauherr rechtzeitig reklamieren. Zugleich werden Bauträger und Handwerker motiviert, sorgfältiger zu arbeiten. Auch der Bauherr sollte die Baustelle so oft es geht besuchen und den Fortgang der Arbeiten mit der Kamera festhalten.

Abb. Braas

Der Bauherr kann selbst einen unabhängigen Architekten oder Ingenieur bestellen oder eine Organisation wie den Bauherrenschutzbund, den Verband privater Bauherren, TÜV oder DEKRA beauftragen. Bietet das Bauunternehmen selbst eine Qualitätskontrolle an, sollte Einsicht in die Mängelprotokolle vertraglich fixiert werden. Der Fachmann prüft Baupläne und Baubeschreibung. Er muss die Baustelle regelmäßig begehen, stets bevor Bauabschnitte verkleidet werden. Unabdingbar ist eine professionelle Begleitung bei der Bauabnahme: Mit Unterzeichnung des Protokolls gehen alle Rechte und Pflichten auf den Bauherrn über.

(www.dach.de)

Tipps für effektive Dachpflege

Wenn im Frühling das große Reinemachen ansteht, greift so mancher beherzt zu Lappen und Besen.

Doch neben dem gründlichen Hausputz und eventuellen Gartenarbeiten bietet der Frühling auch einen guten Anlass, die wichtigsten Bestandteile eines Hauses zu überprüfen – und dazu zählt vor allem das Dach. Denn nicht nur „saurer Regen" hinterlässt mit der Zeit unübersehbare Spuren auf dem Dach. Auch harte Wintermonate, Wind oder Abgase setzen ihm zu. Wer jedoch einige einfache Tipps beachtet, kann unnötigen Aufwand und Kosten vermeiden.

Ein Highlight von Braas ist die bewährte Frankfurter Pfanne mit der speziellen, Schmutz abweisenden STAR-Oberfläche. Dabei werden Schmutz- und Staubpartikel aus der Atmosphäre einfach mit dem Regenwasser abgespült.

Dabei ist es ratsam, einen Fachmann zu kontaktieren: Denn die meisten Dächer sind von unten kaum einsehbar und sollten schon aus Sicherheitsgründen nur vom Fachmann begangen werden. Der Dachhandwerker entdeckt mit seinem geschulten Auge auch verdeckte Mängel. So kann er beispielsweise feststellen, ob Anschlüsse und Einbauteile eines Daches noch voll funktionstüchtig sind, ob eine Reparatur oder Sanierung schadhafter Teile ausreicht oder ob eine Umdeckung mit neuen Dachpfannen sinnvoller ist. Eine große Gefahr für Dächer stellen z. B. einzelne defekte Dachpfannen dar, die eine Durchfeuchtung des Tragwerks verursachen können – mit schwer wiegenden Folgen: faulende Hölzer oder gar Hausschwamm.

Neben offensichtlichen Schäden an der eigentlichen Deckung sollte auch geprüft werden, ob das gesamte Bauteil Dach mit seiner Unterkonstruktion noch den gestiegenen Ansprüchen an die Wohnqualität entspricht oder ob der Dachraum künftig mitgenutzt werden soll.

Wartungsverträge schaffen Sicherheit für Hausbesitzer

Den gewachsenen Ansprüchen an das Aussehen und die Funktion eines Daches tragen Braas Dachpfannen sowie exakt darauf abgestimmte Braas Dachsystemteile Rechnung. Damit es zu irreparablen Schäden gar nicht erst kommt, ist ein Wartungsvertrag mit dem örtlichen Dachhandwerker-Fachbetrieb zu empfehlen. Der Fachmann erkennt Schäden, die für den Laien nicht auszumachen sind. Musterverträge für Wartungen lassen sich über Fachbetriebe oder den Zentralverband des Deutschen Dachdeckerhandwerks beziehen.

(www.dach.de)

Wer sein Dach gegen Schnee und Sturm sichert, kann dem Winter gelassen entgegen sehen. Verschiedene, auf einander abgestimmte Systemteile eignen sich sowohl für Neubauten als auch für die Nachrüstung und bieten optimalen Schutz.

Material mit Zukunft

RHEINZINK® steht für Qualität, Innovation und Wertbeständigkeit am Bau. Aus dem ökologischen Werkstoff entstehen hochwertigste Dachdeckungen, Fassadenbekleidungen, Dachentwässerungssysteme und Solarlösungen, die ihre positiven Eigenschaften über Generationen bewahren.

Dachgauben

Das große Angebot an Gaubenformen lässt heute eine Vielzahl architektonischer Gestaltungen zu. Ob Schlepp-, Dreiecks-, Schmetterlingsgaube oder Walmdachkonstruktion: Mit RHEINZINK® bekleidet, gewinnt jede Form an Ästhetik und wertiger Anmutung und bildet einen interessanten Kontrast zu anderen Baustoffen. Komplett vorgefertigte und mit geringem Zeitaufwand montierbare Systemgauben sind eine interessante und rationelle Alternative.

Dachränder, Ortgänge, Kaminbekleidungen und Mauerwerksabdeckungen

Dachränder, Ortgänge und Kaminbekleidungen werden mit zum Blickfang. Sie runden das Erscheinungsbild eines Hauses stilvoll ab, harmonieren mit unterschiedlichsten Baustoffen und sichern den dauerhaften Schutz vor Wind und Wetter.

Feuchtigkeit im Mauerwerk kann durch Mauerwerks- und Fensterbankabdeckungen einfach, zuverlässig und wirtschaftlich verhindert werden.

Mit nur kleinen „Accessoires" aus RHEINZINK® lassen sich an Gaube, Dachrand, Giebel, Balkon und Kamin sowohl bei Sanierungen als auch an Neubauten stilvolle Akzente setzen.

Dachentwässerung

Eine Gebäudegestaltung ohne Kompromisse erfordert ein Dachentwässerungssystem, das sich ebenso kompromisslos wie flexibel in das optische Gesamtbild einfügt.

RHEINZINK® hat für jedes Dachentwässerungsproblem eine fachgerechte und ästhetische Lösung. Lieferbar in walzblank, „vorbewittert pro blaugrau“ oder „vorbewittert pro schiefergrau“, überzeugt das rund 500 Artikel umfassende Programm durch ausgereifte Funktionalität, hervorragende Passgenauigkeit und umfassende Kompatibilität. Mit der Vollständigkeit des Sortimentes erhält der Anwender die Sicherheit, ein perfekt aufeinander abgestimmtes System aus einer Hand zu erhalten.

Alle Artikel werden auf modernsten Produktionsanlagen hergestellt. Die überlegene Qualität wird durch Einhaltung engster Fertigungstoleranzen und permanente Kontrollen gewährleistet.

Innovative Produkte wie der RHEINZINK®-Laubschutz oder der RHEINZINK®-Regensammler-Steckanschluss runden das langlebige und ökologisch höchsten Anforderungen entsprechende Sortiment ab. Nicht ohne Grund ist das RHEINZINK®-Dachentwässerungsprogramm das meistverkaufte System Europas.

Auf dem Dach ganz oben

RHEINZINK®-Dächer fügen sich harmonisch in das Umfeld ein und sichern den langfristigen Wetterschutz.
Unabhängig von Dachneigung, Dachfläche und klimatischen Bedingungen werden selbst ausgefallene architektonische Wünsche ausdrucksstark in ihrer Wirkung unterstützt. Alternative Verlegerichtungen (horizontal, vertikal oder diagonal) garantieren gestalterische Flexibilität.

Mehr als nur Fassade

Dank der großen Vielfalt an Profilen und Verarbeitungstechniken sorgt RHEINZINK® auch im Fassadenbereich für immer neue Perspektiven und enorme Vielseitigkeit: Von avantgardistisch bis traditionsbewusst – Fassadenkonstruktionen aus RHEINZINK® sind stets eine optisch zeitlose und gleichzeitig funktional hochwertige Lösung. Mit RHEINZINK®-Fassadenbekleidungen werden individuellste Wünsche dauerhafte Wirklichkeit.

Natürliche Ästhetik in der Architektur

RHEINZINK® ist der ideale Werkstoff für Dach, Fassade und Dachentwässerung. Die Oberflächenqualitäten RHEINZINK®-walzblank, „vorbewittert pro blaugrau" und „vorbewittert pro schiefergrau" harmonieren in idealer Weise mit anderen Werkstoffen. Mit RHEINZINK® entstehen gestalterisch ausgereifte Konstruktionen, die ihre vorteilhaften Eigenschaften über Generationen bewahren.

RHEINZINK®-Solarlösungen – Natürlich innovativ

RHEINZINK®-Solarlösungen für Dach und Fassade ermöglichen eine architektonisch optimale Integration der ökologisch und ökonomisch sinnvollen Solarenergiegewinnung.

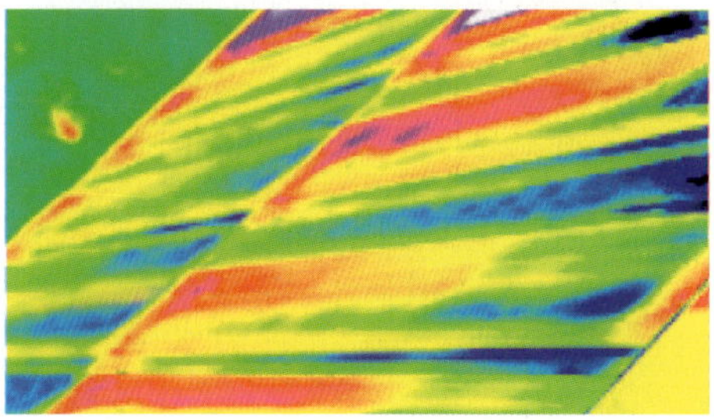

Die Produkte der RHEINZINK®-Solar PV-Serie wandeln (Sonnen)licht direkt in elektrischen Strom um. Die vorprofilierten und vollflächig mit Solarmodulen versehenen RHEINZINK®-Schare lassen sich schnell, einfach und ohne zusätzliche Befestigungselemente in den klassischen Falztechniken oder in QUICK STEP®-Systemtechnik verlegen. Das überzeugende Ergebnis: Hochwertige RHEINZINK®-Dacharchitektur und ökologische Energieerzeugung aus einer Hand. QUICK STEP®-SolarThermie ist eine unsichtbare Kollektor-Lösung zur Gewinnung solarer Wärmeenergie. Die Basisprofile sind so modifiziert, dass sie Sonnenstrahlung/Umgebungswärme aufnehmen und an einen Flüssigkeitskreislauf weiterleiten können. Selbst bei Bewölkung oder im Winter lässt sich dank der vorteilhaften Wärmeleit- und

Absorptionseigenschaften von RHEINZINK® kontinuierlich Energie gewinnen. Alle RHEINZINK®-Solarlösungen überzeugen durch ihre flächenintegrierte Optik ohne aufgeständerte Kollektorfelder. Sie harmonieren perfekt mit der architektonischen Gestaltung.

Infos unter:
RHEINZINK GmbH & Co KG
Bahnhofstr. 90 • D-45711 Datteln
Tel. +49 (0)23 63/6 05-0 • Fax 6 05-2 09
E-Mail: info@rheinzink.de
www.rheinzink.de

Schieferdächer wieder hochmodern

Ein Urgestein liegt bei vielen Neubauten wieder ganz oben auf. Immer öfter entscheiden sich Bauherren für Natur auf dem Dach. Durch moderne Verarbeitungs- und Verlegetechniken ist der 400 Millionen Jahre alte Baustoff heute eine attraktive Alternative.

Beim Preis kommt es vor allem auf die Deckart an. Bis auf die „Wilde Deckung“ werden alle Formate bereits Stück für Stück im Werk vorgefertigt. Der preiswerte Weg zum neuen Schieferdach führt über die geschwungene Bogenschnitt-Deckung. In sanften Rundungen ist sie die dekorative Krone für ein gemütliches Einfamilienhaus. Mit nur ca. 47 Euro pro m² fertig verlegt, ist die Deckung besonders für preisbewusste Bauherren attraktiv.

Ihr im Aussehen sehr ähnlich ist die von Rathscheck Schiefer neu entwickelte „Universal-Deckung“: Das Multitalent liegt im gleichen Preissegment wie die Bogenschnitt-Deckung, ist aber ein Alleskönner. Das Format lässt sich universell von links, rechts und sogar auf dem Bogen stehend verarbeiten.

Hausbesitzer, die auch privat eine klare Linie bevorzugen, entscheiden sich für die Rechteck-Deckung. Ab ca. 65 Euro kommt der Quadratmeter fertig verlegt auf das Dach. Die moderne Deckart glänzt durch die Einheit von Form und Funktion – und ist durch große, schnell zu verlegende Formate eine günstige Variante schimmernder Schieferqualität.

Für Freunde runder, geschwungener Formen bietet sich die Schuppen-Deckung an. Schmaler behauen als die Bogenschnitt-Deckung fügen sich die schuppenförmigen Schiefer zu einem belebten Dach zusammen, das aber seine klassische Ästhetik niemals verliert.

Die Königin der Deckarten für den anspruchsvollen Geschmack ist die „Altdeutsche Deckung“. Unterschiedlich

große Schiefer ergeben auch auf den kompliziertesten Dächern ein edles Gesamtbild. Die Altdeutsche Deckung bestimmt nicht nur das Bild vieler historischer Dorf- und Stadtkerne, sondern ist auch heute bei Architekten und Bauherren wieder sehr beliebt.

Kunst am Dach ist die Wilde Deckung. Sie entsteht aus der Kombination von besonders hochwertigem Schiefer und höchstem handwerklichem Geschick des Schieferdeckers.

Infos unter:
Rathscheck Schiefer und Dach-Systeme KG
Barbarastr. 3 • D-56727 Mayen
Tel. +49 (0)26 51/9 55-0 • Fax 95 51 00
E-Mail: info@rathscheck.de
www.schiefer.de

Modern und preiswert: Die runde Form der Bogenschnitt-Deckung bringt Leben aufs Dach. Das moderne Format ist die günstigste Möglichkeit zum neuen Schieferdach.

Multitalent: Die Universal-Deckung von Rathscheck Schiefer ähnelt in ihrem Aussehen der Bogenschnitt-Deckung.

Klare Linien: Die moderne preiswerte Rechteck-Deckung bietet alle positiven Eigenschaften des Schiefers.

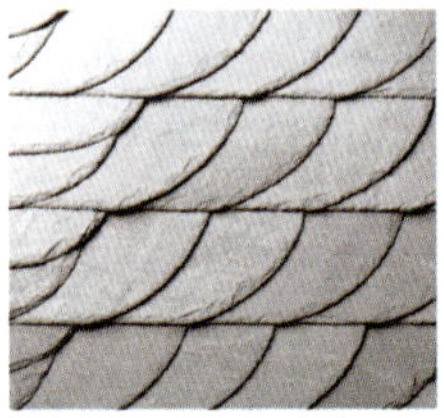

Klassiker: Die Altdeutsche Deckung schmückt zahlreiche mittelalterliche Fachwerkbauten.

Die Wilde Deckung ist wohl die aufregendste Art, sein Dach decken zu lassen.

Zeig mir Dein Dach und ich sage dir, wo Du wohnst!

Flach geneigte Satteldächer in schneereichen Gebieten, tiefgezogene Traufen – jede Dachform muss den Witterungsbedingungen entsprechen. Deshalb prägen Dächer auch oft das Landschaftsbild einer ganzen Region.

In sturmgefährdeten Gegenden, beispielsweise im küstennahen Flachland, schließen Dächer meist direkt mit den Hauswänden ab. „An windanfälligen Standorten sollte auf überstehende Traufen verzichtet werden. Sie bieten größere Angriffsfläche für den Wind und werden bei Stürmen leicht beschädigt", rät Oliver Kortendieck, Anwendungstechniker der Dachziegelwerke Nelskamp, Schermbeck. Im schneereichen Süden sind Dächer oft flach geneigt, damit sich die Schneelast gleichmäßig verteilt. Zusätzlich sorgen Schnee-Fanggitter für Sicherheit vor Dachlawinen.

In ländlichen Gebieten, vor allem bei alten Bauernhöfen, sind häufig „halbe Satteldächer" zu sehen. Sie werden Pultdächer genannt – der klassische Baustil für Anbauten und Ställe. Nebengebäude wurden früher auch direkt an das Gutshaus angebaut, um Baumaterial zu sparen und die „gute Stube" besser zu isolieren bzw. Stallwärme zu nutzen.

Bebauungspläne legen Form und Farbe fest

Typisch für viele Großstädte ist das Mansarddach mit zwei unterschiedlichen Schrägen. Es bietet durch seine Gestaltung zusätzlichen Platz zum Wohnen. Diese Dachform, benannt nach dem französischen Architekten Jules Hardoin Mansart, wurde im Frankreich des 18. Jahrhundert genutzt, um Unterkünfte für Dienstboten zu erhalten.

Viele Bebauungspläne legen fest, wie Dächer aussehen müssen. Oft sind sogar Material und Farbe der Eindeckung geregelt. „Ziel ist eine möglichst harmonische Gestaltung des Ortsbildes. Denn jede Region hat im Laufe ihrer Besiedlung einen charakteristischen Baustil entwickelt", erläutert Kortendieck.

Sauberkeit und Farbechte

Ob Sattel-, Pult- oder Mansarddach – eines wünschen sich Hausbesitzer bei jeder Dachform: Es soll lange „so wie neu" sein. „Der Trend geht zu immer sauberen und besonders farbbeständigen Eindeckungsmaterialien", so der Nelskamp-Experte. „Dachsteine erreichen dieses z. B. mit einer feinen Mikrobeton-Oberfläche, die Poren vermeidet und so vor Schmutz schützt. Denn Algen, Moose und Flechten werden vom Regen gleich wieder abgewaschen."

Übrigens: Ziegel sind auch nicht nur fürs Dach bestimmt: In Niedersachsen dienen sie z. B. oft als vorgehängte Fassade.

Abb. links: Die Dach-Form prägt den Charakter des Hauses. Ein Mansarddach ist typisch für viele Großstädte in Deutschland.

Infos unter:
Dachziegelwerke Nelskamp GmbH
Waldweg 6 • D-46514 Schermbeck
Tel. +49 (0)28 52/91 30-0 • Fax 37 59
E-Mail: info@nelskamp.de
www.nelskamp.de

Volle Dämmung für Steildächer

Ganzheitliche Lösungen steigern Funktionssicherheit und Energieeffizienz!

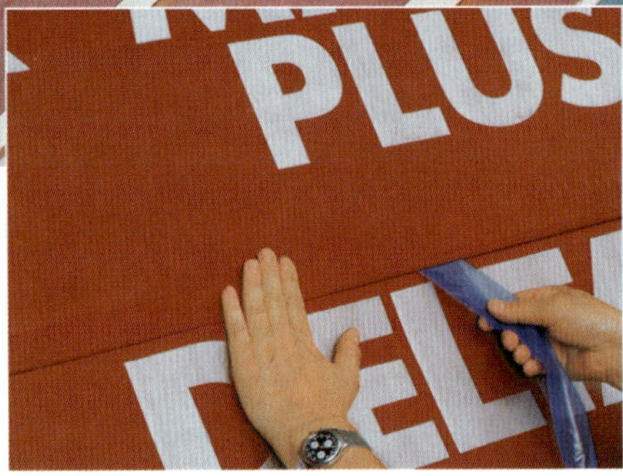

Die Energiesparmembran DELTA-MAXX PLUS hat für die winddichte Abschirmung einen unterseitigen Selbstkleberand.

Immer mehr Bauherren suchen nach funktionssicheren und Energie sparenden Lösungen, wenn es um Neubau und Sanierung geneigter Dächer geht. Entsprechend diesen Anforderungen gibt es innovative und praxisbewährte Systemlösungen, die das vollgedämmte Steildach und seine bauphysikalischen Funktionen ganzheitlich erfassen. Durch den Einsatz der neuen DELTA-MAXX PLUS Energiesparmembran oder der Schalungsbahn DELTA-FOXX in Kombination mit der Luft- und Dampfsperre DELTA-REFLEX wird die Funktionssicherheit und Energieeffizienz erheblich gesteigert. Für die Heizkostenersparnis sorgt die winddicht verlegte Energiesparmembran. Sie verhindert, das kalte Luft die Dämmschicht durchströmt. Ausgestattet mit einem Selbstkleberand wird die äußere Dachhaut winddicht verklebt und so die Luftwechselrate um 35 Prozent gemindert. Für Bauherren bedeutet das eine Heizkostenersparnis von bis zu 9 Prozent pro Jahr. Auch raumseitig ist darauf zu achten, dass die Wärmedämmung vor eindringender Feuchtigkeit geschützt wird. Die aluminiumbeschichtete DELTA-REFLEX bietet einen 100-prozentigen Luft- und Dampfstopp und sichert bis zu 10 Prozent höheren Wärmeschutz. Durch die Materialzusammensetzung schirmt DELTA-REFLEX zusätzlich 30 Prozent der elektromagnetischen Strahlenbelastung für den Menschen ab.

Bei vollgedämmten Dächern mit harter Schalung: DELTA-FOXX, diffusionsoffene Schalungsbahn.

DELTA-REFLEX wird per Tacker angebracht bzw. als DELTA-REFLEX PLUS mit integriertem Selbstkleberand geklebt.

Infos unter:
Dörken GmbH & Co. KG
Wetterstr. 58 • D-58313 Herdecke
Tel. +49 (0)23 30/6 3-0 • Fax 6 3-3 55
E-Mail: bvf@doerken.de • www.doerken.de

Sicherer Schutz fürs Fundament

Systemsicherheit für trockene Keller und rundum geschützte Bausubstanz!

Die selbstklebende Flächenabdichtung DELTA-THENE wird einfach von der Rolle weg auf der Grundmauer verlegt.

Gebäude müssen auf trockenen Füßen stehen, nur so ist die Bausubstanz auf Dauer allen Belastungen gewachsen. Dringt erst einmal Feuchtigkeit in die Grundmauern, ist der bauliche Verfall absehbar. Speziell zum Schutz empfindlicher Dickbeschichtungen wurde die „Drei-Schichten-Bahn" DELTA-GEO-DRAIN entwickelt. Wandseitig verhindert dabei eine Gleitfolie die gefürchteten Punktbelastungen der Bitumenmasse und wirkt bei Setzung des Füllbodens zusätzlich als Gleitfläche für die Noppenbahn. Deren Aufgabe ist es, anfallendes Wasser sicher zur Ringdränage abzuleiten, und wirkt so als Flächendränage, wie sie die Norm bei wasserundurchlässigen Böden oder an Hanglagen vorschreibt. An der Außenseite verhindert ein aufkaschiertes Filtervlies das Zuschlämmen der Noppen und gewährleistet die dauerhafte Funktion der Dränageschicht.

Als Alternative zur Bitumendickbeschichtung empfiehlt sich die innovative Kaltselbstklebebahn DELTA-THENE. Sie wird als selbstklebende Abdichtung einfach von der Rolle weg verlegt. Die etwa 1,5 mm dicken Bahnen schaffen auch bei großen Flächen in nur einem Arbeitsgang eine glatte Basis-Abdichtung mit einheitlichen Schichtdicken, die mit herkömmlichen Spachtelmassen nur mit großer Sorgfalt und entsprechend hohem Zeitaufwand herzustellen sind. Die Bahnen werden wie eine Bitumentapete von oben nach unten verarbeitet. Spezialwerkzeug ist nicht erforderlich. Die hohe Flächenleistung ermöglicht dabei eine Zeitersparnis von bis zu 50 Prozent. DELTA-THENE ist sofort nach dem Aufkleben wasser- und schlagregendicht. Eine Abbinde- oder Durchtrocknungszeit entfällt. Unmittelbar nach der Verlegung können Schutz-, Dränage- und/oder Perimeterdämmschichten aufgebracht und die Baugrube verfüllt werden.

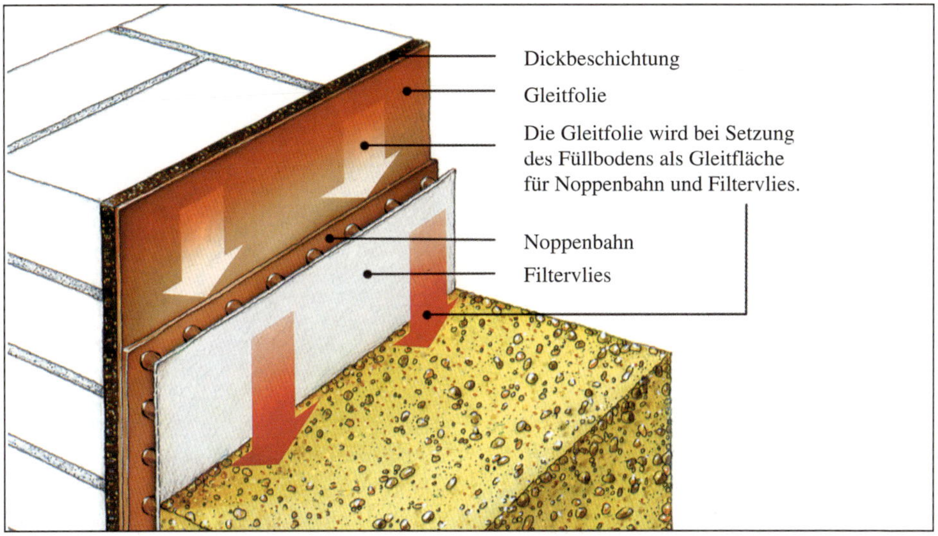

DELTA-GEO-DRAIN ist das zuverlässige Schutz- und Dränagesystem für alle druckempfindlichen Bitumendickbeschichtungen.

Infos unter:
Dörken GmbH & Co. KG
Wetterstr. 58 • D-58313 Herdecke
Tel. +49 (0)23 30/6 3-0 • Fax 6 3-3 55
E-Mail: bvf@doerken.de • www.doerken.de

Die Fassade

Die Fassade ist der Blickfang (das Outfit) eines jeden Hauses. Sie drückt den individuellen Geschmack der darin lebenden Bewohner aus. Genaue Überlegungen zum Aufbau und zur Gestaltung sollten hier allen Entscheidungen vorausgehen. Bedenken Sie, dass die Fassade in ähnlicher Weise wie das Dach den Witterungs- und Umwelteinflüssen ausgesetzt ist.

Ob Sie sich für Außenputz, einen Anstrich oder Verblender entscheiden, achten Sie darauf, dass folgende Ansprüche gewährleistet sind: lang anhaltender Witterungsschutz und lange Lebensdauer, optimale Wärmedämmung nach Energieeinsparverordnungen, Schallschutz, Wartungsfreiheit, guter Austausch der Luftfeuchtigkeit und Pflegeleichtigkeit.

Dieses Haus-Planset bietet Ihnen Entscheidungshilfen, den Aufbau und die Gestaltung Ihrer Fassade unter Berücksichtigung aller relevanten Gesichtspunkte zu planen.

Wandaufbau

Nach Ansicht von Fachleuten ist die mehrschalige Wandkonstruktion mit Dämmung und Hinterlüftung (von innen nach außen) die beste Lösung. Sie zeichnet sich durch extrem hohen Witterungsschutz aus, ist langlebig – bis an die 60 Jahre – und gepaart mit Wartungsfreiheit über viele Jahrzehnte haltbar. Aber auch andere Wandaufbauten, z. B. in Form einer hinterlüfteten Vorhangfassade – die eine Sonderform des mehrschaligen Wandaufbaus darstellt und viele Gestaltungsmöglichkeiten bietet – oder die Putzfassade, haben ihre Vorteile. Eine vorgesetzte Holzfassade, die Anbringung von Riemchen oder Pflanzen an der Wand ergänzen die Varianten der Fassadengestaltung.

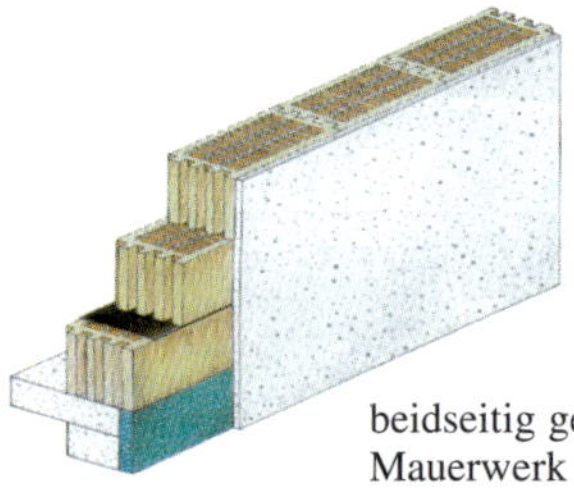

beidseitig geputztes Mauerwerk

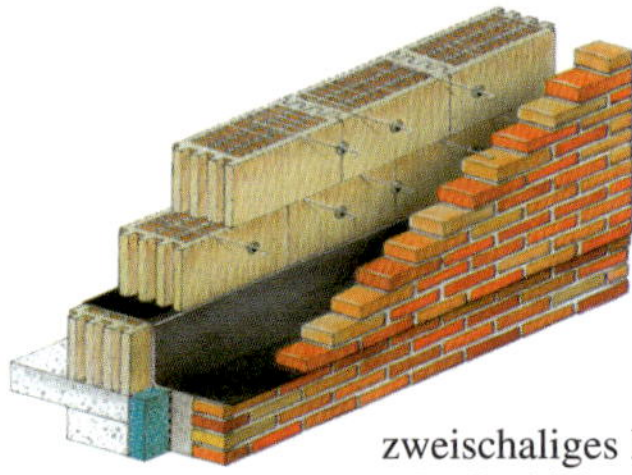

zweischaliges Mauerwerk + Luftschicht

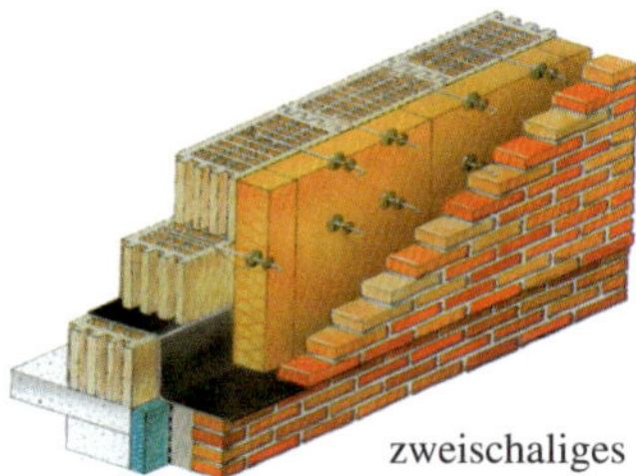

zweischaliges Mauerwerk + Luftschicht + Dämmung

Abb. Poroton

Wer besonderen Wert auf die farbliche Komponente seiner Fassade legt, ist am besten mit einem Außenputz bedient, der mit farblichen Akzenten je nach Geschmack betont werden kann. Die Auswahl reicht von mineralischem Außenputz über Maschinenputz bis hin zum Edelputz. Auf eine gute Wärmedämmung muss auch hier nicht verzichtet werden, da bei der Verarbeitung Wärmedämmputze oder Wärmedämm-Verbundsysteme zum Einsatz kommen.

Naturliebhaber ziehen vielleicht eher eine vorgehängte Holzfassade in Erwägung oder entscheiden sich für eine zusätzliche Fassadenbegrünung mit Wein, Schling- oder Rankpflanzen. Pflanzen bieten an intakten Hausfassaden Schutz vor Schlagregen und Wind und sind in der Lage, Staub zu binden. Ökologisch betrachtet mit Sicherheit eine sinnvolle Form des Außenwandschutzes. Ökologische Gesichtspunkte sollten auch bei der Holzfassade unbedingt beachtet werden. Die Verwendung zulässiger Holzschutzmittel ist eine Voraussetzung für „Gesundes Wohnen“. Achten Sie ebenso bei Lasuren und Holzfarben auf die Umweltverträglichkeit.

Unser Tipp:

Eine Nachbehandlung von Holz ist je nach Witterungseinflüssen alle 2-5 Jahre erforderlich.

Eine Fassadenbegrünung sieht nicht nur schön aus, sondern liefert ach noch andere Vorteile wie Wind- und Regenschutz und Wärme- und Schalldämmung.

Außenanstriche/-beschichtungen

Haltbare Anstriche erzielen Sie nur mit einer fachgerechten Vorbehandlung des Untergrundes. Anstriche auf Putzgrund, Ziegelmauer- oder Kalksandsteinmauerwerk, Beton oder Faserzement, auf Holz oder verwandten Werkstoffen, auf Kunststoffen, Metallen und Glas sind nur dann vor allen Wetter- und Umwelteinflüssen geschützt, wenn der Untergrund und die Beschaffenheit des zu behandelnden Materials in einwandfreiem Zustand sind.

Außenwandbekleidungen und Verblender

Als weitere Gestaltungselemente empfehlen sich Außenwandbekleidungen und Verblender, die in unterschiedlichster Art und Weise angebracht werden. Ob gemauert, gemörtelt oder als vorgehängte Verblendung, aus Materialien wie Klinker, Holz, Faserzementplatten, Glasfliesen, keramischen Spaltplatten oder -klinker, Schiefer, Metall, Kunststoff oder Keramik, die Auswahl ist nahezu grenzenlos.

Die Redaktion Haus-Planset meint: Egal für welche Form der Fassadengestaltung Sie sich auch entscheiden, berücksichtigen Sie immer folgende Faktoren neben den bauphysikalischen und technischen Erfordernissen: die Anforderung an die Witterungs- und Umweltverhältnisse, Wärme-, Sonnen- und Schallschutz, die Himmelsrichtung, architektonisch sinnvolle Gliederung und Gestaltung, die Harmonie, den Pflege- und Wartungsaufwand und nicht zuletzt wirtschaftliche Gründe. Das wachsende Energiebewusstsein führt dazu, dass mehr und mehr zweischalig gebaut wird. Diese Bauweise besteht aus Hintermauerwerk, Luftschicht und Vormauer, auch Verblendschale genannt. Während das Hintermauerwerk die tragende Rolle spielt, ist die Verblendschale für den Schutz und die Optik der Fassade zuständig. Die Luftschicht sorgt für Wärmedämmung.

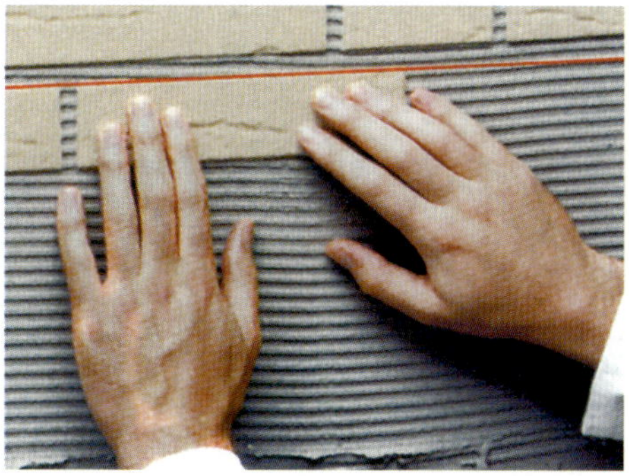

Das Verblendersystem von ISO Brick besteht aus hochwertigen Mineralien und ist (bei einer Materialdicke von nur 3 mm) leicht und einfach zu verarbeiten.

Infos unter:
Iso Stuck GmbH
Everswinkeler Str. 66 • D-48219 Warendorf
Tel. +49 (0)25 81/94 69-0 • Fax 4 54 79
E-Mail: info@isostuck.de • www.isostuck.de

Infos unter:
Röben Tonbaustoffe GmbH
Postfach 1209 • D-26330 Zetel
Tel. +49 (0)44 52/8 80 • Fax 8 82 45
E-Mail: roeben@roeben.com • www.roeben.de

29
IEFKASTEN

Ein solcher Eingang macht das gesamte Haus attraktiver!

Individuell gestaltete Hauseingänge mit hochwertigen Säulen und Zierelementen aus witterungsbeständigem Spezialbeton von Niessen wirken stets als Blickfang.

Die Firma Niessen stellt hochwertige, stilvolle Bauelemente für die Hausfassade, die Außenanlagen sowie für den Schwimmbad-, Bad- und Wellnessbereich her.
Die aus witterungsbeständigem Spezialbeton gefertigten Elemente sind stabil, dauerhaft und dadurch besonders wertbeständig. Ein großer Formenvorrat und der eigene Modell- und Formenbau ermöglichen die Lösung fast jeder – auch individuellen – Gestaltungsaufgabe am Bau.
Verschönern Sie Ihr Haus: ob es eine umfassende Gestaltung oder auch nur ein paar formschöne Fensterbänke sind; Sie werden von der Wirkung begeistert sein!

Infos unter:
Niessen GmbH & Co. KG
Brunsgasse 43 • D-53117 Bonn
Tel. +49 (0)2 28/9 45 45 63 • Fax 9 45 45 64
E-Mail: info@niessen-gmbh.com
www.niessen-gmbh.com

Die stetig steigende Belastung der Umwelt durch Auto-, Haushalts- und Industrieabgase setzt nicht nur der Natur, sondern auch in besonderem Maße den Hausfassaden zu. Wasser, das in angegriffene Fassaden eindringt, mindert Wärmedämmung sowie Stabilität und verschafft aggressiven Säuren Eingang in die Bausubstanz. Durch Frost entstehen schnell Risse und Abplatzungen.

Mehr als nur Fassade

Dem italienischen „facciata" entlehnt, bedeutet Fassade im eigentlichen Sinne „Gesichtsseite". Also die sichtbare Seite und damit der Teil des Hauses, den der Betrachter zu sehen bekommt.

Selbst die schönsten Fassaden sind viel mehr als nur Fassade: Sie sind als Schutzschild des Gebäudes Sonne, Wind und Wetter ausgesetzt, müssen Frost und Regen ebenso wie pralle Sonne über sich ergehen lassen. Gründe genug, bei Neubau und Renovierung in Material und Verarbeitung keine Kompromisse zu machen.

Fassadenschutz ist Werterhaltung

Wer den materiellen und ästhetischen Wert eines Gebäudes auf Dauer erhalten will, sollte also auf systematischen Fassadenschutz achten. Die Schöner Wohnen Farbe Fassadenschutzsysteme basieren auf innovativen Produkten ebenso wie auf langjähriger Erfahrung und praxisbewährter Technik. So lassen sie sich bei Neubau und Renovierung von Putz-, Fachwerk- und Klinkerfassade auf jeden Fassadentyp und jedes Baumaterial optimal abstimmen. Sie bieten in jedem Fall einen wirkungsvollen und dauerhaften Schutz.

Die ideale Fassade ist wie ein Ventil. Einerseits soll die Fassade gegen Umwelteinflüsse schützen und so wenig Wasser wie möglich aufnehmen, andererseits soll sie den Wasserdampf aus dem Inneren so schnell wie möglich ableiten. Diese Erfordernisse erfüllen die Schöner Wohnen Fassadenfarben in perfekter Weise.

Alle Schöner Wohnen Fassadenfarben sind hoch wetterbeständig und sehr strapazierfähig. Mit ihnen erhalten Sie einen gegen schädliche Witterungs- und Umwelteinflüsse beständigen Anstrich. Ein lang anhaltender Fassadenschutz ist jedoch in großem Maße von der optimalen Vorbereitung des Untergrundes abhängig. Hierzu gehört auch die Beseitigung schadhafter Stellen und der richtige Anstrichaufbau.

Reinacrylat Fassadenfarbe

Die Schöner Wohnen Reinacrylat Fassadenfarbe ist eine Profi-Fassadenfarbe, die bei sachgerechter Verarbeitung einen Langzeitschutz von bis zu 10 Jahren bietet. Sie ist enorm abriebfest und leistet einen optimalen Feuchte- und Schlagregenschutz, ist aber dennoch wasserdampfdurchlässig. Die leichte Verarbeitung und die hervorragende Deckkraft gehören zu den weiteren Vorteilen dieser Farbe. Die Reinacrylat Fassadenfarbe ist lösemittelfrei, umweltschonend und eignet sich besonders für Neu- und Renovierungsanstriche auf stark belasteten Außenflächen, z. B. Mauerwerk, Putz, Beton sowie alte Dispersionsfarbenanstriche.

Silicon Fassadenfarbe

Die auf Siliconharz basierende Schöner Wohnen Silicon Fassadenfarbe ist extrem wasserabweisend und überzeugt durch einen optimalen und dauerhaften Schutz gegen Schlagregen und Durchfeuchtung. Die spezielle Rezeptur ermöglicht außerdem eine optimale Wasserdampf- und Kohlendioxiddurchlässigkeit. An Fassaden lose anhaftende Schmutzpartikel werden durch abperlende Regentropfen einfach mitgerissen und abgespült. So bleibt die Fassade sauber. Die leichte Verarbeitung und die hervorragende Deckkraft sind weitere Vorteile dieser Farbe.

Silikat Fassadenfarbe

Die matte und leicht zu verarbeitende Schöner Wohnen Silikat Fassadenfarbe ist eine wetterbeständige Dispersions-Silikatfarbe für Anstriche mit mineralischem Charakter. Sie verbindet sich durch Verkieselung mit dem Untergrund und ist besonders wasserdampfdiffusionsfähig, gleichzeitig jedoch wasserabweisend. Die Beschichtung kann auf allen mineralischen Untergründen erfolgen, z. B. Kalk-, Zement- oder Silikatputz, Kalksandsteinmauerwerk sowie alte intakte Mineral- und Silikatfarbenanstriche.

Rustikalputz 3 mm für außen und innen

Der Schöner Wohnen Rustikalputz ist ein hochwetterbeständiger, sehr strapazierfähiger und extrem haltbarer Kunstharzputz nach DIN 18 558. Er eignet sich besonders für dekorative Beschichtungen auf Fassaden und Innenwandflächen. Der Schöner Wohnen Rustikalputz ist sehr leicht zu verarbeiten, stoßfest und diffusionsfähig. Geeignete Untergründe sind z. B. Putz, Beton, Gipskarton- und Zementfaserplatten.

Das Imagine Farbmischsystem

Alle Fassadenfarben und Kunstharzputze stehen über das Farbmischsystem Imagine von Schöner Wohnen Farbe in nahezu unbegrenzter Farbvielfalt zur Verfügung.

Hochwertige Materialien brauchen besonderen Schutz

Holz lebt, Holz arbeitet – das liegt in seiner Natur. So reagieren Holzelemente im Außenbereich auf ganz natürliche Weise auf die zahlreichen Einflüsse von Wind und Wetter: UV-Strahlung, extreme Temperaturen, Feuchtigkeit und biologische Faktoren, zum Beispiel Pilz- oder Insektenbefall. Damit Holz seine unnachahmlichen Qualitäten auf Jahre hinaus bewahrt, benötigt es deshalb systematischen Schutz, bei dem das optimal abgestimmte Beschichtungssystem eine wesentliche Rolle spielt.

Schutz und Pflege für Holz am Bau

Besonders im Fassadenbereich setzt Holz seit Jahrhunderten Maßstäbe als vielseitiger und zuverlässiger Werkstoff.

Durch seinen einzigartigen lebendigen Charakter erzielt Holz eine unverwechselbare natürliche Optik, und ausgerüstet mit modernen Beschichtungssystemen stehen Holzfenster und Holztüren der Konkurrenz aus Aluminium oder Kunststoff auch in Sachen Funktionalität und Langlebigkeit in nichts nach.

Darüber hinaus öffnen sich neben einer nahezu unbegrenzten Formenvielfalt grenzenlose Möglichkeiten individueller Oberflächengestaltung – von natürlichen Holztönen bis zu kräftig leuchtenden Trendfarbtönen, von dezent lasierend bis vollständig deckend. Mit den Schöner Wohnen Lacken und Lasuren haben Sie dabei die Garantie, dass das Ergebnis nicht nur hervorragend aussieht, sondern auch auf Jahre hinaus mit echtem Langzeitschutz überzeugt.

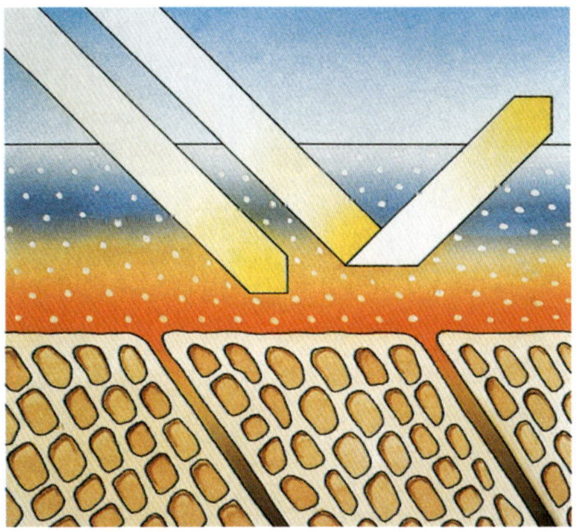

Die im Sonnenlicht enthaltenen UV-Strahlen greifen das Holzwerk an und zerstören es. Schöner Wohnen Lasuren bieten mit einem speziellen Lichtschutzfaktor wirksamen Schutz. Er absorbiert UV-Strahlen und reflektiert auftreffendes Licht.

Holzschutz-Gel

Ob für den Einsatz im Innen- oder im Außenbereich: Das geruchsmilde, aromatenfreie Schöner Wohnen Holzschutz-Gel überzeugt durch die sehr leichte Verarbeitung. Die gelartig eingestellte Lasur ist tropffrei, spritzt nicht und ist somit ideal für Arbeiten über Kopf geeignet. Schöner Wohnen Holzschutz-Gel wurde speziell für wetter- und UV-beständige Anstriche entwickelt. Bei sachgerechter Verarbeitung wird ein Langzeitschutz von bis zu fünf Jahren gewährleistet. Ein weiterer Vorteil ist der Farbton-Service für die individuelle Farbgestaltung aller Holzbauteile.

bis zu 5 Jahre Garantie
höchste Wetterbeständigkeit
hochwirksamer Langzeitschutz

GERUCHSMILD · AROMATENFREI

Dickschichtlasur

Diese Lasur ist speziell für maßhaltige Holzbauteile, wie Fenster und Türen im Innen- und Außenbereich entwickelt worden. Sie ist besonders UV- und wetterbeständig, hat eine hervorragende Kantenabdeckung und ist blockfest. Folgende Vorteile sind beachtlich: biozidfrei, feuchtigkeitsregulierend und offenporig. Aufgrund ihrer tropfgehemmten Einstellung ist die Lasur sehr leicht zu verarbeiten. Geeignete Untergründe sind alle Laub- und Nadelhölzer, die einen dekorativen, lasierenden und schützenden Anstrich erhalten sollen.

Acryl Buntlack

Der wasserverdünnbare Schöner Wohnen Acryl Buntlack ist ein hoch wetterbeständiger Qualitätsdecklack für innen und außen. Er ist umweltschonend, weil schadstoffarm und nach entsprechender Vorbehandlung des Untergrundes ideal geeignet für Lackierungen auf Holz, Eisen, Zink, verzinkten Untergründen, Hart-PVC, Beton, Putz etc. Schöner Wohnen Acryl Buntlacke sind sehr leicht zu verarbeiten und schnelltrocknend. Sie können zwischen den Glanzgraden seidenmatt und glänzend auswählen.

Venti-Weisslack

Der Schöner Wohnen Venti-Weisslack ist speziell für die Lackierung maßhaltiger Holzbauteile wie Fenster und Türen entwickelt worden. Er ist feuchtigkeitsregulierend, blockfest, sehr strapazierfähig und verfügt über ein hohes Deckvermögen. Selbstverständlich können auch nicht maßhaltige Holzbauteile wie Dachuntersichten etc. mit diesem hoch wetterbeständigen, seidenglänzenden Speziallack beschichtet werden. Besonderer Vorteil: Dieser Speziallack lässt Feuchtigkeit austreten, schützt aber vor weiterer Feuchtigkeitsaufnahme.

Holzschutzfarbe

Extrem wetter- und UV-beständig ist diese wasserverdünnbare Dispersionslackfarbe für außen. Sie ist seidenglänzend, wasserdampfdurchlässig und nach einer entsprechenden Untergrundvorbehandlung und Grundierung ideal geeignet für Lackierungen von Nadel- und Laubhölzern, z.B. Fachwerk, Holzverkleidungen, Pergolen, Holzzäunen, etc. Bei sachgerechter Verarbeitung wird ein Schutz von bis zu 10 Jahren gewährleistet.

bis zu 10 Jahre Garantie – höchste Wetterbeständigkeit, hochwirksamer Langzeitschutz

Buntlack

Möchten Sie Ihre Möbel, Türen, Fenster oder Garagentore streichen? Hier bietet sich der sehr strapazierfähige und glanzbeständige Schöner Wohnen Buntlack auf Alkydharzbasis bestens an! Der Lack lässt sich leicht und gleichmäßig verarbeiten, hat ein hohes Deckvermögen und ist ideal geeignet für Lackierungen auf allen vorbehandelten und grundierten Holz- und Eisenuntergründen sowie Hart-PVC. Er ist aromatenfrei, besonders geruchsmild und sowohl in hochglänzend als auch in seidenmatt erhältlich.

Fenster- und Türenlack

Auch der hochglänzende, wetter- und glanzbeständige Schöner Wohnen Fenster- und Türenlack ist speziell für die Lackierung von maßhaltigen Holzbauteilen entwickelt worden. Er besitzt ein hohes Deckvermögen, eine hervorragende Kantenabdeckung, ist blockfest und sehr strapazierfähig. Außerdem schützt er das Holz vor weiterer Feuchtigkeitsaufnahme.

Infos unter:
J. D. Flügger • Schöner Wohnen Farbe
Postfach 74 02 08 • D-22092 Hamburg
Tel. +49 (0)1 80/5 35 83 44 37 (0,12 Euro/Min.)
E-Mail: info@schoener-wohnen-farbe.de
www.schoener-wohnen-farbe.de

Haustüren haben mehrere wichtige Funktionen

Als optisches und schützendes Bauelement des Hauses ist die Tür besonders wichtig. Die Auswahl sollte im Zusammenhang mit dem gesamten Haus feinfühlig abgestimmt werden.

Die Haustür kann transparent, z. B eine Rahmentür und Seitenteile mit Glas, oder geschlossen, als Volltürblatt ausgeführt werden. Isolierglas, Sicherheitsgläser und Lichtbauelemente aus Kunststoffglas sind ideal. Stimmen Sie ab, was Ihrem Geschmack entspricht! Glassplitter können gefährlich sein – aus diesem Grund sollten ausschließlich Sicherheitsgläser verwendet werden. Gewölbte Glaseinsätze empfehlen sich vor allem für Sprossen- und Holztüren. Durch die Wölbung der Außenscheibe ergibt sich ein zusätzlicher Spiegel-Effekt, der die Einsicht am Tage erschwert. Die innere Scheibe kann aus Gussglas, Verbundglas oder Einscheiben-Sicherheitsglas bestehen. Auf jeden Fall sollten Sie bei der Wahl des Glases auch auf wärme- und schalldämmende Eigenschaften achten.

Holz, Kunststoff, Aluminium – die richtige Materialwahl.

Wie bei den Fenstern gibt es Holz, Kunststoff, Stahl – verzinkt oder emailliert –, Edelstahl oder Aluminium.

Die Haustür wird beansprucht durch Temperaturunterschiede, Feuchtigkeit, Sturm, Regen, Schnee, Sonnenbestrahlung und tägliche Benutzung. Diese Einflüsse müssen vom Material und perfekter Verarbeitung abgehalten werden. Beginnen wir mit dem Material, welches die älteste Tradition hat, dem Holz. Diesen natürlichen Werkstoff gibt es z. B. in Eiche, Buche, Mahagoni und Kiefer. Die Hölzer müssen werkseitig bestens geschätzt, imprägniert bzw. beschichtet sein. Alu-Profile gewähren 100-prozentigen Schutz vor Rissbildung und Verzug. Achten Sie aber darauf, dass mögliche Oberflächenprobleme durch eine hochwertige Einbrennbeschichtung oder einen PM-Mantel vermieden werden. Kunststoff hat ähnliche Vorteile wie Aluminium. Besonders die strapazierfähige Oberfläche, die nie nachgestrichen werden muss, spricht für dieses Material. Allerdings sollte auch hier auf hochwertige Oberflächen geachtet werden.

Einbruchssicherung im Türbereich

Die meisten Einbruchsdelikte werden mit Zugang durch die Haustür begangen. Achten Sie daher auf z. B. folgende Konstruktionen:

1. Die Schließplatte sollte ausreichend fest mit der Metallzarge verbunden sein, wobei Schwenkriegelschloss und Schließplatte eine kaum zu überwindende Einheit bilden muss.

2. Ein Schwenkriegel, der von unten in die Schließplatte eingeschwenkt ist, lässt sich weder herausdrücken noch aufhebeln.

3. Sicherheits-Blockier-Systeme arretieren den Schwenkriegel, wenn der Schließzylinder aufgebrochen wird.

4. Zusätzliche Sicherungsbolzen, Tür-Stahlgittereinlagen, Doppellager-Bänder usw. erhöhen die Einbruchshemmung.

Von der exklusiven Türanlage bis zur preisbewußten Haustür.

Haustür futur 452 mit Seitenteil:
Sämtliche Haustüren der Baureihe rekord-futur lassen sich ohne Probleme mit maßgefertigten Seitenteilen ergänzen.

Haustür signum 558
Individualität ist ein wesentliches Merkmal handwerklicher Kunst. Mit Haustüranlagen machen Sie jeden Eingang zum Portal.

Haustüren haben Persönlichkeit. Sie sind Ausdrucksform für Wohn- und Lebensstil der Bewohner eines Hauses. Klare Formen, ehrliche Materialien und ausdrucksvolle Farben sind darum die Prinzipien, die bei der Entwicklung der Türen von rekord entscheidend sind.

Die Haustür der Zukunft gibt es schon!

Wie „aus einem Guss" präsentiert sich dieses innovative Eingangssystem, das jederzeit ergänzungs- und verwandlungsfähig bleibt, ohne seine geschlossene Form zu verlieren.

Optisch zurückhaltend präsentiert sich das Eingangssystem onyx.
Die Haustür signum 689, Designgriff, Vordach, Modulsäule und Haustür sind zeitlos und formschön.

Die Systeminformation

Liegt Ihnen eine präzise Vorstellung von der Wunsch-Haustür vor, machen Sie eine kleine Skizze und geben diese Ihrem rekord-Fachhändler. Nach Weiterleitung wird Ihnen eine ausgearbeitete CAD-Zeichnung und ein detailliertes Angebot erstellt.
Spielen Sie mit Form und Farben und nutzen Sie die bislang ungekannten Möglichkeiten der neuen Gläser mit grafischen Mustern.

- signum: Die Baureihe, bei der fast alles möglich ist.
- kontur: Das sind Türen, die selbst bei großflächiger Verbretterung niemals schwer wirken.
- profil: Wenn Sie eine etwas massiver wirkende Haustür bevorzugen, so sind Sie bei der Baureihe genau richtig.
- futur: Das neue Eingangskonzept, das durch seinen modularen Aufbau auf fast alle Wünsche eingeht.

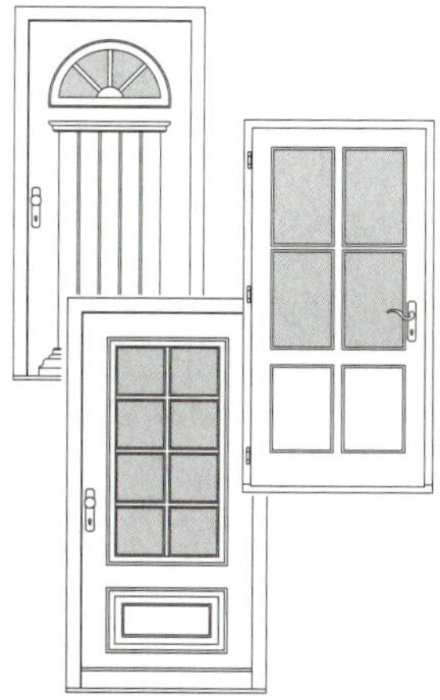

Sicherheit groß geschrieben!

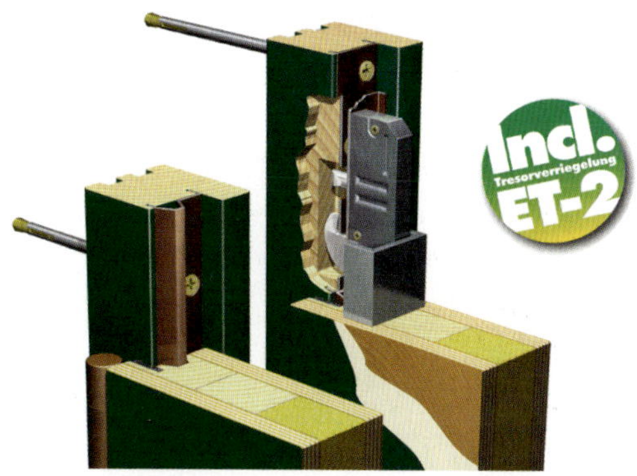

rekord-Haustüren haben eine völlig neuartige und bislang einzigartige Beschlagtechnik, dank der die Haustüren bereits in der Standardversion des Beschlags den Anforderungen nach ET-2 entsprechen.

Farben, Gläser, Profile, Hölzer, Drücker ...

Die Möglichkeiten der Gestaltung scheinen schier unendlich. Betonen Sie deshalb ihre Haustür mit außergewöhnlichen Designgläsern, ansprechenden Ornamentgläsern, edlen Drückergarnituren oder spielen sie mit Farben.

Infos unter:
rekord-fenster + türen
Itzehoer Straße • D-25578 Dägeling
Tel. +49 (0)48 21/84 01 00 • Fax 84 02 27
E-Mail: rekord@rekord-online.de
www.rekord-online.de

Blickfang Haustür

An die Haustüren und Eingangsanlagen werden hohe Erwartungen gestellt. Einerseits sind es die Belastungen durch die häufige Nutzung, die eine solide und robuste Ausführung verlangen, andererseits sind die Ansprüche an die Ästhetik und das Design angemessen zu berücksichtigen. Finstral-Haustüren in Kunststoff sind in ihrer Konstruktion, in der Auswahl der Materialien und in der Verarbeitung so ausgelegt, dass sie in zuverlässiger Weise diesen Anforderungen gerecht werden.

Oberflächen, Farben, Dekore

Mutige Gestaltungsideen und die Verwendung von neuen Gestaltungskomponenten verleihen diesen Türen ein besonderes Aussehen.

Modellreihe classic, AR 3.1

Modellreihe idea, MT 08

Modellreihe classic plus

Modellreihe exclusiv

Die Kombinationen aus Rahmen- und Füllungsfarben sowie von hochwertigen Designgläsern lassen eine individuelle Anpassung an den Stil des Hauses und den persönlichen Geschmack zu.

Vielfältige Ausstattung

Drückergarnituren, Griffplatten oder Rohrgriffe werden grundsätzlich entsprechend den Anforderungen an die Funktion gewählt. Die Form, das Design

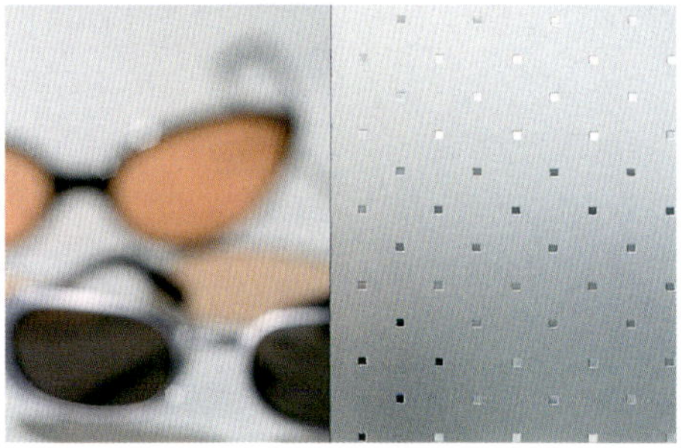

und das Material sind für die Gestaltung der Haustür von großer Bedeutung. Finstral bietet ein umfangreiches Griffprogramm in Aluminium, Edelstahl, Messing und Kunststoff, um dem Kun-

den viel Freiraum in seiner Wahl zu geben. Hohe Qualitätsansprüche an die Lieferanten und geprüfte Befestigungssysteme garantieren die Langzeitfunktion und den Bedienungskomfort.

Für höhere Anforderungen an die Sicherheit sind Spezialrosetten im Programm.

Überzeugende Technik

Gut durchdachte Grundkonstruktion und verlässliche Technik in den Details sind die Basis von Finstral-Haustüren. Rahmen, Flügel und Kämpferprofile sind optimal auf die zu erfüllenden Funktionen hin abgestimmt und grundsätzlich mit solide dimensionierten, verzinkten Stahlprofilen verstärkt. Die eingesetzte Eckverbindungstechnik ist Gewähr für Langzeit-Funktionssicherheit auch bei

starker mechanischer und klimatischer Beanspruchung. Großflächige Haustüranlagen mit Seitenteilen und Oberlichtern lassen sich durch Statikkämpferkonstruktionen oder durch stabile Element-Koppelungssysteme realisieren.

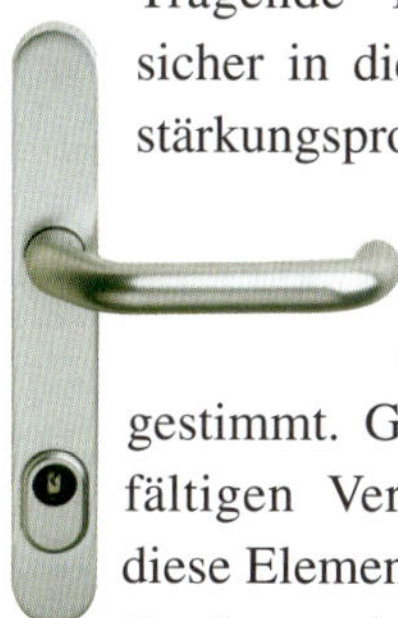

Tragende Beschlagsteile sind sicher in die dickwandigen Verstärkungsprofile verschraubt und die Verschlusselemente optimal auf die Konstruktion abgestimmt. Gepaart mit der sorgfältigen Verarbeitung verleihen diese Elemente der Finstral-Haustür Langzeit-Funktionssicherheit, hohen Bedienungskomfort und gute Sicherheitseigenschaften bereits in der Grundausstattung.

Mehr Sicherheit

Zwei gegenläufige Schwenkriegel sorgen für aushebelsicheren Verschluss. Die auf der ganzen Höhe durchlaufende Verschlussleiste aus Stahl ist in die Blendrahmen-Stahlverstärkung sicher verschraubt. Neben der griffseitigen Absicherung ist es auch möglich, die Bandseite zusätzlich gegen das Eindrücken und Aufbrechen zu sichern. Die im Falz

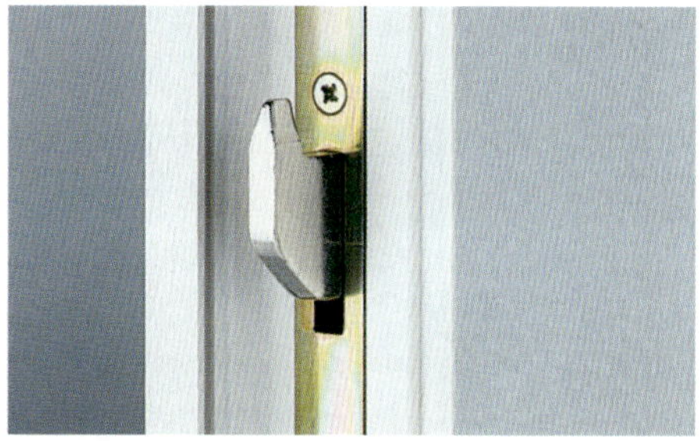

eingebauten Stahl-Bandsicherungsteile sind mehrfach in den Rahmen und Flügel verschraubt und erhöhen die Einbruchhemmung zusätzlich.

Infos unter: Finstral Nord GmbH
Jakob-Panzer-Str. 6
D-97469 Gochsheim-Schweinfurt
Tel. +49 (0)97 21/64 46-0 • Fax 64 46-13
E-Mail: finstral@finstral.com • www.finstral.com

Anspruchsvolle Optik, optimale Technik

Aluminiumtüren zeichnen sich durch eine sehr stabile Bauweise und hohe Funktionssicherheit aus. Konsequent gute Werte bei der Schall- und Wärmedämmung gehören bei der Finstral-Aluminiumtür ebenso zur Grundausstattung wie ein hoher Sicherheitsstandard.

Große Modellvielfalt für jeden Baustil und Geschmack

Finstral bietet ein ansprechendes Programm an hochwertigen Eingangsanlagen und Haustüren an. Im Folgenden präsentieren wir die Modellreihen.

Galant

Die flügelverdeckende Vorsatzfüllung in mutigem und eigenwilligem Design lässt diese Tür zu einem besonderen Element am Bauobjekt werden.

Smart

Die Vorsatzfüllungen in linearem und klarem Design geben der Tür eine ruhige, elegante Note und lassen sich dadurch in vielen Baustilen gut einsetzen.

Extra

Die Gestaltung der Füllungen erfolgt durch Oberflächen-Gravurfräsungen kombiniert mit Glasausschnitten. Hierfür stehen viele Designgläser zur Verfügung.

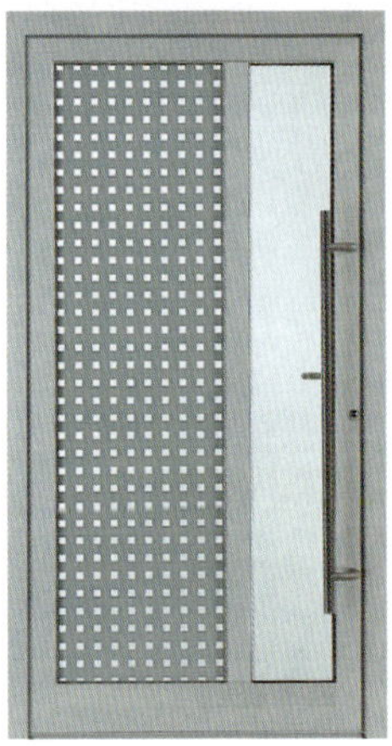

Foro

Transparent und doch geschlossen, Einblicke und Ausblicke, Lichteffekte bei Tag und Nacht. Das Lochblech wirkt als interessantes Gestaltungselement.

Geo

Diese Modellreihe ist charakterisiert durch die geometrische Einteilung der Türen unter Verwendung von Kämpferprofilen. Elementkoppelungen lassen die Tür zum attraktiven Eingangselement werden.

Zur Ausgestaltung der Felder steht ein umfangreiches Angebot an Designgläsern, Glaskassetten, Füllungen und Dekorkassetten zur Verfügung.

Schönste Farben und Oberflächen

Die Oberflächengestaltung der Elemente erfolgt durch hochwertige Pulverbeschichtung sowie durch Eloxalverfahren. Unterschiedliche Farbgebung zwischen Innen- und Außenseite ist möglich.

Griffe und Drücker

Finstral bietet ein vielfältiges Drücker-Programm aus Edelstahl und Aluminium an. Die Bedienelemente gibt es auch in Sicherheitsausführung. Passende Briefkästen mit Klingelanlage runden das Angebot ab.

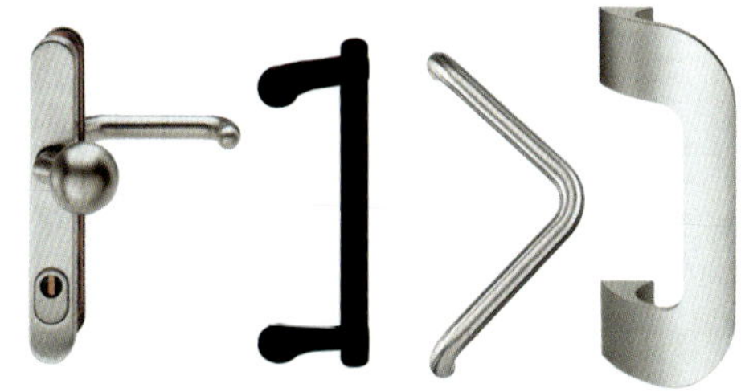

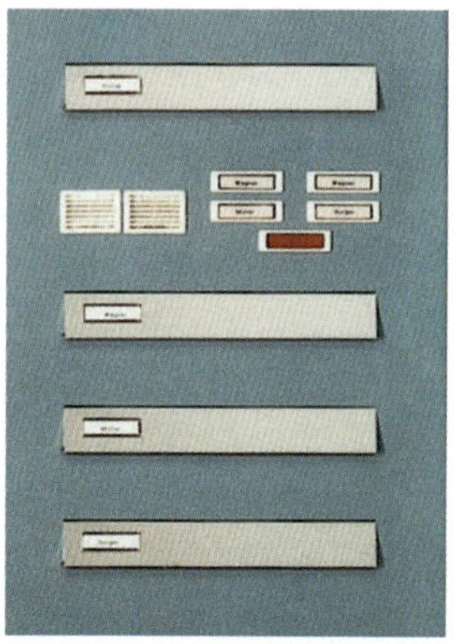

Attraktive Türfüllungen

Das umfangreiche Angebot an Designgläsern, Glaskassetten und Funktionsverglasungen bietet gute Möglichkeiten für eine individuelle und kreative Gestaltung der Tür- und Fensterelemente. Zur Gestaltung der nichttransparenten Flächen stehen wärmegedämmte Füllungselemente, wie Alu-Paneele und -Strukturbleche, zur Auswahl. Alle Füllungen sind wahlweise auch in Sicherheitsausführung einsetzbar.

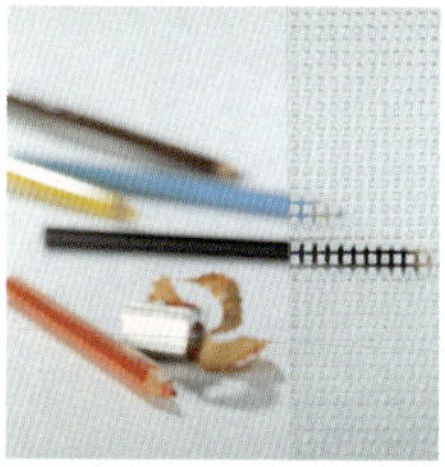

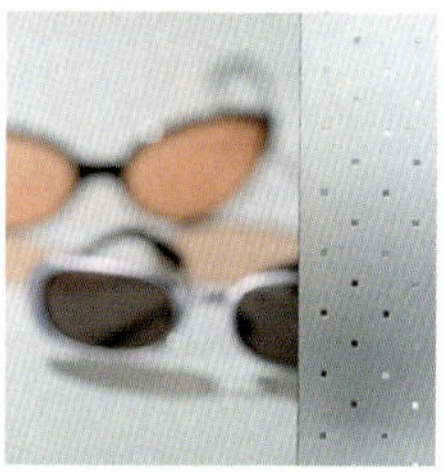

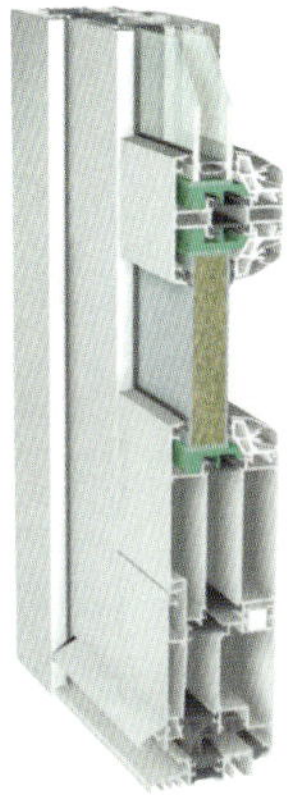

Höchste Qualität bis ins Detail

Das Finstral-Türprogramm zeichnet sich durch gute Technik und starkes Profildesign aus.

- Stabil und funktionssicher durch 70 mm tiefe Profilkonstruktion
- Gute Wärmedämmung durch 25 mm Kunststoffdämmstege
- Tiefenabstufung für Kämpfer für saubere und fachgerechte Stoßverbindungen
- Wärmegedämmte Glasleistenausführung
- Sicherheitsbeschlag und Sicherheits-Haustürbänder sind Standard

Sicherheit auf neuestem Stand

Finstral-Haustüren haben gute Basis-Sicherheitsausstattungen mit Rundbolzenbeschlag, Sicherheitsband und stabiler Rahmenkonstruktion. Das Mehrfallen-Selbstverriegelungsschloss gewährleistet optimale Dichtigkeit durch die 3 Fallen und erhöht den Einbruchschutz.

Die Kombination aus anbohrsicherem Schließzylinder und Sicherheitsrosette verhindert die Manipulation und die Beschädigung des Schließmechanismus.

Infos unter:
Finstral Nord GmbH
Jakob-Panzer-Str. 6
D-97469 Gochsheim-Schweinfurt
Tel. +49 (0)97 21/64 46-0 • Fax 64 46-13
E-Mail: finstral@finstral.com • www.finstral.com

Fensterplanung

Fenster sind unsere Verbindung zur Außenwelt. Sie lassen Licht und Helligkeit, Sonne, Wärme und Luft ins Haus. Fenster werden im ganzen Haus benötigt, vom Keller über das Wohnzimmer bis hin zum Dach.

Das Ergebnis einer wohl durchdachten Fensterplanung drückt sich in einer harmonischen Einbettung in die Fassade und einem wohnlichen Ambiente im Inneren des Hauses aus. Die Selektion des passenden Fensters ist gar nicht so einfach. Wärme- und Schallschutz-Forderungen, Sicherheit, Sicht- und Sonnenschutz sind ebenfalls Thema. Die Größe des Fensters ist in Bezug zur Größe des Zimmers zu setzen und die Ausrichtung nach Osten, Süden, Westen oder Norden mit unterschiedlicher Sonnenbestrahlung und Lichteinfall zu bedenken.

Die nachfolgenden Ausführungen sollen Sie darin unterstützen, eine adäquate Wahl zu treffen, die zum einen Ihre Ansprüche erfüllt, zum anderen die geforderten Qualitäten nicht außer Acht lässt.

Fenster unterscheiden sich in Größe, Form, Material, Verglasung und Öffnungsart. Voneinander abweichende Wärmedämm- und Schallschutzwerte je nach Verglasung, Dichtung und Einbau sind zu berücksichtigen, wobei genaue Richtwerte eingehalten werden müssen. Die fachgerechte Montage von Fenstern ist hier ein Muss, um Wärmeverluste von vornherein auszuschließen.

Rahmen

Als Fenstermaterial stehen primär Holz, Aluminium und Kunststoff zur Verfügung, welche auch miteinander kombiniert in den Rahmenkonstruktionen in Erscheinung treten können.

Das im Rahmen verwendete Nadel- oder Laubholz wird nach Kriterien wie Witterungsbeständigkeit, Resistenz gegen Umweltschadstoffe, Pilz- und Insektenbefall selektiert. Die Anstrichverträglichkeit und selbstverständlich das Aussehen beeinflussen ebenfalls die Auswahl des Rohstoffes. Entsprechende Oberflächenbehandlungen mit Holzschutz und Lasur schützen das Material und garantieren lange Haltbarkeit. Unser Tipp: Regelmäßiger Neuanstrich im Abstand von 5 bis 10 Jahren garantiert Ihnen dauerhafte Freude an Ihren Holzfenstern.

Während Aluminiumfenster eher an öffentlichen Gebäuden zum Einsatz kommen, sind Kunststofffenster eine echte Alternative im privaten Wohnungsbau. Sie sind pflegeleicht, korrosions-, licht- und witterungsbeständig. Sie sind als Vollkunststofffenster erhältlich oder ausgeschäumt, mit einem Metallkern.

Alternativ zu den vorgestellten Rahmenmaterialien sind auch Kombinationen erhältlich, z. B. Alu-/Holz- oder Holz-/Kunststofffenster.

Verglasung

Einfachgläser, Verbund- oder Doppelfenster-Isolierglas sowie Multifunktions-Isolierglasscheiben spiegeln die ganze Bandbreite des Werkstoffes „Glas“ wider. Einfachglas darf im Wohnungsbau nur noch in Keller- oder Nebenraumfenstern verwendet werden, da dieses nicht den gesetzlichen Anforderungen nach Wärme- und Schallschutz genügt.

Optimale wärme- und schalldämmende Eigenschaften werden dem Isolierglas zugeschrieben. Zwei oder drei Glasscheiben werden in bestimmtem Abstand zueinander angeordnet. Deren Zwischenräume, mit Luft oder Gas gefüllt, übernehmen die Dämmfunktion.

Die neue Generation der Multifunktions-Isolierglasscheiben übernimmt neben der Aufgabe der Wärmedämmung den Schall- und Sonnenschutz. Eine spezielle Beschichtung auf der Innenseite der

Eine gute Fensterplanung unter Berücksichtigung mehrerer Kriterien ist wichtig!

raumliegenden Scheibe verhindert den wärmeverringernden Strahlungsaustausch. Der Einbau spezieller Schallschutzfenster empfiehlt sich z. B. in Häusern an stark frequentierten Straßen oder Industriegebieten, wo der Lärmpegel deutlich höher liegt als z. B. in reinen Wohngegenden oder verkehrsberuhigten Zonen.

Fensterformen und Öffnungsarten

Nahezu jede gewünschte Fensterform ist heute erhältlich, sei es als Standard oder Sonderanfertigung. Dreieckige Fenster, Rund- oder Spitzbogenfenster, Fenster in quadratischer, rechteckiger oder runder Form; diese Variationen machen die Entscheidung nicht unbedingt leichter, wenn man einmal vom Preis für bestimmte Sonderformen absieht.

Je nach Nutzungsart, Lage und Größe der Fenster stehen verschiedene Öffnungsarten zur Verfügung, z. B. Dreh-, Kipp-, Klapp-, Wende- oder Schwingflügelfenster. Kombinierte Dreh-Kipp-Flügelfenster und Schiebefenster, die vertikal oder horizontal zu verschieben sind, ergänzen das Sortiment der Öffnungsarten. Letztere finden überwiegend bei Terrassentüren oder Wintergärten Verwendung.

Belichtung und Belüftung

Das sind die Hauptaufgaben, die dem Fenster zukommen. Um eine optimale Belichtung der einzelnen Zimmer zu erreichen gilt folgende Faustregel: Die Fensterfläche soll mindestens $^1/_{10}$ bis $^1/_8$ der Bodenfläche des zu belichtenden Zimmers ausmachen.

Räume mit Fenstern, die z. B. zur Süd-

Diese Fensterläden sind aus Hartholz gefertigt und können individuell auf ihre Fenstermaße gefertigt werden.

Infos unter: Peters + Peters • D-24568 Kaltenkirchen
Tel. +49 (0)41 91/88 00-1 • www.friesenzaun.de

oder Westseite zu starkem Lichteinfall oder zu großer Sonneneinstrahlung ausgesetzt sind, können wirkungsvoll zusätzlich durch Markisen, Jalousien oder Rollläden geschützt werden, die mit Sensoren bestückt bei zu großer Wärmeeinstrahlung automatisch ausfahren. Gleiches lässt sich auch im Winter umsetzen; hier schützt das frühzeitige Herunterlassen der Rollläden oder Jalousien vor unnötigem Wärmeverlust.

Die richtige Belüftung vermittelt ein angenehmes Raumklima und beugt Energieverlusten vor. Den bestmöglichen Luftaustausch erreicht man mit kurzen, aber kräftigen Lüftungsphasen. Morgens genügen 15 bis 20 Minuten bei weit geöffneten Fenstern, um abgestandene und mit Schadstoffen angereicherte Luft durch Frischluft auszutauschen. 3 bis 4-mal täglich sollte dieser Vorgang wiederholt werden. Ausreichende Belüftung lässt „schlechte Luft“ gar nicht erst entstehen, befreit die Räume von Schadstoffkonzentrationen und Gerüchen und bringt neuen Sauerstoff und damit ein angenehmes und gesundes Raumklima. Lange oder ständige Auf-Kipp-Stellung des Fensters hingegen führt zu unnötigen Wärme- und Energieverlusten und damit zum Anstieg der Heizkosten.

Dachfenster

Eine Sonderstellung unter den Fenstern nehmen heute die Dachfenster ein. Die Schaffung von zusätzlichem Wohnraum unter dem Dach hat sich etabliert, oder ein Studio oder Schlafzimmer „nahe dem Himmel“ wird von Anfang an mit in die Planung einbezogen. Je nach Dachform und Dachneigung ist die unterschiedliche Größe und Anordnung der Fenster zu planen. Steile Dächer lassen kürzere Fenster zu, während längere Fenster in flacheren Dächern weiteren Ausblick erlauben.

Eine gleichmäßige Fensterverteilung im Dach bedeutet gleichmäßiges Licht, konzentrierter Lichteinfall lässt sich mit Einzelfenstern erreichen. Mit gegenüberliegenden Fenstern in Nebeneinander-Anordnung wird optimale Lichtverteilung erzielt.

Rollladensysteme

Ein perfektes Rollladensystem für schräge Fensterformen bietet die Firma Roma an.

Infos unter:
Roma Rollladensysteme GmbH
Ostpreußenstr. 9 • D-89331 Burgau
Tel. +49 (0)82 22/40 00-0 • Fax 40 00-72
E-Mail: info@roma.de • www.roma.de

Manufakturfenster für individuelle Lösungen

Fenster sind nicht gleich Fenster. Die Aufgabe, Licht in ein Gebäude zu lassen, erfüllen fast alle, Manufakturfenster jedoch mit bis zu 35 Prozent mehr Lichtgwinn. Das besondere sind die filigranen Rahmen mit verbesserter Lichtführung und hoher Stabilität durch neuartig patentiertem Rahmenaufbau.

Oft sind es die kleinen Unterschiede und Details, welche ein Haus anders erscheinen lassen. Nur wird selten die Möglichkeit gegeben, dieses im Vorfeld zu sehen und zu erkennen.
Anhand der ausgewählten Beispiele möchten die deutschen Manufakturfensterbauer aufzeigen, wie Manufakturfenster die Fassade viel feingliedriger und damit schöner erscheinen lassen. Dies mit mehr Lichteinfall, Komfort und Sicherheit, guter Dämmung und günstigen Preisen.

Infos unter:
www.manufakturfenster.de
Tel./Fax 07000/fassade bzw. 07000/3 27 72 33
E-Mail: F@ssa.de

Was macht ein Gebäude schön?

Die Schönheit eines Gebäudes ist ein ganzheitliches System, das vor allem durch das Dach, die Öffnungen und die Grundstücksgestaltung geprägt wird. Bauwerk Hampel vermittelt ein leicht verständliches ganzheitliches Wissen an Bauherren mit besonderen Ansprüchen.

Wer mal ein Bauherrenseminar im Hochschloss Seefeld besucht hat, weiß, wie er bei seinem Neubau seine Wünsche erfüllen oder sein bestehendes Gebäude optimieren kann.

Kein Kampf zwischen Architekt und Bauherr. Innerhalb kürzester Zeit werden die eigenen Bedürfnisse erkannt, geordnet und in Architektur umgesetzt. Das ist keine hoch wissenschaftliche Aufgabe, sondern das bewusste Umsetzen von leicht nachvollziehbaren Wissens- und Weisheitslehren.

„Ich bin erst dann zufrieden, wenn der Bauherr empfindet, dass es jetzt ***sein*** *Haus geworden ist“.*

Manfred Hampel

Bereits nach einem Schnupperkurs sind die Erkenntnisse oft so groß, dass man mit neuen motivierenden Ideen gleich an die Ordnung seines Wunsch-Sammelsuriums geht und konkrete Lösungen mit nach Hause nimmt.

Die oft langen Planungsprozesse und ständigen Architektentermine, bis man seinen Kompromissentwurf stehen hat, sind dann unnötig.

Materialwahl, Gartengestaltung, Finanzierung, Farbkonzept, Lichtverteilung, Raumgliederung, Größe, Proportionierung, Einrichtungskonzept, Innenausstattung, Haustechnik, Musik- und TV-Planung: Das alles sind Festlegungen, die nur Sie treffen können; und nur Sie können Ihre Wünsche optimal umsetzen. Die Hilfe und Unterstützung des Bauwerk-Hampel-Teams und deren systematisierte Grundlagen sind dabei hilfreicher als die Selbstverwirklichungstriebe mancher Planer.

Nach einem einwöchigen Urlaub hat man sein Haus als Papiermodell (siehe Foto) bereits gebaut und kann es mitnehmen. Garantiert! Wem dies zu lange dauert oder zu weit ist, kann einen dreistündigen Schnupperkurs oder ein Wochenendseminar in seiner Gegend belegen. Der wichtigste erste Schritt zum eigenen Traumhaus ist jedenfalls damit getan. 49,-/490,-/990,- Euro Teilnahmegebühr, die Sie mehrfach in Zeit und Geld einsparen können.

Infos und Anmeldung unter:
Bauwerk Hampel
Hochschloss Seefeld • D-82229 Seefeld

Tel./Fax +49 (0)7 00/BauwerkH
bzw. +49 (0)7 00/22 89 37 54
E-Mail: info@bauwerk-hampel.de
www.bauwerk-hampel.de

Fenster für jeden Haustyp

Fassaden kombinieren Form und Stil fast spielerisch miteinander. Das Fenster integriert sich in dieses Spiel und wird zu einem wichtigen Gestaltungselement.

Gestaltete Lebensräume.
Die vielseitigen Gestaltungselemente eines Fensters erzeugen durch Form, Farbe und Materialbeschaffenheit die Harmonie zwischen Baustil, den eigenen Ansprüchen und der erforderlichen Funktionsqualität.
Das Fenster ist wichtiger Bestandteil der angenehmen Wohnatmosphäre und erhöht so die Lebensqualität.

Charakteristisches Wohnen

Aus dem Finstral-Mehrwert-Fenster ergeben sich zahlreiche Gestaltungsmöglichkeiten für den individuellen Wohnraum.

Fassaden von Neu- oder Altbauten bekommen ihren eigenen Charakter. Innen und außen werden persönliche und architektonische Ansprüche erfüllt.

Die Lebensqualität erhält eine repräsentative Wirkung.

Fenster gestalten Fassaden, erhalten die Bausubstanz und werden als Maßanfertigung den individuellen Wünschen gerecht.

Hervorragende Eigenschaften ...

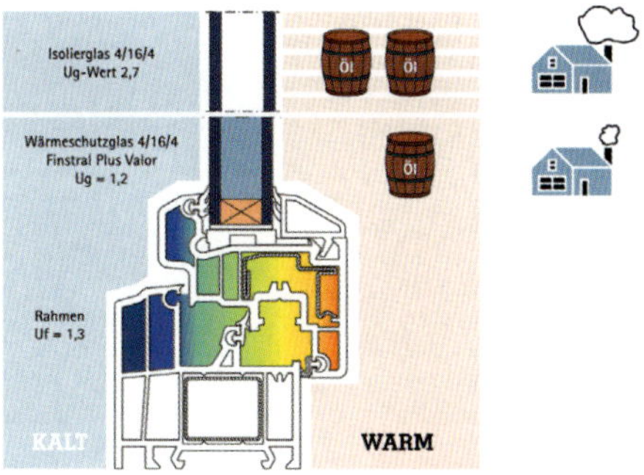

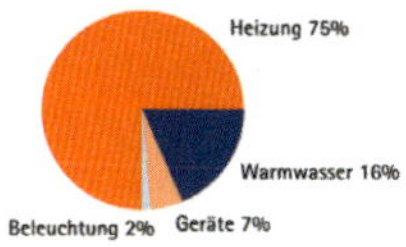

Wärmeschutz

Fast 75 Prozent des Energiebedarfes eines Haushaltes werden für die Heizung aufgewendet. Dabei haben Fenster einen entscheidenden Einfluss auf den Verbrauch. Wärmeschutzfenster von Finstral reduzieren den Energieverbrauch und die CO_2-Emission.

Schallschutz

Wichtige Aspekte der Schalldämmung:

- hohe Dichtigkeit zur Verminderung des Fugenschales
- hohe Masse im Bereich des Glases
- unterschiedliche Glasstärken zwischen Außen- und Innenscheibe
- Schwergasfüllungen des Scheibenzwischenraumes
- möglichst großer Scheibenzwischenraum
- biegeweiche Gläser
- richtige Konstruktion des Bauanschlusses

Wetterschutz

- Rahmen und Verglasungsdichtungen
- Stahlverstärkungen gegen das Durchbiegen der Rahmen und dadurch Gewährleistung der Dichtigkeit, große Wassersammelkammer und eine sichere Wasserableitung
- Luft- und feuchtigkeitsdichte Bauanschlüsse
- Bauanschluss – Wärmeisolierung

Sicherheit

Hohe Sicherheitsstandards zur Einbruchshemmung. Bereits in der Standardausführung sind Fenster und Türen von Finstral mit einem 2-Punkt-Sicherheitsbeschlag und massiven Verschlussteilen aus Stahl versehen. Das Ausheben der Flügel in Verschluss- oder Kippstellung wird so wirkungsvoll verhindert.
Zur Erhöhung der einbruchhemmenden Ausstattung des Fensters stehen die Pakete Finstral Protect Plus und Finstral Protect Safety Plus zur Auswahl.

Das multifunktionale Fenster

Außergewöhnlicher Wärmeschutz durch den 3-Scheiben-Aufbau mit Wärmeschutzgläsern sowie durch hoch isolierende Mehrkammer-Kunststoffprofile. Optimaler Schallschutz durch die Sandwichbauweise mit großen Scheibenzwischenräumen und Mehrfachdichtungen. Effizienter Sicht- und Sonnenschutz durch integrierte Jalousetten in großer Farbauswahl. Wirksamer Einbruchschutz durch gute Basis-Sicherheitsausstattung, erweiterbar mit speziellen Sicherheitspaketen.
Attraktive Gestaltungsmöglichkeiten durch das umfangreiche Finstral-Farb- und -Oberflächenprogramm in Kunststoff und Aluminium.

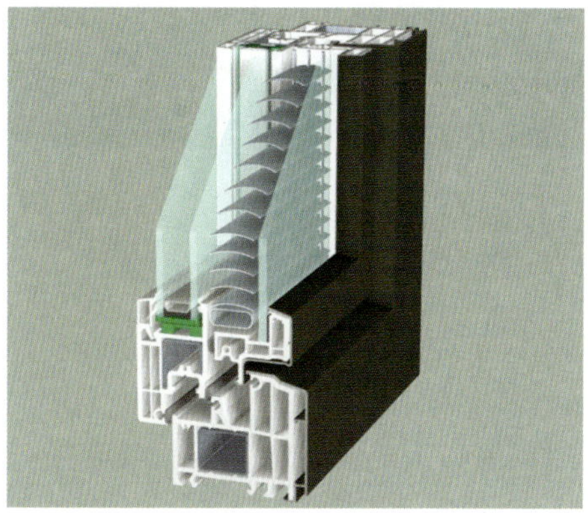

Infos unter: Finstral Nord GmbH
Jakob-Panzer-Str. 6
D-97469 Gochsheim-Schweinfurt
Tel. +49 (0)97 21/64 46-0 • Fax 64 46-13
E-Mail: finstral@finstral.com • www.finstral.com

Demontage

Einpassen des Maßrahmens

oben: Einbau und Abdichtung

unten: Fertig nach 2 Stunden

Neues Leben für Ihr Haus

Mit dem Finstral-Sanierungsprogramm können Sie alte, schlecht isolierende Fenster schnell und ohne Probleme wechseln.

Für Sanierung und Renovierung hat Finstral ein spezielles Altbau-System entwickelt. Der alte Rahmen bleibt hierbei als Blindzarge im Mauerwerk, der neue Finstral-Rahmen wird einfach und sicher aufgesetzt. Anschlussprofile decken die Fuge außen- und rauminnenseitig ab. Zusätzliche Kosten entfallen völlig, da

keine Maurer- und Malerarbeiten erforderlich sind. Egal, ob Sie ein ganzes Haus sanieren oder nur einzelne Fenster austauschen wollen.
Finstral-Fenster bieten eine hervorragende Wärmeisolierung, optimalen Schallschutz, mehr Sicherheit und geringe Instandhaltungskosten.

Beratung

Ihr Finstral-Partner kommt zu Ihnen und findet mit Ihnen gemeinsam Ihre individuelle Fensterlösung. Der Finstral-Partner ist Ihr kompetenter Berater in Funktion und Design.

Demontage

Das alte Fenster wird schnell und sauber demontiert, ohne die Fensterleibung oder das Mauerwerk zu beschädigen.

Einpassen des Maßrahmens

Das exakte Einpassen des Maßrahmens garantiert Ihnen eine wartungsfreie und saubere Altbau-Wechselfenster-Sanierung.

Einbau

Der neue Fensterflügel wird eingesetzt. Der Innenrahmen wird fachmännisch verkleidet.

Abdichtung

Die sorgfältige Abdichtung des Außenrahmens garantiert Ihnen Langlebigkeit und Witterungsbeständigkeit.

Fazit: Schnelle und saubere Montage

- Ohne größere Störungen in der Wohnungs- und Gebäudenutzung
- Extrem schmale Profile vermeiden Lichtverlust
- Montage und Arbeitsorganisation aus einer Hand
- Geringe Montagezeiten
- Klare Kosten vor Montagebeginn

Klappläden – dekorativ und praktisch

Finstral bietet ein umfangreiches Programm an Klappläden-Ausführungen an. Historische Modelle und moderne Ausführungen in unterschiedlichen Montagearten bieten genügend Raum zur individuellen Auswahl:

- Offene Lamellen
- Bewegliche Lamellen
- Füllungen in Pancel- und abgeplatteter Ausführung
- Auch als Segmentbogen, Rundbogen
- Mit und ohne Ausstellflügel
- Als Mauermontage
- Mit Leibungsrahmen
- Mit Sanierungsrahmen

Infos unter:
Finstral Nord GmbH
Jakob-Panzer-Str. 6
D-97469 Gohsheim-Schweinfurt
Tel. +49 (0)97 21/64 46-0 • Fax 64 46-13
E-Mail: finstral@finstral.com • www.finstral.com

Die ideale Kombination aus frischer Luft und viel Licht

Wenn Sie mehr Licht in Ihr Leben hoch oben bringen wollen, lange Freude an Ihren Neu- oder Umbauten haben möchten und Ihnen die Wertoptimierung und -erhaltung Ihres Zuhauses am Herzen liegen – dann sind Sie bei den Dachwohnfensterlösungen von VELUX bestens aufgehoben.

Die Tür hinter dem Alltag schließen, zur Ruhe kommen und einfach mal abschalten. Die ganze Hektik vergessen. Zeit für Gespräche oder ein gutes Buch. Die letzten Sonnenstrahlen gemeinsam genießen. Zu Hause ist es immer noch am schönsten.

Wo früher ein dunkler Dachboden war, ungenutzter Raum sein Dasein fristete und Licht, Luft und Sonne fehlten, ist heute der Lebensmittelpunkt des Hauses. Die richtige Wohlfühl-Atmosphäre entsteht durch die richtige Dachwohnfensterlösung.

Ob nebeneinander, übereinander oder als variable Lösung aus beiden Ideen – die Kombinationsmöglichkeiten von Dachwohnfenstern setzen dem Bauherrn keine Grenzen in der Gestaltung. VELUX schafft so ein großzügiges Ambiente. Willkommen auf dem Dach der Welt.

Abb. links: VELUX öffnet Räume und vereint das Beste von drinnen und draußen. Im Bild die Kombinationslösung „Open Air“ mit dem ausklappbaren CABRIO.

Möglichkeiten ohne Grenzen

Für jede Raumsituation gibt es bei VELUX eine maßgeschneiderte Fensterlösung. Zu beachten ist lediglich die Dachneigung: Denn steilere Dächer erfordern kürzere, flachere Dächer längere Fenster. Innovative Techniken machen immer größere Glasflächen möglich.

Abb. unten: Dank der durchdachten Einhand-Griffleiste sind VELUX Schwingfenster auch dann bequem zu bedienen, wenn sich vor dem Fenster eine Arbeitsfläche befindet. Genießen Sie den Ausblick.

Der Raum bestimmt die Konzeption

Für schwer zugängliche Fenster empfehlen sich elektrische Motoren zum Öffnen und Schließen sowie Regensensoren. Bei INTEGRA™ ist die komplette Elektrik bereits vorinstalliert und die Handhabung per Fernbedienung entsprechend bequem. Dachwohnfenster mit Oben- oder Untenbedienung? Kunststoff oder Holz? Das ist nicht nur eine Frage des persönlichen Geschmacks. Wichtig bei der Planung ist die spätere Raumnutzung. Sollen Möbel oder Schreibtisch vor dem Fenster stehen? Werden die Fenster für Bad oder Küche benötigt? Alle Faktoren sollten schon bei der Planung berücksichtigt werden.

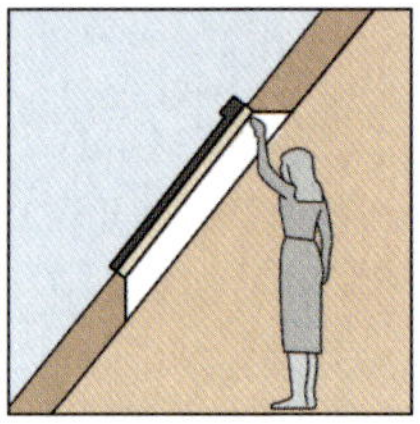

Fenster mit Obenbedienung sind bequem zu erreichen, weil man sich zum Öffnen und Schließen nicht unter die Dachschräge bücken muss. Sie sind ideal, wenn Möbel oder Arbeitsplätze vor dem Fenster platziert sind.

Die Unterkante von Fenstern mit Untenbedienung muß höher liegen als bei Fenstern mit Obenbedienung. Der Zutritt sollte frei sein, die Unterkante zur bequemen Bedienung bei ca. 120 cm liegen.

Sicher ist sicher

Für Kinderzimmer sollten Dachwohnfenster mit Obenbedienung gewählt werden. Sie sind von Erwachsenen bequem zu bedienen, selbst wenn die Spielfläche direkt vor dem Fenster liegen sollte. Außerdem können die Kleinen die Obenbedienung schwer erreichen. Für die Großen ganz einfach ein gutes Gefühl.

Klapp-Schwing-Fenster oder Schwingfenster?

Klapp-Schwing-Fenster eignen sich besonders, wenn Sie einen ungestörten Ausblick genießen möchten. Durch den großen Öffnungswinkel verschwindet der Fensterflügel fast vollkommen aus dem Blickfeld. Außerdem dient die zusätzliche Schwingfunktion zum bequemen Putzen der Außenscheibe. Da Klapp-Schwing-Fenster – technisch bedingt – von unten zu bedienen sind, werden sie mit einer Unterkante von ca. 120 cm eingebaut. Der bessere Ausblick-Komfort kann durch die Verlängerung nach unten mit Zusatzelementen erreicht werden.

Schwingfenster mit der bequemen Einhandbedienung oben sind nicht nur sehr robust, sondern auch preiswerter. Da unten keine Bedienungselemente angeordnet sind, kann die Fensterunterkante nahezu beliebig niedrig eingebaut werden. Diese sollte jedoch nicht tiefer als 90 cm liegen.

Kunststoff oder Holz?

Die EVERFINISH-Ausführung mit Holzkern und pflegeleichter Kunststoffoberfläche bewährt sich überall da, wo es um Unempfindlichkeit gegen Feuchte geht. Sie ist also ideal für die Küche und das Bad. Holzfenster sind überall dort eine gute Entscheidung, wo die behagliche Ausstrahlung des natürlichen Rohstoffes Holz gewünscht wird.

Völlig neue Perspektiven

Jede Dachwohnung kann einen Platz an der Sonne bekommen. Mit dem VELUX GDL „CABRIO“ entsteht im Handumdrehen ein balkonähnlicher Dachaustritt. Die großzügige Fensterfläche schafft viel Licht und freien Blick vom Boden bis fast zur Decke.

Abb. rechts: Kleiner Ausflug gefällig? Ein kleiner Schritt nach draußen, und schon ändert sich die Sicht der Dinge.

Abb. oben: Der begehbare VELUX Dachbalkon schafft das richtige Outdoor-Feeling.

Grenzenlose Freiheit

Der VELUX Dachbalkon wird in den Teil der Dachschräge eingebaut, der wegen seiner geringen Höhe nicht genutzt wird. So entsteht innen kein Raumverlust. Über Balkontüren führt der Weg nach draußen. Die Klapp-Schwing-Fenster sind mit unten liegendem Öffnungsgriff leicht zu bedienen. Ideen ohne Ende für mehr Ausblick oder begehbare Balkons – ohne auch nur einen Zentimeter Wohnfläche zu verschenken. Platz genug für das private Studio.

Aus Alt wird Neu

Seit über 50 Jahren hat VELUX einen festen Platz auf Deutschlands Dächern. Auch wenn sich die Dachwohnfenster in VELUX Qualität durch Langlebigkeit und Zuverlässigkeit sowie Wartungsfreiheit auszeichnen – irgendwann wird ein altes Fenster gegen ein neues ausgetauscht. Egal, um welchen Typ es sich bei Ihrem Fenster handelt oder wie alt es ist – ein Austausch gegen ein neues Dachwohnfenster ist ganz einfach. Kein Staub, kein Dreck – ein Austausch von VELUX Dachwohnfenstern ist ganz unkompliziert und erfordert wenig Aufwand. Der Handwerker setzt das neue Dachwohnfenster in die vorhandene Öffnung ein, fertig. Die Innenverkleidung wird dabei nicht beschädigt und muss nicht erneuert werden.

Abb. unten: Die VELUX Austauschfenster-Garantie gewährleistet den unkomplizierten Austausch aller jemals gefertigten VELUX Dachwohnfenster durch ein modernes VELUX Fenster dieses Typs.

Es wird Zeit, neue Wege zu gehen …

Mit der Kombination von Dachwohnfenstern und Solarkollektoren gehen Sie einen weiteren Schritt in die Zukunft. Das perfekt aufeinander abgestimmte System ergänzt die Vorteile der VELUX Dachwohnfenster um die Möglichkeit der Gewinnung und Nutzung thermischer Solarenergie.
Da die Einsparung von fossilen Brennstoffen die Anschaffung einer Solaranlage längst nicht mehr nur ökologisch, sondern auch finanziell rechtfertigt, entwickeln sich VELUX Solarkollektoren für eine ständig wachsende Zahl von Einfamilienhäusern zu einem integralen Bestandteil der Dacharchitektur. Das ausgereifte solarthermische System zur Ausnutzung der Solarenergie für die Brauchwassernutzung und Heizungsunterstützung kann bedenkenlos mit handelsüblichen Heizungssystemen verbunden werden. Bei wirtschaftlicher Dimensionierung der Kollektoren können ca. 60 Prozent des jährlichen Energiebedarfs zur Erwärmung des Warmwassers abgedeckt werden. Das Beste: Die Energiegewinnung mit Solaranlagen wird durch den Bund und teilweise auch durch die Länder und Kommunen gefördert.

Vielfältige Einsatzmöglichkeiten der Solarthermie

An 365 Tagen im Jahr zur Brauchwassererhitzung.

Solaranlagen werden zu 80 Prozent zur Warmwassererwärmung eingesetzt. Und zwar das ganze Jahr über zum Duschen, Waschen und Spülen. Durch den Einsatz der Solarenergie wird mehr als die Hälfte des ganzjährigen Warmwasserbedarfs umweltschonend und kostengünstig erzeugt – in 10 Jahren zum gleichen Preis wie heute – egal wie die Energiepreise sich entwickeln!

Vorteile:

- Die einfache, ausgereifte Technik garantiert die Effizienz der Solaranlage
- Die Kollektorfläche ist vergleichsweise klein. Zur optimalen Versorgung einer Familie mit vier Personen reichen 4 bis 5 m² Kollektorfläche von VELUX aus.

Die Solaranlage ist ganzjährig nutzbar.

Der CO_2-Ausstoß verringert sich. Zusätzliche Heizungsunterstützung im Frühjahr und Herbst. Solaranlagen werden zur Heizungsunterstützung vor allem in den Übergangsmonaten von Frühjahr und Herbst eingesetzt. Die für das Heizen benötigte Energie kann bis zu 20 Prozent durch eine Solaranlage abgedeckt werden.

Vorteile:

- Die Heizung wird entlastet.
- Heizkosten werden gespart.
- Der CO_2-Ausstoß verringert sich.

Im Rahmen der Energieeinsparverordnung 2002 (EnEV) lassen sich die Erträge der Solaranlage auf andere energieeinsparende Maßnahmen anrechnen.

Geringe Einbaukosten

Der Einbau entspricht in seinem Ablauf dem der VELUX Dachwohnfenster. Jedoch verkürzt sich die Einbauzeit wesentlich, da durch die Montage der Kollektoren auf die Dachlatten kein Eingriff in die Dachkonstruktion erforderlich ist. Die mitgelieferten Montagewinkel entsprechen in ihrer Profilierung denen des VELUX Dachwohnfensters. Ein geschulter Dachhandwerker kann den Einbau von VELUX Solarkollektoren somit einfach und kostengünstig durchführen.

Sonnenenergie wird heute gefördert

Sowohl Bund als auch Länder fördern Solaranlagen. Auf den Internetseiten von VELUX finden Sie eine umfangreiche Fördermitteldatenbank, die Sie über Mittel des Bundes, der Länder und Kommunen, sowie Städte und Energieversorger informiert.

Weitere Infos:
VELUX Deutschland GmbH
Gazellenkamp 168 • D-22502 Hamburg
Tel. +49 (0)1 80/3 33 33 99 • Fax 3 33 33 98
E-Mail: info@velux.de • www.velux.de

Wintergärten – die Individualität Ihrer Wünsche!

Beratung und Planung multimedial – wie wird ein Wintergarten an Ihrem Haus wirklich aussehen? Die Firma Finstral zeigt es Ihnen! Das Präsentationsprogramm Finstral plus stellt den gewünschten Wintergarten an einer Zeichnung oder Fotografie Ihres Hauses dreidimensional dar. Direkt am Bildschirm können Sie verschiedene Varianten und Lösungen schnell durchspielen. So macht es Ihnen Finstral leicht, eine durchdachte und überzeugte Wahl zu treffen.

Dreidimensionale Darstellung Ihres Hauses mit Wintergarten.

Die Öffnungsarten

Die Öffnungsarten der Fenster und Türen tragen entscheidend zur Funktionalität und Qualität des Wintergartens bei und sorgen für eine gute Klimatisierung. Große Öffnungsweiten in der Front machen den Wintergarten im Sommer zu einem geschützten Wohnort, der die Natur großzügig mit einbezieht.

... eine gute Lösung gibt's bestimmt!

Passend für Neu- und Altbau

Alte und neue Häuser entwickeln durch den Wintergarten einen eigenen Charakter, sie öffnen sich nach außen und gewinnen so mehr Lebensraum für ihre Bewohner. Ein Finstral-Wintergarten macht Ihr Haus attraktiver und kann seine Proportionen verbessern. Das Ergebnis ist eine ganzheitliche Harmonie des Baukörpers und eine repräsentative Erweiterung des Wohn- und Lebensraumes.

Farben und Struktur

Die Finstral-Oberflächenstrukturen sind ein wichtiges Gestaltungselement für die Ästhetik des Wintergartens. Die fein geprägte Struktur und die farbig extrudierten Profile machen die Besonderheit aus, welche Finstral seit jeher kennzeichnet. Diese mattweiche und harmonische Wirkung schafft das unvergleichlich charakteristische Ambiente dieser Wintergärten. Das einzigartige Finstral-Profil-System „Classic line" mit der ästhetisch geschwungenen Kontur verleiht Ihrem Wintergarten eine schmale und tiefe Profilierung und hebt ihn damit in angenehmer Weise von „flachen Systemen" ab.

Der Wintergarten vermittelt ein Gefühl von Freiheit.

Sonnenenergie nutzen

Finstral-Wintergärten wirken als Klimapuffer für das Haus. Die tagsüber eingefangene Sonnenwärme wird gespeichert und kann an das Wohnhaus abgegeben werden. In der Nacht verhindert der Wintergarten so eine zu starke Abkühlung des Hauses. Damit beeinflusst ein Wintergarten Ihren Heizverbrauch positiv.

Lärm verringern

Finstral-Wärme-Isoliergläser besitzen durch ihr Verbundglassystem eine gute schalldämmende Wirkung. Durch die Kombination mit speziellen Schallschutzgläsern kann ein noch besserer Schutz erreicht werden. Damit sorgt der Finstral-Wintergarten auch in der Nähe von Autobahnen, Flughäfen und Zugstrecken für wirksamen Lärmschutz und verbessert dadurch die Lebensqualität der Bewohner.

Das Spiel von Licht und Schatten

Bäume und größere Hecken können dem Wintergarten im Sommer natürlichen Schatten spenden. Im Winter, wenn die Sonnenstrahlen flacher einfallen, lassen sie mehr Licht herein, und Ihr Wintergarten erwärmt sich auf natürliche Weise. Künstliche Außen- und Innenbeschattungen durch wind- und wetterfeste Markisen, Jalousien, Blissets oder Raffstores sorgen für zusätzlichen Sonnenschutz.

Natürliche Frische

Wie belüftet man richtig? Eine sinnvolle Führung der Wärmeströme ist für das Raumklima ebenso wichtig wie eine durchdachte Beschattung. Die erwärmte Luft steigt auf und wird durch Öffnungen im Dach oder in den Seitenelementen abgeführt, von außen strömt kühlere Luft nach. Je größer dabei der Raum für die Luftzirkulation ist, umso höher fällt die klimatisierende Wirkung aus.

Material

Glas, Kunststoff und Kunststoff-Aluminium-Kombinationen haben sich als ideale Wintergarten-Materialien bewährt. Die Kunststoffprofile mit stabil integrierter Stahlkonstruktion besitzen sehr gute wärmedämmende Eigenschaften, sind äußerst witterungsbeständig und verrotten nicht. Außerdem sind sie pflegeleicht, wartungsarm und umweltfreundlich, das heißt bis zu 100 Prozent recyclebar. Für einen hohen Sicherheitsstandard im Dachbereich verwendet Finstral splitterfreies Isolierverbundglas, welches auch durch transparente, licht- und wetterbeständige Kunststoffpaneele ersetzt werden kann.

Öffnungselemente

Die ausgewogene Dimensionierung der tragenden Struktur sorgt für das reibungslose Funktionieren der Öffnungselemente. Technisch ausgereifte Markenbeschläge und bewährte Wand- und Bodenanschlüsse garantieren Robustheit und lange Funktionsdauer.

Erfahrung

Finstrals langjährige Erfahrung mit Kunststoff verbindet sich mit geprüfter Materialqualität. Maßgeschneiderte Wertarbeit hat bei Finstral Tradition. Durch die Verwendung von Fertigelementen aus eigenen Werkstätten sind kurze Montagezeiten möglich. Alle Wintergartentypen sind systemgeprüft.

Infos unter: Finstral Fenster und Türen GmbH
Reichenbacher-Str. 101 • D-07973 Greiz
Tel. +49 (0)3661/626-0 • Fax 626-200
E-Mail: finstral@finstral.com • www.finstral.com

Trockenausbau mit Gipsplatten

Mit Gipsplatten schneller und kostengünstiger zum komfortablen Heim. Patentlösung für nicht tragende Trennwände, Dachausbau, Decken und Fußböden.

Seit Jahren vollzieht sich im Wohnungsbau eine stille Revolution. Wurden früher beim Wohnungsbau die Trennwände in klassischer Manier Stein auf Stein gemauert und anschließend verputzt, erfolgt die Raumaufteilung heute zunehmend im trockenen Ausbau, d. h. in Form von beidseitig mit Gipsplatten beplankten Metallständerwerken. Eine zwischen den Ständern eingebrachte Dämmung sorgt für den gewünschten Schall und Wärmeschutz.

Verdeutlicht wird diese Veränderung der Bauweise durch den Pro-Kopf-Verbrauch an Gipsplatten, der sich in den letzten sieben Jahren verdoppelt hat. Für den trockenen Ausbau sprechen nicht nur die geringeren Kosten, sondern auch die schnellere Fertigstellung des Gebäudes. Im Gegensatz zur Stein-auf-Stein-Methode wird nach Vollendung des Rohbaus keine nennenswerte Feuchtigkeit in Form von Mauer und Putzmörtel in das Bauwerk eingebracht. Nicht nur bei den nicht tragenden Innenwänden sondern auch bei der Bekleidung der Außenwände und der tragenden Innenwände werden zunehmend Gipsplatten verwendet. Außerdem ist diese fortschrittliche Bauweise ausgesprochen heimwerkerfreundlich und erlaubt es, durch Eigenleistung beim Ausbau Geld zu sparen.

Raumsparend und flexibel

Darüber hinaus ergibt sich durch den trockenen Ausbau auch ein Plus an Nutzfläche, denn die moderne Ständerbauweise erlaubt im Vergleich zu Massivwänden bei gleich gutem Schall- und Wärmeschutz deutlich schlankere Wände und somit einen durchschnittlichen Raumgewinn von zwei Prozent und mehr. Ein weiterer Vorteil liegt im geringen Gewicht der Trockenbauwände, sodass das Thema „Deckenlast" kaum eine Rolle spielt. Für den trockenen Ausbau spricht auch die Möglichkeit, die Raumaufteilung entsprechend dem jeweils aktuellen Bedarf zu verändern. Der trockene Ausbau erlaubt dank seiner Flexibilität große Gestaltungsfreiheit. Er lässt beliebige Winkel und dank flexibler Platten auch Rundungen zu.

Klimaregulator

Die Gipsplattenoberflächen bilden einen idealen Tapeziergrund und erweisen sich auch als wirksamer Regulator des Raumklimas, da Gips überschüssige Luftfeuchtigkeit aufnimmt und bei trockener Raumluft wieder abgibt und sich so gleichsam als „Klimaanlage zum Nulltarif" erweist.

Fermacell-Wandplatten halten eine Last von bis zu 50 kg aus.

Schlank und stark

Trotz schlanker Bauweise haben es Gipsplattenwände durchaus in sich, denn sie tragen ebenso das Gewicht von Hängeschränken wie auch von gewichtigen Bücherborden. An einem einzigen Dübel lassen sich mindestens 50 kg verankern. Verglichen mit massiv gemauerten Wänden verlangen Gipsplattenwände erheblich weniger Aufwand beim Neu- oder Nachverlegen von Leitungen, die problemlos in ihrem Innern Platz finden.

Auch für Nassräume geeignet

Auch bei Nassräumen hat sich der trockene Ausbau inzwischen voll etabliert. So werden heute bei Neubauten wie auch bei der Althaussanierung zunehmend Bad- und Kücheninstallationen auf den tragenden Wänden verlegt und hinter einer Gipsplattenschale aus imprägnierten Spezialplatten oder im Innern schlanker Trockenbau-Zwischenwände versteckt. Das aufwändige Schlitzen des Mauerwerks ist damit passee. Die moderne Montagetechnik erlaubt jeden neuzeitlichen Komfort bis hin zum wandhängenden WC, das an einem in der Wand verborgenen Tragständer sicheren Halt findet. Wenn so genannte Dichtkleber oder spezielle, aufzurollende oder aufzuspachtelnde Dichtmassen verwendet werden, auf denen dann die Fliesen im Dünnbettverfahren verlegt werden, lassen sich selbst Duschnischen dauerhaft wasserdicht gestalten.

Schlanke Wände mit hohem Schallschutz

Das tragende Gerüst trocken errichteter Trennwände bildet ein Rahmen aus Metallprofilen. Es wird am Boden, an den angrenzenden Massivwänden und an der Decke angedübelt. Entsprechend den Erfordernissen der verwendeten Gipsplatten werden in diesen Rahmen Ständerprofile eingestellt. Diese Konstruktion wird anschließend beidseitig mit Gipsplatten beplankt. Eine dazwischen angeordnete 4 cm dicke Dämmlage sorgt für den unverzichtbaren Schallschutz.

Bei besonderen Ansprüchen an den Schallschutz können auch zwei parallele Ständerwerke mit dazwischen angeordneter Dämmschicht vorgesehen werden, deren Außenseiten jeweils beplankt werden. Diese Konstruktion wird auch gewählt, wenn es gilt, voluminöse Leitungen wie Abwasserfallrohre zwischen den Wandschalen zu verbergen. Die Beplankung mit Gipsplatten verwandelt das Ständerwerk in eine solide Wand. Bei einschaliger Ausführung beträgt ihre Mindestdicke gerade einmal 8 cm, bei doppelter Beplankung oder dem Einsatz

Flexible Grundrissgestaltung erlaubt eine Anpassung an den sich wandelnden Bedarf.

Nach zunächst einseitiger Beplankung wird die Dämmung eingebracht und die Gegenseite verkleidet.

Auch Nassräume lassen sich kostengünstig im trockenen Ausbau gestalten. Die Leitungen verschwinden im Wandinneren.

spezieller dicker Platten, die eine Minimierung der Tragkonstruktion erlauben, 10 cm. Eine 11 cm dicke Ständerwerkskonstruktion mit beidseitig doppellagiger Beplankung aus 12,5 mm dicken Gipsplatten und dazwischen liegender 4 cm dicker Dämmschicht erreicht den gleichen Schallschutz, wie ihn beispielsweise 24 cm dickes Massivmauerwerk bietet.

Verkleiden von Massivwänden

Sowohl bei der Althaussanierung als auch bei Neubauten bietet sich die Verkleidung von Massivwänden mit Gipsplatten an. Im Altbau geschieht dies vorzugsweise,

Nach zunächst einseitiger Beplankung wird die Dämmung eingebracht und die Gegenseite verkleidet.

um rissige und unebene Wände oder auch Neuinstallationen hinter den Gipsplatten verschwinden zu lassen.

Denkmalgeschützte Häuser werden zur Verbesserung des Wärmeschutzes mit einer Innendämmung versehen.

Dabei kommen häufig rückseitig mit einer Dämmschicht versehene Gipsplatten zum Einsatz. Im Neubau gelangt man auf diese Weise rascher und rationeller zu glatten, tapezierfähigen Wänden.

Im Altbau können die Gipsplatten bei entsprechend trag- und haftfähigem Untergrund direkt mit Ansetzbinder gegen die Altwände gesetzt werden. Oder sie werden mit gegen die Wände gedübelten Hutprofilen verschraubt bzw. als Vorsatzschale mit Abstand vor die Altwand gesetzt.

Zur gleichzeitigen Verbesserung des Wärmeschutzes dienen so genannte Verbundplatten mit rückseitiger Dämmstoffkaschierung. Bei der Sanierung von Plattenbauten bietet sich auch ein direktes vollflächiges Verkleben auf dem Untergrund an. Beim trockenen Ausbau von Neubauten werden die Gipsplatten üblicherweise mit Ansetzbinder direkt auf die durchgetrocknete Rohwand gesetzt.

Decken verkleiden

Rissige und unebene Decken lassen sich bei der Althaussanierung hinter einer Gipsplattenschale verstecken. Diese kann unter eine direkt an die Decke gedübelte oder daran abgehängte Unterkonstruktion geschraubt werden. Die abgehängte Ausführung verringert das Raumvolumen bei hohen Altbauten und trägt so dazu bei, Heizkosten zu sparen. Dieser Effekt lässt sich durch eine auf der Tragkonstruktion aufliegende Dämmung noch steigern. Sie verbessert zugleich auch den Schallschutz.

Trockenestrich

Auch bei der Fußbodensanierung hilft der trockene Ausbau, Zeit und Kosten zu sparen. Nach Ausgleich etwaiger Unebenheiten durch eine Ausgleichsschüttung werden die handlichen, mit Nut und Feder ausgestatteten Estrichplatten unter Vermeidung von Kreuzfugen in zwei Lagen auf dem Planum ausgelegt, im Fugenbereich verklebt und zusätzlich verschraubt. Der Aufbau erfolgt in der Regel zweilagig. Estrichelemente gibt es auch mit rückseitig aufkaschierter Dämmschicht aus Polystyrol-Hartschaum oder Mineralwolle. Sie dienen zur gleichzeitigen Verbesserung von Wärme- und Schallschutz (Trittschalldämmung).

Dachausbau

Auch beim Dachausbau stellen Gipsplatten eine kostengünstige Lösung dar. Sie werden im Bereich der zuvor gedämmten Schräge an gegen die Sparren geschraubte Metall-Hutprofile befestigt. Die Abschottung des Drempels (auch „Abseite“ genannt) erfolgt auf einer Unterkonstruktion aus Metallprofilen,

So ansprechend kann Ihr Bad unterm Dach werden! Abb. Roto Frank AG

deren Aufbau weitgehend dem von Trennwänden entspricht. Mit doppellagiger Beplankung und unter Verwendung nicht brennbarer Dämmstoffe lassen sich mit dieser Konstruktion Feuer hemmende F3O-Abschüsse erzielen.

Zwischen Dämmschicht und Unterkonstruktion ist je nach Dämmverfahren eine rundum dicht abschließende Dampfsperre bzw. Dampfbremse aus Polyäthylen- oder Metallfolie oder aus einem vom jeweiligen Dämmstoffhersteller vorgeschriebenen Spezialmaterial vorzusehen. Dies gilt übrigens auch für Wände und Decken, wenn zu ihrer Rückseite ein Temperaturgefälle besteht, d. h. zum Beispiel ein unbeheiztes Treppenhaus anschließt. Die Dampfsperre verhindert das Kondensieren von Wasserdampf im Dämmstoff und schließt so mögliche Feuchteschäden und Dämmdefizite aus.

Infos unter:
IGG – IndustrieGruppe Gipsplatten
Ludolf-Kehl-Straße 13-17, D-68167 Mannheim
Tel. +49 (0)18 02/34 98 00 • Fax 0 62 21/3 38 83-50

Fels-Werke GmbH
Postfach 1460 • D-38604 Goslar
Tel. +49 (0) 53 21/7 03-0 • Fax 7 03-3 21
Techn. Hotline: +49 (0)53 81/7 64 00
www.fels.de

Zimmertüren in jedem Stil

Gepflegte Wohnkultur wird in unseren Zeiten immer wichtiger. Nicht nur das Bedürfnis nach einer qualitativ gehobenen Einrichtung wächst. Auch der Innenausbau des Hauses oder der Wohnung soll mit den Möbeln, den Tapeten und Teppichen harmonisieren, kurz: einer Stilrichtung angehören.

Um keinen Stilbruch zu riskieren, sollten Wohnungstüren über ihre technische Funktion hinaus den Gestaltungselementen der Innenarchitektur Rechnung tragen. Ob klassische Ganzglastür, rustikale Massivholztür oder modern gestaltetes Türelement: Türhersteller bieten heute ein vielfältiges Sortiment entsprechend den individuellen Ansprüchen ihrer Kunden.

Für den Wohnungsbereich gibt es eine Auswahl zwischen Standardelementen, zweiflügeligen oder Schiebetüren. Die Optik einer Tür wird aber auch durch den Türdrücker, auch Klinke genannt, bestimmt, der je nach Form und Material klassisch, extravagant, rustikal oder auch schlicht modern sein kann. Als Werkstoff für Türen dienen vorwiegend Holz, Glas, Kunststoff und Metall.

Holztüren, die im privaten Wohnungsbau einen Marktanteil von über 60 Prozent haben, lassen die größten Gestaltungsmöglichkeiten zu. In Neubauten mit hellen Wohnungseinrichtungen werden als Trendoberflächen vorwiegend die Holzarten Ahorn, Buche, Birke und Erle verwendet. Helle Türen haben den Vorteil, dass sie schmale Räume oder Flure optisch größer wirken lassen.

Besonderer Reiz heutiger Türen: die vielen gestalterischen Details wie Lichtöffnungen mit Glaseinsätzen aus Kristall-, Spiegel- oder Satinglas, mit farbigem oder mit geometrisch gemustertem sowie handbemaltem Glas.

Stiltüren nach traditionellen Entwürfen mit symmetrischem Aufbau gefertigt.

Eine Tür mit soliden und wertbeständigen Röhrenspanplatten-Innenladen hält auch höheren Beanspruchungen problemlos stand. Eine widerstandsfähige Oberfläche ist durch Mehrschichtlack-Aufbau geleistet.

Infos unter:
Friedrich Blanke GmbH
Bielefelder Str. 74 • D-49186 Bad Iburg
Tel. +49 (0) 54 93/40 08-0 • Fax 40 08-1 50

www.blanke.deVest-Wood Deutschland GmbH
Barmbeker Str. 4a • D-22303 Hamburg
Tel. +49 (0) 40/8 54 09-0 • Fax 8 54 09-5 00
www.kilsgaard.de

Glastüren haben die Doppelfunktion, Licht in den Raum fallen zu lassen und optische Raumbegrenzungen zu minimieren. Rahmenlose Glastüren sind stets aus Einscheiben-Sicherheitsglas (ESG) und können auf Grund ihrer Normung einfach den Platz anderer Standardtüren einnehmen.

Kunststofftüren mit Türblattdeckschichten werden ebenfalls häufig im Innenbereich gewählt. Sie sind in vielfältiger Ausführung, glänzend oder matt sowie in verschiedenen Farben erhältlich. Ihre Unempfindlichkeit, Lichtbeständigkeit und Pflegeleichtigkeit ist häufig ausschlaggebend für den Kauf einer solchen Tür.

Da sich in der Vergangenheit die meisten Kunststoffe im Vergleich zu anderen Türbaustoffen als relativ weich und statisch wenig belastbar erwiesen, werden sie heute im Verbund mit Stahl zu sehr robusten Türrahmen und -blättern verarbeitet.

Infos unter:
Megla-Technik • D-51588 Nümbrecht
Tel. +49 (0)2 22 93/38 88 • Fax 39 20
www.megla.com

Kleines Lexikon der Technik

Woraus besteht eine Tür?

Aus der Türzarge (auch Türstock genannt), die starr an der Wand befestigt und in die später die Tür eingehängt wird. Dafür sind Unterbänder bereits in der Zage und Oberbänder im Türblatt vorgesehen. Im Türblatt ist schon das Schloss, in der Türzarge das Schließblech (Schloss-Gegenüber) eingebaut.

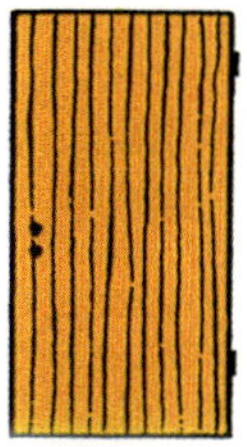

Türblatt

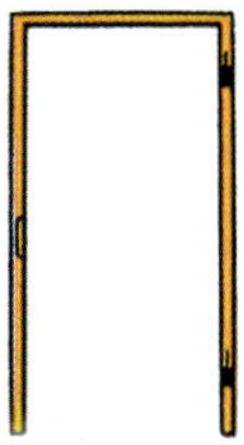

Türzarge

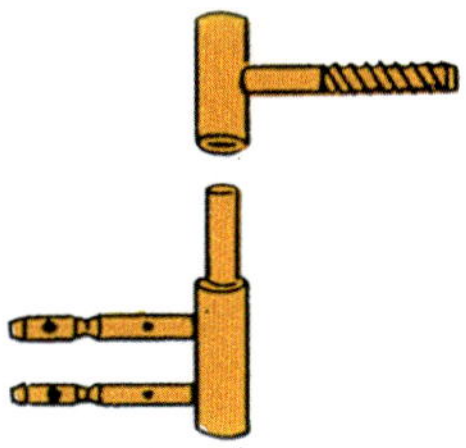

Ober- und Unterband

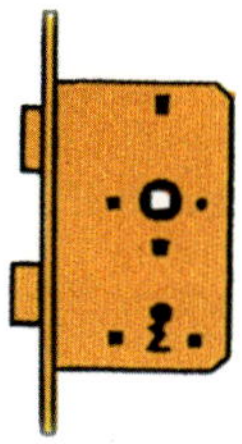

Schloss

Schließblech

Es muss keine 08/15-Tür sein!

Innerhalb des Fertigtüren-Programms ist für jeden Verwendungszweck gesorgt, von der Wohnungstür bis zur Lüftungstür für das Bad.

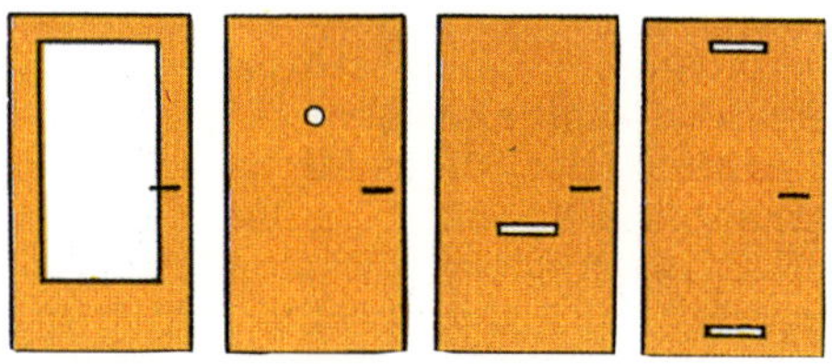

Lichtöffnung Spion Briefschlitz Lüftungen

Was sonst noch zu beachten ist!

Fertigtüren stehen in den wichtigsten, nach DIN genormten Maueröffnungsmaßen zur Verfügung. Sollten Ihre Maueröffnungen nicht der Norm entsprechen, ist im Rahmen des Umbaus die Anpassung durchaus möglich.

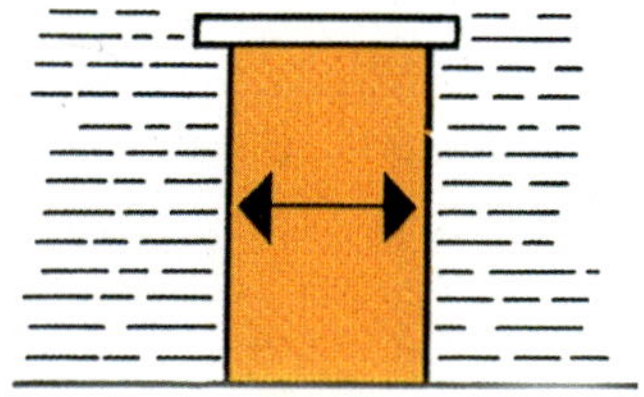

Maueröffnungsmaß (Breite)

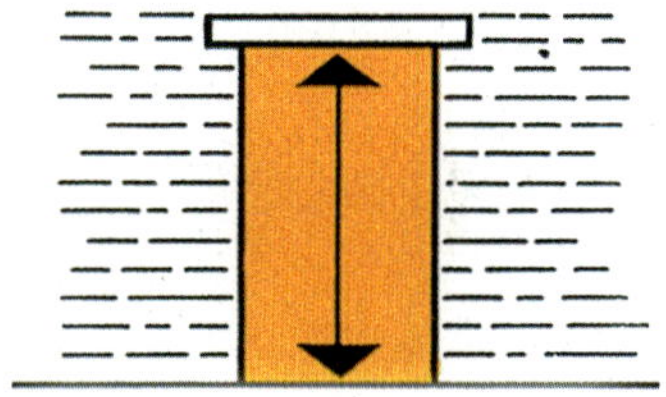

Maueröffnungsmaß (Höhe)

Links oder rechts angeschlagen – das ist hier die Frage

Selbst bei gleicher Höhe passt nicht jede Tür in jede Zarge. Wir unterscheiden Links- und Rechtstüren. Das hängt von den Bändern sowie vom Schloss und vom Schließblech ab.

Rechte Tür = rechts angeschlagen

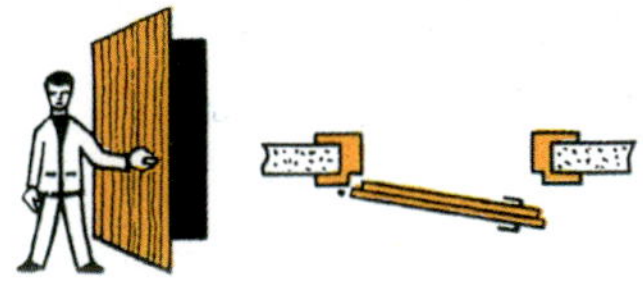

Linke Tür = links angeschlagen

So werden Farb(t)räume wahr

Die farbige Gestaltung von Wohnräumen liegt voll im Trend. Doch das passende Farbkonzept zu finden ist oft so schwierig wie die morgendliche Kombination der Kleidungsstücke.

Hilfestellung geben hier die Schöner Wohnen Trendfarben. Die in Zusammenarbeit mit Trendberatern, Marktforschern und Experten der Zeitschrift Schöner Wohnen entwickelten Farben werden als Cremige Wand- und Deckenfarbe und als Buntlack angeboten. So können nicht nur Wände und Decken, sondern auch Möbel und andere Gegenstände in die farbliche Gestaltung integriert werden. Der Fantasie sind keine Grenzen gesetzt. Die aktuellen und zeitlos schönen Trendfarben sind das Kernstück des Gesamtsortiments von Schöner Wohnen Farbe; sie sind die ideale Basis für Ihre individuelle Raumgestaltung.

Selbst Goethe wusste, dass Farben unsere Gefühle und Stimmungen stark beeinflussen, an trüben Tagen pflegte er deshalb durch ein gelbes Glas zu schauen. Kein Wunder, denn Gelb ist die Farbe der Fröhlichkeit. Räume, in denen Gelbtöne dominieren, geben uns Energie und steigern unsere Aufmerksamkeit. Blaue und türkise Räume fördern hingegen Entspannung, Ruhe und Ausgeglichenheit. Auch Grün wirkt entspannend und regenerierend. Dagegen spricht man Rot, der Farbe der Liebe, eine anregende Wirkung zu.

Abb. links: Der Farbton Melone verschafft sommerliches Flair und gute Laune.

Mit Farben Räume neu erleben

Manchmal erinnern uns Farben auch an bestimmte Erlebnisse, z. B. an den Urlaub im sonnigen Süden. Ob Ton-in-Ton oder kontrastreich, ob mediterran oder vornehm sachlich – mit Schöner Wohnen Farbe werden Wohnräume zu einem ganz neuen Erlebnis. Die Trendfarben sind bereits gebrauchsfertig abgetönt – so gibt es auch beim Nachkauf keine Probleme. Alle Farben können dabei auf unterschiedlichste Art und Weise miteinander kombiniert werden.

Die neue inspirierende Farbenwelt

Zusätzlich zu den Trendfarben gibt es auch ein umfangreiches Standardsortiment. Mit Wandfarben, Fassadenfarben einschließlich Silikat- und Silikonharzfarben, Lacken, Grundierungen, einem kompletten Holzschutzprogramm sowie Spezialprodukten stellt Schöner Wohnen Farbe für jede Anwendung das passende Produkt zur Verfügung.

Grüne Töne bewirken eine entspannende und regenerierende Atmosphäre. Räume, in denen man sich wohlfühlt, hier: Farbton Zabayone.

Blaue Töne fördern Entspannung, Ruhe und Ausgeglichenheit, hier: Farbton Sky.

Weiße Farben für Wände und Decken

Nach wie vor sind auch weiße Räume sehr beliebt. Sie schaffen eine leichte, klare Atmosphäre und lassen Räume weit, hell und luftig strahlen.

Die am meisten verbreiteten Anstrichmittel für Wände und Decken sind Dispersionsfarben. Sie sind hoch deckend, diffusionsfähig (atmungsaktiv) und leicht mit Rolle und Pinsel aufzutragen. Eingesetzt werden kann eine Dispersionsfarbe sowohl auf Raufaser- und Strukturtapeten als auch auf Putz, Beton und Mauerwerk. In der Regel reicht ein Anstrich. Selbst auf Holz kann eine Dispersionsfarbe gestrichen werden.

Unterschiede zwischen den einzelnen angebotenen Produkten bestehen häufig in der technischen Güte. Dabei ist nicht immer das preiswerteste Angebot wirklich das günstigste. Denn häufig kommt es vor, dass Wände mit sehr preisgünstigen Farben zwei- oder dreimal gestrichen werden müssen, bevor die notwendige Deckkraft erreicht ist oder das Oberflächenbild ansprechend erscheint. Die Güte einer Wandfarbe wird insbesondere durch Eigenschaften wie Deckvermögen, Strapazier- und Reinigungsfähigkeit sowie das Oberflächenbild der Beschichtung bestimmt. Aus wirtschaftlicher Sicht ist natürlich die Reichweite pro Liter Farbe entscheidend.

Weißnuancen sorgen bei Liebhabern von weißen Wänden für Abwechslung. Dezente Weißtöne lassen den Raum frisch und harmonisch wirken.

Schöner Wohnen Polarweiss softcolor gibt es in den Farbtönen Bambusweiss, Mohnweiss, Schilfweiss und Kokosweiss.

Das strahlende Polarweiss!

Die Schöner Wohnen Wohnraumfarbe „Polarweiss“ bietet in allen Belangen eine hervorragende Qualität und ist nach der europäischen Norm für Dispersionsfarben DIN EN 13 300 in die beste Deckkraft-Klasse (Klasse 1) eingruppiert. Bei der für die Reinigungsfähigkeit entscheidenden „Nassabriebbeständigkeit“ erreicht Polarweiss besonders gute Werte (Klasse 2). Schöner Wohnen Polarweiss wurde außerdem mit dem Blauen Engel für Dispersionsfarben ausgezeichnet. Dies garantiert eine Renovierung, ohne die Umwelt unnötig zu belasten. Die Räume können direkt nach Trocknung der Farbe wieder genutzt werden.

Im HEIMWERKER TEST 1/2004, in der insgesamt 13 Innenwandfarben großer deutscher Farbenhersteller auf ihre Deckkraft, Nassabriebbeständigkeit, Verarbeitung, Geruch etc. getestet wurden, ist Polarweiss von Schöner Wohnen Farbe klarer Testsieger und als einzige Innenwandfarbe mit „sehr gut“ beim Preis-/Leistungsverhältnis ausgezeichnet worden.

Polarweiss softcolor

Wer bislang als Do-It-Yourselfer leicht farbige Weisstöne verstreichen wollte, musste entweder selber abtönen oder war auf Farbmischsysteme des Handels angewiesen. Das neue Polarweiss softcolor wird fertig abgemischt in den vier beliebtesten Weißnuancen angeboten: Bambusweiss, Schilfweiss, Mohnweiss und Kokosweiss. Jeder dieser vier modernen Weißtöne verbreitet seine ganz eigene Stimmung. Polarweiss softcolor gibt es auch als Seidenmattlack.

Lacke und Lasuren

Ein harmonisches Gesamtambiente lässt sich nur durch eine Farbgestaltung erreichen, die neben Wand und Decke auch alle anderen Elemente des Wohnumfeldes einbezieht.

Im Sortiment von Schöner Wohnen Farbe stehen Produkte für die unterschiedlichsten Anwendungsgebiete zur Verfügung – Holz, Eisen oder auch Kunststoffe können verschönert und geschützt werden.

Buntlacke

Die Schöner Wohnen Buntlacke auf Alkydharzbasis zeichnen sich durch hervorragende Eigenschaften aus, z. B. den guten Verlauf, Wetter- und Glanzbeständigkeit, Strapazierfähigkeit und optimale Deckkraft.

Acryl-Buntlacke

Im Schöner Wohnen Farbsortiment stehen auch wasserverdünnbare Acryl-Buntlacke zur Verfügung. Sie sind sowohl in matt als auch in glänzend erhältlich. Die Lacke sind umweltschonend, weil schadstoffarm und leicht zu verarbeiten.

Geruchsmild und aromatenfrei

Konventionelle Lacke und Lasuren werden häufig mit aromatischen Kohlenwasserstoffen hergestellt. Bei den Lacken und Lasuren von Schöner Wohnen Farbe wird darauf verzichtet – ohne Kompromisse in der Qualität!

Das hat klare Vorteile:

- Minimale Geruchsbelastung während und nach der Verarbeitung
- Ideal für Arbeiten im Innenbereich
- Die Entstehung des bodennahen Ozons wird vermindert

Besonders im Frühjahr macht das Gestalten im Außenbereich sehr viel Spaß. Abwechslung bieten hier die Lacke und Lasuren von Schöner Wohnen Farbe und sorgen für einen guten Start in den Sommer.

Lasuren

Auch für lasierende Beschichtungen auf Holz stehen unterschiedliche Produkte zur Auswahl – von Wohnraum- oder Wachslasuren bis hin zum tropffreien Holzschutz-Gel. Wasserbasiert oder auf Basis von Lösemitteln ohne aromatische Kohlenwasserstoffe stellen die Produkte auch einen gewichtigen Beitrag zum Umweltschutz dar.
Eine Vielzahl der Farben, Lacke und Lasuren steht über das Imagine Farbmischsystem in nahezu unbegrenzter Farbtonvielfalt zur Verfügung.

Wandgestaltung ganz individuell

Immer mehr Menschen wollen Ihre Kreativität ausleben und sich ein wirklich individuelles Zuhause schaffen. Mit CreaLine bietet Schöner Wohnen Farbe ein komplettes Programm für die kreative Wandgestaltung mit Farb- und Oberflächenstrukturen.

Der eigene Wohnstil ist seit jeher ein wichtiges Mittel, die Persönlichkeit auszudrücken und sich selbst zu verwirklichen. Für immer mehr Menschen reicht dabei die Wahl der Möbel und Accessoires schon längst nicht mehr aus. Individuelle Wandgestaltungen mit Mustern und Strukturen sind gefragt. Genau für diese Ansprüche hat Schöner Wohnen Farbe CreaLine geschaffen. Ein komplettes Do-it-yourself-Sortiment für die individuelle Wandgestaltung mit Kreativtechniken.

Kreativ mit Putzstrukturen

Putzstrukturen auf Wänden sind in. Dabei reicht die Bandbreite von mediterran bis rustikal. CreaLine bietet für solche Oberflächenstrukturen mit der „Modellier-Struktur“ und „Wisch-Struktur“ zwei hochwertige Produkte, mit denen mit Kelle oder Rolle und Flächenstreicher ganz individuelle Strukturen auf der Wand erzeugt werden können. Der abschließende Anstrich mit der gebrauchsfertig abgetönten Effekt-Lasur verleiht den Strukturen zusätzliche Tiefe und erzeugt interessante lasierende Effekte.

Farbstrukturen auf glatten Wänden

Mit Wisch-, Wickel- oder Tupftechniken etc. können auch auf glatten Untergründen wunderschöne Akzente gesetzt werden. Schöner Wohnen CreaLine bietet hier ein ideales System für die originelle Wandgestaltung.

Rubinrot erfordert Mut. Doch durch spezielle Techniken des Farbauftrags kann es abgemildert werden und verleiht Ihrem Raum eine moderne und angenehme Atmosphäre.

Die Produkte von Schöner Wohnen CreaLine sorgen für ein mediterranes Ambiente. Hier können Sie anhand verschiedener Techniken Ihrer Kreativität freien Raum lassen.

Nach einem Grundanstrich mit dezent abgetönten Kompaktweiss wird stärker abgetöntes Kompaktweiss mit verschiedenen Techniken und Strukturen auf die Wandfläche aufgetragen, um so die Effektbeschichtung zu bewirken. Je nach gewählter Technik und Tönung fallen die Ergebnisse ganz unterschiedlich aus.
So bestimmen bei der Wischtechnik Farbwolken die Optik, während sich die Strukturen der Wickel- und Tupftechniken durch wunderschöne Muster und Farbkontraste auszeichnen.

Mit Metallfarben moderne Akzente setzen

Auch eine Metallakzentfarbe in sechs attraktiven Tönen gehört zum CreaLine Sortiment.

Imagine Farbwelten

Wer kennt das nicht? Die Qual der Wahl bei der richtigen Farbentscheidung. Kaum hat man beschlossen, beim nächsten Renovieren nicht einfach nur wieder weiß zu streichen, steht man vor dem Problem, den richtigen Farbton zu finden, der am besten zum eigenen Wohnstil und Typ passt.

So belebt Farbe: Ein einst trister Flur bereitet, in abgestuften Grüntönen gestrichen, einen erfrischenden Empfang.

Moderne Farbmischsysteme, wie man sie in vielen Baumärkten findet, sind dabei nur eine scheinbare Hilfe. Denn sie können zwar fast jeden Farbton mit großer Präzision anmischen, sind aber mit ihrer fast unendlichen Farbtonvielfalt eher dazu geeignet, die Auswahl zu erschweren. Schon mancher hat schließlich doch wieder weiß gestrichen, weil er sich für keine Farbe entscheiden konnte. Dass es auch anders geht und die Entscheidung für die Wunschfarbe keine Qual sein muss, zeigt das Farbmischsystem Imagine von Schöner Wohnen Farbe. Hier wurde mit den Imagine Farbwelten eine eigene Farbkollektion geschaffen, die die Farbauswahl zum Vergnügen macht.

Entwickelt wurden die Imagine Farbwelten von Farbberatern und Trendexperten. Das Prinzip ist ganz einfach. Man entscheidet sich intuitiv nach seinen individuellen Vorlieben für eine der 14 Imagine Farbwelten. Innerhalb dieser Farbwelt, z. B. den Zarten Farben, den Tiefen Farben oder den Lebendigen Farben, findet man dann garantiert nicht nur seinen Wunschfarbton, sondern gleichzeitig eine Vielzahl stilsicherer Kombinationsmöglichkeiten in der Stimmung dieser Farbwelt. Am Imagine-Regal gibt es Farbmusterstreifen zum Mitnehmen. Mit ihnen kann jeder zu Hause überprüfen, ob der Farbwunsch auch wirklich ins Gesamtbild passt.

Neben den Imagine Farbwelten können mit der Farbmischanlage natürlich auch Farbtöne aus anderen Farbsystemen wie z. B. RAL, NCS oder den Sanitärfarben gemischt werden. Dabei ist das System so präzise, dass jeder Farbton später problemlos nachgekauft werden kann.

Probieren geht über Studieren

Mit dem interaktiven Farbdesigner auf www.schoener-wohnen-farbe.de kann man die Raumwirkung von Farben spielerisch erkunden und nach Belieben variieren.

Infos unter:
J. D. Flügger • Schöner Wohnen Farbe
Postfach 74 02 08 • D-22092 Hamburg
Tel. 01 80/5 35 83 44 37 (0,12 Euro/Min.)
E-Mail: info@schoener-wohnen-farbe.de
www.schoener-wohnen-farbe.de

Paneele, die mehr aus Ihren Räumen machen

Holzpaneele an Decken und Wänden schaffen eine wohnliche, gemütliche Atmosphäre. Ohne Holz wirkt mancher Raum nüchtern und kalt.

Urgemütliches Ambiente schaffen Sie mit Holzpaneelen und -vertäfelung.
Die Verlegung ist relativ einfach, sodass sie auch im Do-it-yourself-Verfahren ausgeführt werden kann.
Neben der schönen Optik dämmen sie den Schall und erhalten gleichzeitig eine beachtliche Wärmedämmung, die durch eine zusätzliche Dämmplatte auch noch verstärkt werden kann.

Kreative Friessysteme eröffnen faszinierende Perspektiven. Zusätzlich können viele Leuchten in das Meister-System integriert werden.

So ansprechend kann ein Raum mit den Paneelen von Aicher wirken! Einen besonderen Country-Style-Effekt erzeugen die attraktiven Faserbretter mit Zierstäben und handgeschnitzten Aufsätzen.

Abb. links: Die strukturierten Profilbretter „Softcolor" von Aicher schaffen eine moderne und natürliche Ausstrahlung.

Abb. unten: Dekor-Paneele, Decke: Eiche weiß, Wand: Buche hell, Leisten: Eiche weiß und Buche hell.

Infos unter:

osmo Holz und Color GmbH & Co. KG
Afhüppen Esch 12 • D-48231 Warendorf
Tel. +49 (0) 25 81/9 22-1 00 • Fax 9 22-2 00
E-Mail: info@osmo.de • www.osmo.de

Meister-Leisten Schulte GmbH
Zum Walde 16 • D-59602 Rüthen-Meiste
Tel. +49 (0) 29 52/8 16-0 • Fax 8 16-76
E-Mail: info@meister-leisten.de
www.meister-leisten.de

Aicher GmbH Holzindustrie
Kapellenweg 31
D-83064 Raubling b. Rosenheim/Obb.
Tel. +49 (0) 80 35/8 77-0 • Fax 8 77-2 39
E-Mail: info@aicher.de • www.aicher.de

Arbeitsgemeinschaft Holz e.V.
Rather Str. 49a • D-40476 Düsseldorf
Tel. +49 (0)2 11/47 81 80 • Fax 45 23 14
E-Mail: argeholz@argeholz.de • www.argeholz.de

Holzboden-Beläge

Bei den Holzboden-Belägen stehen Sie vor einem großen Angebot: vom günstigen Laminatboden bis zum hochwertigen Parkett. Im Folgenden geben wir Ihnen für Ihre Auswahl interessante Informationen.

Holz: Dielen & Parkett

Für Bodenbeläge aus Holz steht eine große Palette heimischer und ausländischer Hölzer zur Verfügung, die sich vor allem in der Oberflächenhärte und in der Tönung unterscheiden. Für Parkett werden überwiegend die härteren Holzarten wie Buche, Eiche, Esche oder Ahorn verwendet, während die weichen Holzarten wie Fichte und Kiefer als Dielen verarbeitet werden.

Um das Eindringen von Wasser und Schmutz zu vermeiden, müssen die Hölzer mit Lasuren, Imprägnierungen, Schutzlacken oder Versiegelungen versehen werden. Die meisten Parkettsorten bestehen heute aus Furnierplatten, bei denen nur die Oberschicht aus dem jeweiligen Edelholz ist. Darunter befindet sich, mehrschichtig gesperrt, verleimtes Nadelholz oder Spanplatten.

Verschiedene Holzarten werden auch als Massivparkett angeboten. Parkett kann bereits fertig versiegelt in Plattenform oder roh, mit anschließender Versiegelung, verlegt werden. Um Risse und Verwerfungen zu vermeiden, sollte das Parkett vor dem Verlegen einige Tage bei Zimmertemperatur im Raum gelagert werden, um sich der Umgebungstemperatur anzupassen und entsprechend auszudehnen bzw. zusammenzuziehen.

Da Holz, bedingt durch Wärme- und Feuchtigkeitsunterschiede, arbeitet, sind kleine Rissbildungen nie ganz zu vermeiden. Auch wenn das Holz durch die Versiegelung relativ gut geschützt ist, lassen sich Kratzspuren, z. B. durch kleine Steinchen zwischen den Schuhsohlen, und Druckstellen, z. B. durch Pfennigabsätze oder punktförmige Möbelfüße, nicht vermeiden.

Allerdings kann das Parkett, je nach Furnierstärke, nach Jahren immer wieder abgeschliffen und neu versiegelt werden. Holzböden sollten nicht zu nass gepflegt werden, um das Eindringen von zu viel Wasser zu vermeiden.

Kostengünstiger Laminatboden

Sie suchen einen Boden, der kostengünstig und pflegeleicht ist und außerdem eine schöne Optik hat? All diese Qualitäten zeigen sich im Laminatboden.

Der Laminatboden ist im Prinzip eine Paneele, Holz-Reproduktion. Sie besteht aus einer Trägerplatte, einem beharzten Dekorpapier und einer Nutzschicht.

Die Eigenschaften sind unterschiedlich – sie werden in verschiedenen Beanspruchungsklassen nach EN 13329 von Klasse 21, mäßige Beanspruchung, z. B. für Schlafzimmer, Gästezimmer, über Klasse 22 (Wohn- und Esszimmer) bis Klasse 23 für Küche, Flure usw. angeboten.

Abb. rechts: Dieser ansprechende Parkettboden aus der Style-Selection von Kährs prägt den gediegenen, wertigen Einrichtungsstil. Holzart: Walnuss Genua.

Infos unter:
Gustav Kähr Deutschland GmbH
Postfach 11 60 • D-72407 Bodelshausen
Tel. +49 (0) 74 71/7 00-0 • Fax 7 00-2 31
E-Mail: info.de@kahrs.com
www.kahrs.se

Abb. unten: Meister-Leisten Schulte GmbH
Zum Walde 16 • D-59602 Rüthen-Meiste
Tel. +49 (0) 29 52/81 60 • Fax 8 16 76
E-Mail: info@meister-leisten.de
www.meister-leisten.de

New York 1960

Massivparkett – elegante Variationen in Holz

Ansprechende Verlegearten, Kombinationen verschiedener Holzarten und die ausgezeichneten Qualitätsmerkmale des Massivparkettfußbodens sind wichtig für eine hohe Wohnqualität.

Der Fußboden ist im Hausinneren das am meisten strapazierte Bauteil. Er wird ständig begangen, benutzt und somit auch abgenutzt. Trifft man hier eine falsche Wahl, kann dies auf Dauer den Wohnkomfort und somit die Freude am Wohnen erheblich herabsetzen.
Parkett, vor allem Massivparkett, hat in dieser Hinsicht besonders viele Vorzüge.

Es ist:

- aus natürlichem Material, das nachwächst.
- unschlagbar pflegeleicht und zeitlos schön. Die vielen Verlegearten und Dessins und die Maserung und Farbnuancen verleihen jedem Boden Individualität.
- langlebig. Der einzige Fußboden, der nach Jahren durch einfaches Abschleifen und Versiegeln preiswert wieder neu wie am ersten Tag werden kann.
- durch seine physikalischen Eigenschaften warm und fußsympathisch. In der Übergangszeit kann die Heizung länger kalt bleiben.
- hygienisch und gesund. Ein natürlicher Baustoff mit fester, geschlossener Oberfläche. Schmutz und Bakterien können nicht eindringen. Hilft gegen Allergien.
- gut geeignet auf Fußbodenheizung. Massives Hartholz bietet einen günstigen Wärmedurchgang, kann aber gleichzeitig Wärme speichern und gleichmäßig an die Raumluft abgeben.
- nicht zuletzt im Vergleich zu anderen Bodenbelägen auch noch ausgesprochen preiswert, vor allem im Hinblick auf die lange, problemlose Lebensdauer.

Abb. rechts: Prägnante Optik und extreme Wertbeständigkeit machen das Eichenparkett unverwechselbar. Haro-Parkett 4000 Schiffsboden Eiche Tundra.

Infos unter:
Haro, Hamberger Industriewerke GmbH
Postfach 100353 • D-83003 Rosenheim
Tel. +49 (0) 80 31/700-0 • Fax 700-299
E-Mail: mail@hamberger.de
www.haro.de

Abb. links:
Bembé-Parkettfabrik Jucker GmbH & Co. KG
Postfach 1133 • D-97961 Bad Mergentheim
Tel. +49 (0) 79 31/96 60 • Fax 96 61 50
E-Mail: info@bembe.de • www.bembe.de

Laminatboden der Extraklasse

Laminatboden ist hochwertig und dennoch preiswert mit schöner Optik. Seine enorm hohe Strapazierfähigkeit und die große Auswahl an brillanten Dekoren machen ihn in allen Wohnbereichen zum perfekten Bodenbelag.

Laminatboden bleibt immer pflegeleicht und hält selbst extremsten Alltagsbelastungen problemlos stand. Laminatböden von Parador geben Ihnen außerdem die Sicherheit eines kontrollierten Markenproduktes in kompromissloser Fertigungsqualität – darauf können Sie sich verlassen. So fängt die Wohnfreude schon beim Verlegen an und bleibt Ihnen garantiert noch viele Jahre erhalten!

- Drei Produktlinien für jeden Anspruch: Laminat mit Nut-Feder-Profil, als Klick-Laminat und Klick-Akustik-Laminat.
- Mit einem kompletten und innovativen Zubehörprogramm besonders einfach professionell verlegt und gepflegt.
- Von der LGA Bayern auf Qualität, Schadstoffgehalt und Tropentauglichkeit geprüft.
- Umweltfreundlich und wohnhygienisch, ausgezeichnet mit dem „Blauen Engel".
- Verpackt in problemlos wieder verwertbaren und sortenreinen Verpackungsstoffen.
- Je nach Abriebklasse mit einer Garantie von 3, 7 oder 10 Jahren.

Die drei Laminat-Produktlinien.

Parador bietet Ihnen Laminatboden in drei verschiedenen Ausführungen:

- Klick: Laminatboden zum schnellen Verlegen mit oder ohne Leim.
- Klick-Akustik: Laminat mit vormontiertem, schallreduzierendem Unterboden.
- Laminatboden mit klassischer Nut-Feder-Konstruktion zum Verlegen mit Leim.

Alle Parador-Laminatböden sind in einer vielfältigen Auswahl an Dekoren erhältlich. Zusammen mit dem umfangreichen Zubehörprogramm ergeben sich so ganz individuelle und stets hochwertige Möglichkeiten für die Bodengestaltung.

Die schönsten Dekore zur Auswahl

Buche Schiffsboden

Ahorn Schiffsboden

Eiche Schiffsboden

Rotbuche Schiffsboden

Erle natur Schiffsboden

Erle Honig Schiffsboden

Erle rotbraun Schiffsboden

Ahorn blau Schiffsboden

Die Faszination lebendiger Natürlichkeit

Holz hat wie kein anderes Material die Geschichte des Bauens und Wohnens geprägt. Seine Natürlichkeit und Wärme übten schon immer eine ganz besondere Faszination aus, die im Laufe der Zeit nichts von ihrer Wirkung verloren hat.

Im Gegenteil: Mehr denn je wird Holz im Wohnbereich als etwas Wertvolles und Exklusives geschätzt. Parador hat langjährige Erfahrung im Umgang mit dem Werkstoff Holz. Sowohl die sorgfältige Auswahl als auch die perfekte Verarbeitung der Hölzer für Fertigparkett Bellano und Bellano-Click, dem Fertigparkett mit Automatic-Click®, garantieren höchste Qualität für alle Ansprüche. Und jeder Boden ist ein Unikat – denn Holzfarbe und Maserung entstehen in jedem Stamm immer wieder neu. Um dennoch eine Kontrolle über die Optik des Parketts zu gewährleisten, bietet Parador Fertigparkett in drei abgestimmten Holzsortierungen an: „Select“ für höchste Ansprüche an einheitliche Struktur und Farbe, „Natur“ für eine ausgeglichene Gesamtwirkung und „Living“ für urwüchsige, lebendige Optik. Lassen Sie sich von der natürlichen Schönheit echten Holzes begeistern – Parador-Parkettböden sind die schönste Grundlage für stilvolles Wohnen mit Holz!

Wo edles Holz großflächig den Wohnraum ziert, entsteht auf ganz natürliche Weise ein Ambiente von Exklusivität und stilvollem Lebensgenuss. Bellano-Fertigparkett von Parador sorgt für das beruhigende Gefühl, dem Leben eine hochwertige Basis gegeben zu haben. Seine Natürlichkeit trägt zu einem angenehm ausgeglichenen Wohnklima bei, und die garantierte Parador-Markenqualität gibt Sicherheit für viele Jahre ungetrübten Wohngenuss. Erfüllen Sie sich einen Traum – Bellano-Fertigparkett.

Das Korkparkett Portino-Click ebnet Kindern den Weg in die große Welt und zeichnet sich durch geduldige Elastizität, erfreuliche Pflegeleichtigkeit sowie sympathische Wärme aus.

Fertigparkett Bellano-Click in Buche Schiffsboden „Natur“ sorgt für eine helle, freundliche Optik.

Infos unter:
Parador Holzwerke GmbH & Co. KG
Erlenweg 106 • D-48653 Coesfeld
Info-Hotline +49 (0) 18 05/66 76 68
E-Mail: info@parador.de • www.parador.de

Die Treppe – Wohnkultur pur

Die Treppe ist eine Visitenkarte des Hauses und sagt viel über die Wohnkultur aus. Doch nicht nur das Auge, sondern alle Sinne werden angesprochen: Schon beim ersten Schritt einer Treppe spürt man, ob sie mit Sorgfalt gebaut wurde.

Abb. Treppenmeister. Beispiel einer Treppe, die sich hervorragend der Architektur und dem Interieur anpasst.

Geht man angenehm? Wie fühlt sich der Handlauf an? Ist die Treppe geräuschlos begehbar oder knarrt sie? Die Anforderungen an die Qualität einer Treppe sind vielseitig. Sie reichen von der optimalen Planung des Treppenraumes über Design und Materialauswahl, sichere Statik und fachgerechten Einbau bis zum guten Verhältnis von Leistung und Preis. Lassen Sie sich deshalb kompetent beraten. Sogar Spartreppen können, wenn sie individuell und meisterhaft gestaltet sind, anspruchsvolle Raumwirkung bieten. Viele Konstruktions- und Ausstattungsvarianten sind kombinierbar. Abgesehen von verschiedenen Materialien – von Edelstahl über verschiedene Hölzer bis zu farbigen oder verchromten Accessoires usw. – können Sie unter verschiedenen Stufen, Stäben, Pfosten und Handläufen wählen. Zu den wesentlichen Anforderungen an moderne Wohnungstreppen zählt, dass sie dem Einrichtungsstil des Hauses gerecht werden sollten. Dem Trend zum natürlichen Wohnen kommen Hartholzsorten wie Ahorn und Buche natur daher sehr entgegen.

Aber auch exklusive Acryl- und Stahl-Treppen sind zeitgemäß und passen in entsprechende Häuser.

Abb. Brühl Kunststofftechnik Eine solche Spindeltreppe in Acryl und Edelstahl ist die Spitze der Exklusivität.

Infos unter:
Treppenmeister Partnergemeinschaft
Holztreppenhersteller GmbH
Emminger Str. 38 • D-71131 Jettingen
Tel. +49 (0) 74 52/88 60 • Fax 88 62 00
E-Mail: treppenmeister@treppenmeister.com
www.treppenmeister.com

Infos unter:
Brühl Kunststofftechnik
Eppaner Straße 6 a • D-86165 Augsburg
Tel. +49 (0)8 21/7 20 80-0 • Fax 7 20 80-80
E-Mail: info@bruehl-acryl.de
www.bruehl-acryl.de

Platzbedarf für Treppen

Auf einer Treppe wird nicht nur Tag für Tag treppauf und treppab gegangen, sondern es muss auch immer wieder etliches transportiert werden.

Platz ist also wichtig – auch bei „Gegenverkehr“ und zur Sicherheit speziell für ältere Menschen und Kinder.

Wichtige Grundbegriffe

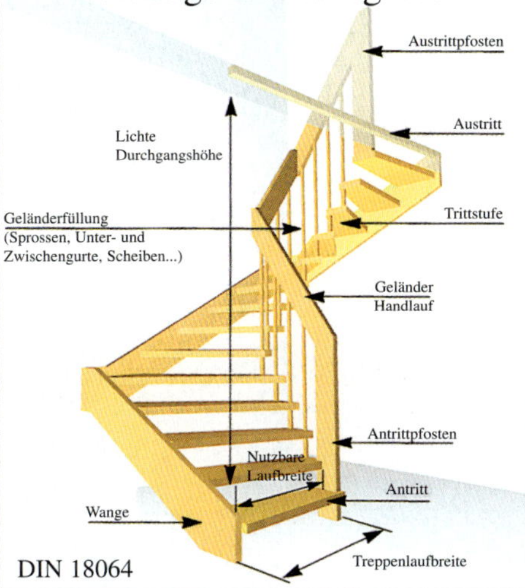

	* nutzbare Laufbreite Anzahl der Steigungen / Auftritt	* Platzbedarf bei halbgewendelten Treppen (Beispiele)
Minimum für eine baurechtlich notwendige Treppe	80 cm 14/23 cm	176 x 165 cm 301 x 102 cm
Platzsparende Treppe	85 cm 14/25 cm	188,5 x 175 cm 313,5 x 112,5 cm
Übliche und gut begehbare Treppe	90 cm 15/26 cm	201 x 197 cm 326 x 135 cm
Großzügige Treppe in Ein- und Zweifamilien-Häusern	100 cm 16/27 cm	226 x 205 cm 326 x 155 cm

* Beispiele ausgehend von 275 cm Gesamthöhe.

Die Vielfalt der Treppenformen

Für jedes Bauvorhaben und Einsatzgebiet gibt es auch die entsprechende Treppe. Vorab informieren kann man sich zum Beispiel in entsprechenden Treppenstudios. Es können auch ganz individuelle Treppen angefertigt werden. Was technisch machbar ist, kann auch realisiert werden. Es ist dann nur eine Frage des Preises!

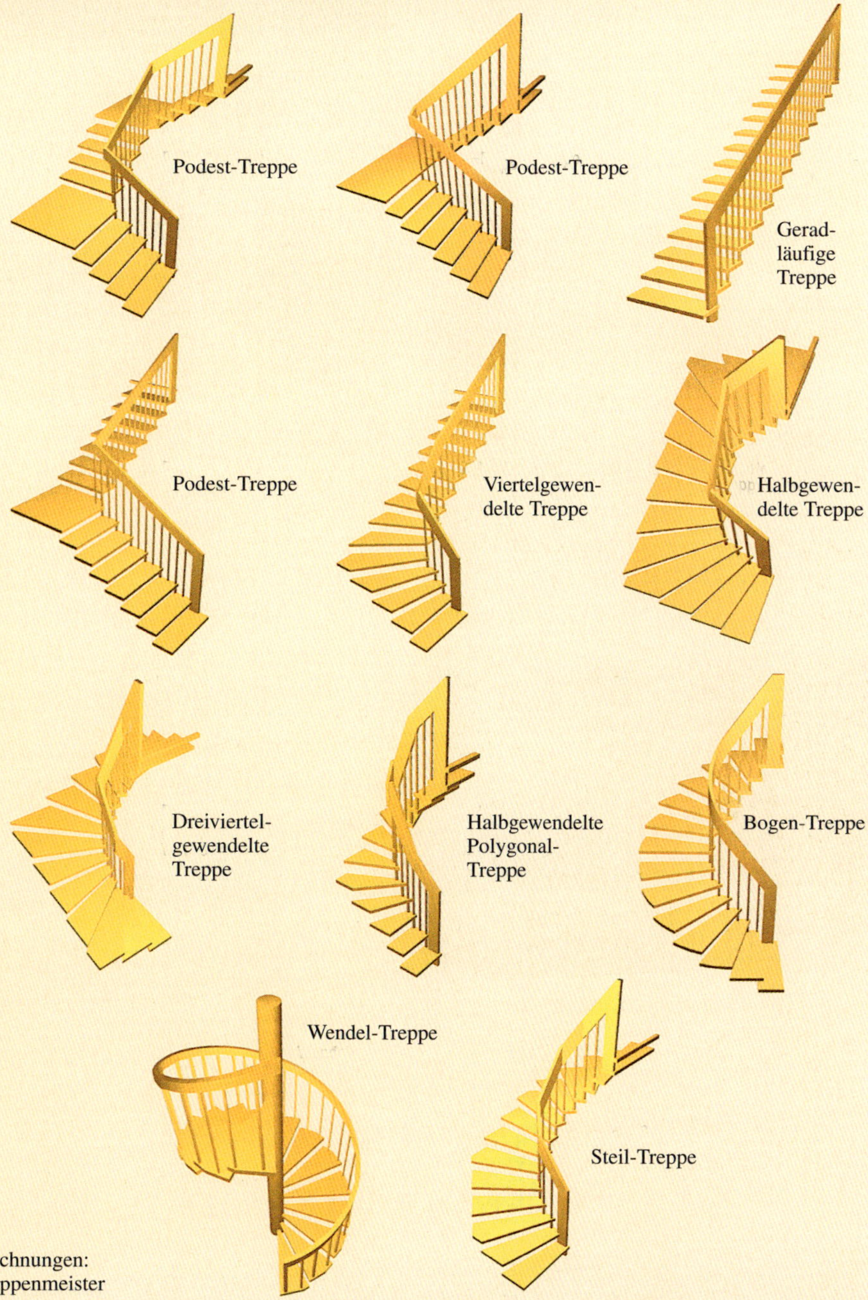

Zeichnungen: Treppenmeister

Wangen-Treppen – … Sie stehen drauf

Durch den Einsatz modernster Technologien werden auch bei individuellen Wünschen flexible Fertigungen angeboten. Geländerformen können Sie aus einem umfangreichen Angebot wählen, von einfachen Stäben bis hin zu aufwändigen Konstruktionen z. B. aus Glas, Edelstahl und Lochblenden ganz nach Ihrem persönlichen Geschmack.

Beispiel: Zweiholm-Geländer-Treppe

Mit elegantem Schwung überbrückt die Zweiholm-Geländer-Treppe die Höhenunterschiede zwischen den Etagen. Die besondere Schalldämmung „rundum“ sorgt zusammen mit der stabilen Konstruktion für ein geräuscharmes Begehen dieser Treppen. Als Korrosionsschutz

Beispiel: Wangen-Treppe

werden die Stahlteile der Treppen im Innenbereich mit einer Rostschutz-Grundierung versehen und für außen grundsätzlich feuerverzinkt.

Qualitäts-Treppen-Konstruktionen im Außenbereich

Am besten werden Stahlteile durch Verzinkung und durch Verwendung von Edelstahl gegenüber Witterungseinflüssen geschützt. Einschließlich Geländer sind sie vom Rohbau bis zum Endstadium voll nutzbar. Der Einsatz von Stahl und Edelstahl ermöglicht in jeder Hinsicht filigrane, lichtdurchlässige Konstruktionen. Durch seine gute Verformbarkeit ist eine Vielzahl von Gestaltungsmöglichkeiten gegeben. Stahl und Edelstahl ist mit vielen Werkstoffen kombinierbar: z. B. Holz, Glas, Stein, Kunststoffe.

Eine Außentreppe spart teuren Wohnraum; sie ist auch für den nachträglichen Anbau sehr gut geeignet. Besteht die Forderung, aus einem Haus zwei Wohnungen zu gestalten, z. B. wenn Kinder aus dem Haus gezogen sind und die obere Etage vermietet werden soll, so sind Außentreppen ideal. Treppenbau Ernst bietet ein großes Programm und günstige individuelle Lösungen an.

Beispiel: Formschöne Außen-Treppe

Infos unter:
Ernst Stahl- und Treppenbau GmbH
Zum Pfarrboden 4 • D-35099 Burgwald-Bottendorf
Tel. +49 (0) 64 51/72 00-0 • Fax 2 32 97
E-Mail: info@treppenbau-ernst.de
www.treppenbau-ernst.de

Diese imposante Treppe ist das Herzstück des Hauses.

Stufe für Stufe Harmonie

Harmonie ist ein Grundbedürfnis des Menschen. Das gilt nicht nur auf zwischenmenschlicher Ebene, sondern auch bezogen auf seine materielle Umgebung – und hier besonders beim eigenen Heim. Neben der Verwendung von „angenehmen" und natürlichen Materialien in der Raumausstattung spiegelt auch die moderne Raumplanung einen Trend zu mehr Individualität wider.

So finden sich immer häufiger Häuser mit offenen Räumen zwischen verschiedenen Wohnebenen. Der „Wohntreppe" kommen damit – wie einem Möbel – funktionale und ästhetische Aufgaben zu. Sie muss angenehm zu gehen sein und gleichzeitig mit ihrem Verlauf, der Gestaltung und dem Material in das Ambiente der Wohnung passen. Massivholz bietet hier viele unschlagbare Vorteile: Holz federt weit besser als andere Werkstoffe den Tritt ab, es lässt sich leicht sowohl zum klassischen als auch zum hochmodernen „Möbelstück" verarbeiten und bietet alle Möglichkeiten der Anpassung von Farbe und Maserung an die übrigen Oberflächen, Materialien und Strukturen im Haus.

Diese Vorteile weiß der Türen- und Treppenhersteller mit seiner langjährigen Erfahrung in handwerklicher und maschineller Fertigung von Massivholztreppen perfekt zu nutzen. Die Programme erfüllen nahezu jeden individuellen Wunsch, sowohl was die Einbausituation der Treppe im Raum angeht (so z. B. jede Art von Wendelung) als auch in Hinsicht auf Holzart, Oberfläche, Farben oder Geländer. Der Einsatz von Corian im Trittbereich der Treppenstufen oder geölte Naturholz-Oberflächen sind gute Beispiele für die sprichwörtliche Vielfältigkeit. Die Auswahl des richtigen Holzes, Produktentwicklung und -pflege in Design und Technik, Qualitätsüberwachung in Produktion und Service und nicht zuletzt einfallsreiche Neuentwicklungen zeichnen die Produkte seit vielen Jahren als Garant für eine zufriedene Kundschaft aus.

Eine elegante und handwerklich gekonnte Treppe.

Wer ein außergewöhnliches Ambiente sucht, kann mit einer Marmortreppe ein Highlight setzen. Marmor ist in seinem Aussehen einzigartig und an Exklusivität nicht zu übertreffen.

Infos unter:
Kenngott Treppen
Albertistr. 22 • D-74076 Heilbronn
Tel. +49 (0) 71 31/1 88-0 • Fax 1 88-1 25
www.kenngott.de

*D*er Weg zum neuen Bad

Der Weg zum neuen Bad lässt sich im Prinzip in drei Phasen unterteilen: Information beziehungsweise Planung, Produktauswahl und Einbau. Dass dabei der Planungsphase eine besondere Bedeutung zukommt, versteht sich von selbst: Immerhin liegt die Investition in ein Bad nicht selten im fünfstelligen Bereich. Und mit dem Ergebnis sollten Sie über viele Jahre hinweg zufrieden sein.

Die Badplanung selbst beginnt immer mit Ihren persönlichen Grundüberlegungen zur Nutzung. Hier werden die individuellen Bedürfnisse und Ansprüche an das künftige Bad fixiert: Wie viele Personen leben in Ihrem Haushalt? Sind Kinder, ältere oder behinderte Personen darunter? Werden die Kinder in naher Zukunft einen eigenen Hausstand gründen, oder besteht im Zweipersonenhaushalt gar

Aussicht auf Nachwuchs? Kurzum: Welche Personen nutzen das Bad und was sind ihre Nutzungsgewohnheiten? Von Bedeutung ist auch die Frage nach Logiergästen, die im Familienbad unter Umständen zu morgendlichen „Betriebsstörungen“ führen können. In solchen Fällen könnte etwa ein zusätzliches Gästebad die Situation deutlich entspannen. Ohnehin sollten Bad und WC – wenn irgend möglich – räumlich voneinander getrennt werden.

Übrigens: Bei Wohnungen mit mehr als vier Aufenthaltsräumen schreibt der Gesetzgeber in der DIN 18022 sogar eine solche Trennung vor, in Wohnungen mit vier und mehr Zimmern sollte anstelle eines zusätzlichen WCs sogar ein Duschbad vorhanden sein. Aber: Die geforderten Normen der DIN 18022 sind zunächst nur als Empfehlung zu verstehen. Ganz wichtig: Denken Sie bei der Badplanung immer zukunftsbezogen, denn mit steigendem Alter verändern sich die Bedürfnisse und damit die Anforderungen an das Bad. Wer frühzeitig die Voraussetzungen für entsprechende Hilfen beziehungsweise eine Umrüstung schafft, kann langfristig bares Geld sparen. Bedenken Sie auch, dass neben den Basiskomponenten in vielen Fällen auch noch Waschmaschine, Trockner, Wickeltisch, Wäschekorb oder Ähnliches im Bad unterzubringen sind.

Abb. links: Die Serie PORTRAIT präsentiert stilvolle Badelemente in klassischem Weiß.

Infos unter:
KOHLER GmbH
Rudolfstr. 1 • D-45739 Oer-Erkenschwick
Tel. +49 (0) 23 68/91 87-0 • Fax 91 87-91
E-Mail: kohlerco@gmx.de • www.kohlerco.de

Raumplanung

In der Regel kann man davon ausgehen, dass zwischen den Kosten für die Ausstattung und denen für den Einbau – also der Arbeitsleistung des Installateurs und der anderen an den Gewerken beteiligten Handwerkern – ein Verhältnis von 2:1 besteht. Um den finanziellen Aufwand realistisch einzuschätzen, lohnt es sich, einen Kostenvoranschlag vom Sanitärfachbetrieb einzuholen. Stehen Bedarf und Finanzrahmen fest, folgt auch schon die Königsdisziplin der Badplanung: die Auswahl der Sanitärobjekte. Zuvor sollten Sie jedoch noch eine maßstabsgetreue Grundriss-Skizze am besten im Maßstab 1:50 Ihres Bades anfertigen (siehe Planset-Planungshilfen).

Sinnvollerweise sind in dieser Zeichnung auch Fenster- und Türöffnungen, Nischen und Ecken sowie Versorgungsleitungen und Anschlüsse eingetragen. Da der räumliche Eindruck eines Bades unter anderem vom Grundriss und der Anordnung der Sanitärteile bestimmt wird, empfiehlt es sich, einige Grundsätze moderner Badgestaltung zu beachten. Diese sehen das Bad als Einheit, das in verschiedene Funktionsbereiche, also Waschplatz, Bade- und/oder Duschzone sowie Intimpflegebereich gegliedert ist. Bedenken Sie auch, dass zu Gunsten der Bewegungsfreiheit bestimmte Mindestabstände zwischen den Sanitärobjekten eingehalten werden müssen.

Jetzt können Sie in Prospekten und Katalogen schwelgen oder sich in einer der vielen Badausstellungen inspirieren lassen. Dort sind zahlreiche Musterlösungen für verschiedene Badgrößen und -einrichtungen ausgestellt, außerdem

Hansamurano: Natürliche Materialien und reduzierte Formen setzen die neue Armatur ins rechte Licht.

Infos unter:
Hansa Metallwerke AG
Sigmaringer Str. 107 • D-70567 Stuttgart
Tel. +49 (0)7 11/16 14-0 • Fax 16 14-4 58
E-Mail: info@hansa.de • www.hansamurano.de

verfügt man hier über ein recht nützliches Planungswerkzeug: die Badplanung per Mausklick. Spezielle Computerprogramme ermöglichen die Einrichtung kompletter Badezimmerlösungen am Computer, sodass sich Bauherren und Modernisierer vorab bereits ein genaues Bild ihres künftigen Bades machen können. Für die Planung benötigt der Fachmann lediglich die Grundrisszeichnung. Auch Winkel, Ecken oder Dachschrägen werden bei der Planung berücksichtigt. Die Darstellung des Bades erfolgt dann als maßstabsgetreuer Grundriss, detaillierte Frontansicht oder Perspektivzeichnung.

Farben und Materialien

Wer ein neues Bad plant, wird sich nicht allein über dessen Ausstattung, sondern auch um den eigenen Stil Gedanken machen müssen. Dieser spiegelt sich in

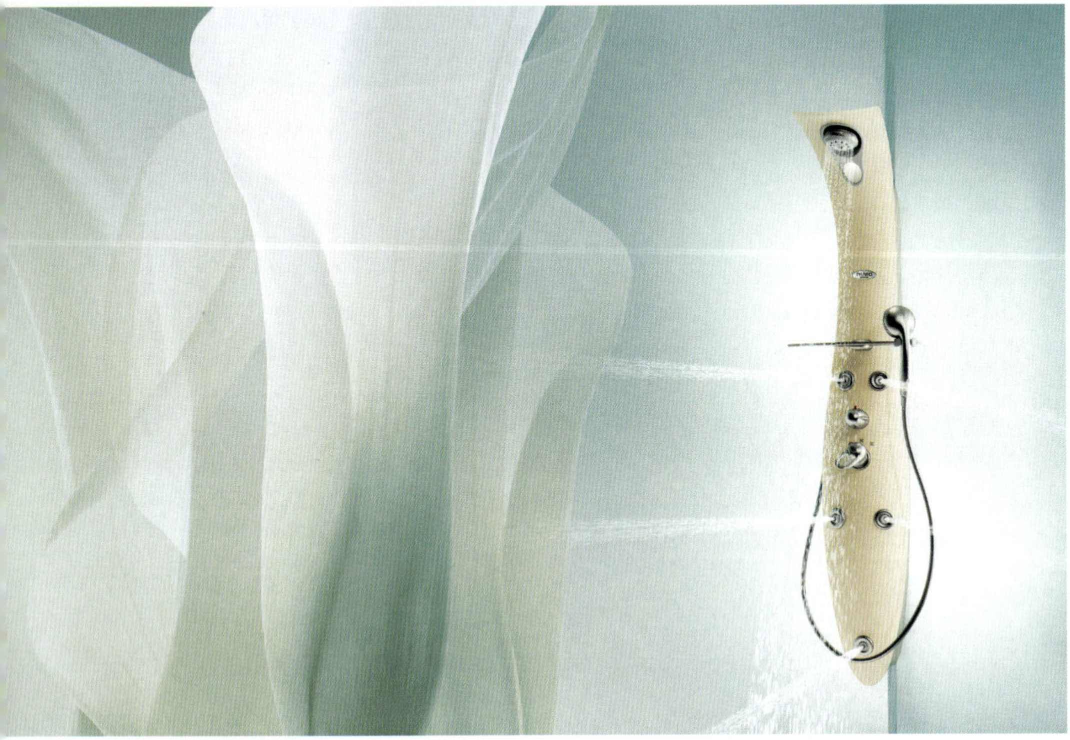

Runde, weiche, fast feminine Züge zeichnen das neue Pharo-Duschpaneel Helis aus.

Infos unter:
Hansgrohe AG
Auestr. 5-9 • D-77761 Schiltach
Tel. +49 (0) 78 36/51-0 • Fax 51-1 17
info@hansgrohe.com
www.hansgrohe.com

aller Regel in der Wahl der Farben und der Materialien im Bad wider. Vor allem durch Farben kann die Raumwirkung erheblich beeinflusst werden. Sie können Illusionen von Perspektiven und Raum schaffen, sodass ein Raum optisch größer oder kleiner, länger oder kürzer, niedriger oder höher wirkt.

Generell gilt: Helle Farben weiten, dunkle Farben verkleinern den Raum. So drücken beispielsweise dunkle Farben an Decken und Wänden den Raum optisch zusammen. Eine dunkle Decke über hellen Wänden lässt den Raum niedriger erscheinen, eine helle Decke bei dunklen Wänden dagegen höher. Zwei gegenüberliegende dunkle Wände machen den Raum schmaler, ein dunkler Boden kombiniert mit hellen Wänden und Decke verleiht dem Raum aber optische Tiefe. Ganz wichtig ist auch das Thema: Was soll das Bad ausstrahlen, wie soll es wirken? Schwarz-Weiß-Kombinationen in Verbindung mit Glas und Chrom wirken zum Beispiel immer sehr sachlich, zum Teil auch technisch. Das rein weiße Bad steht von jeher für klassische Eleganz, das bunte für Lebensfreude und Verspieltheit. Wer es lieber gefühlvoll und behaglich mag, wird sich dagegen sicher unter den zarten Pastelltönen umsehen. Neben den Farbtönen bestimmen auch die Oberflächen von Sanitärobjekten und Fliesen das Erscheinungsbild: Glänzende Oberflächen wirken aktiv, einen weichen, dezenten Eindruck vermitteln dagegen matte Oberflächen.

Ebenso wirkungsvoll wie mit Farben lässt sich die Anmutung eines Bades durch Materialien beeinflussen. Dabei ist Keramik aufgrund seiner ungeheuren Vielseitigkeit einer der am häufigsten eingesetzten Werkstoffe in Bad und WC. Keramik kann in alle erdenklichen Formen gebracht werden und ist in den feinsten Farbabstufungen herzustellen. Ein anderes Material, das sich im Bad schon vielfach bewährt hat, ist Kunststoff. Vor allem Acryl gilt wegen seiner hervorragenden Eigenschaften als besonders badfreundlich: Es ist hautsympathisch, weil es die Wärme rückstrahlt, schalldämmend und sehr robust. Mit Farben und Strukturen versehen, ermöglicht dieser Werkstoff bei Wannen oder Waschtischen überraschende Gestaltungseffekte, auch in Kombination mit Holz oder Glas. Letzteres stellt wiederum bei knappen Raumverhältnissen eine ideale Lösung dar. Seine Transparenz und Leichtigkeit kommt der Raumwirkung zugute, da es ein Gefühl von Weite und Großzügigkeit vermittelt. Keine Sorge, beim Glas haben die Hersteller in Sachen Bruchsicherheit vorgesorgt. Waschbecken, Duschabtrennungen oder Möbel sind immer aus Sicherheitsglas gefertigt, tausend scharfe Scherben gehören somit der Vergangenheit an. Das Einzige, was die gläsernen Schönheiten im Falle eines Desasters zu erleiden hätten, sind Risse oder Sprünge.

ist denkbar einfach: Die WC-Spülung oder einfließendes Wasser aus Waschtisch oder Dusche erfolgt in das Gehäuse der jeweiligen Hebeanlage. Diese startet das besonders geräuscharme Zerkleinern und Entleeren. Der WC-Inhalt und das Toilettenpapier werden im Spülwasser homogen verteilt und anschließend abgepumpt.

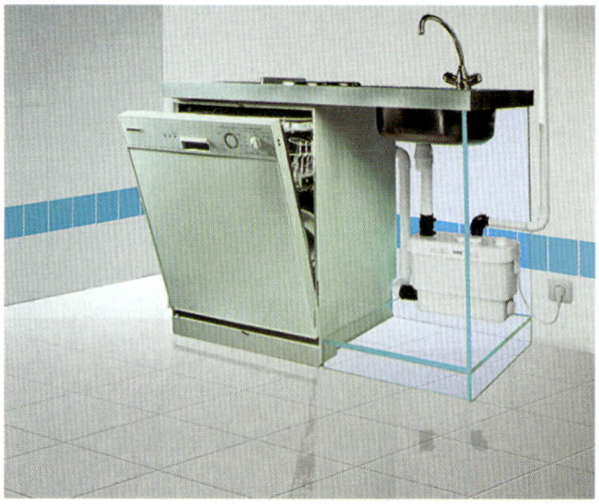

Kleinhebeanlagen – eine ideale Lösung

Jedes neu installierte WC, jede Dusche, jedes Bidet, die Badewanne, das Waschbecken, aber auch Geschirrspüler und Waschmaschine benötigen Abwasserleitungen, die dann zu „Fallrohren" im Haus führen und von dort in die Kanalisation geleitet werden.

Was aber, wenn man beispielsweise unter dem Dach oder unter einer Treppe eine Sanitär-Anlage installieren möchte, wo weit und breit kein „Fallrohr" zu finden ist? Oder gar im Keller ein Gerät angeschlossen werden soll, obwohl dieser unterhalb des Kanalisationsniveau liegt? Haus abreißen? Eigenen „Canale Grande" legen? Vorhaben vergessen? Mitnichten! Die Kleinhebeanlagen von SFA können Abhilfe schaffen.
Sie pumpen Abwasser viele Meter weit und sogar aufwärts. Die Funktionsweise

Selbst Whirlpools oder Haushaltsgeräte wie Waschmaschine oder Geschirrspüler können jetzt im Keller ihren Platz finden und mit besonders kraftvollen Haushaltspumpen aus dem „SFA Sanibroy-Programm" angeschlossen werden. Auch ein Hänge-WC mit bereits integrierter Pumpe findet sich in der umfangreichen Produktpalette des Herstellers. Ob „Sanidouche", „Sanipack" oder „Sanivite" – die kraftvollen Haushaltspumpen von SFA bieten Lösungen für jedes Problem.

Infos unter:
SFA Sanibroy
Waldstraße 23 • D-63128 Dietzenbach
Tel.: +49 (0) 60 74/3 09 28 10 • Fax: 3 09 28 90
E-Mail: spezialist@sfa-sanibroy.de
www.sfa-sanibroy.de

Bad unterm Dach – unter der Schräge wird's gemütlich

Entrümpeln Sie Ihren Dachboden, und Sie werden feststellen, was sich alles aus einer bislang kaum genutzten Dachgeschossfläche machen lässt. Wenn Sie dort Ihr Traumbad unter Dach und Fach bringen, ist viel gewonnen: zusätzlicher Raum und ein hohes Maß an Intimität.

1. Die Schräge nutzen

Unter der Dachschräge findet die Badewanne einen behaglichen, besonders intimen Platz mit viel Ablagefläche und ausreichend Kopffreiheit. Gibt ein Dachfenster darüber auch noch den Blick in den Tag- oder Nachthimmel frei, spricht einiges dafür, dass Ihr neuer Badeplatz schnell zu Ihrem Lieblingsplatz avancieren wird.

2. Nach oben planen

Ob die Dusche unter die Schräge passt, hängt von der Raumhöhe und der Dachschräge ab. Bei 45° Neigung reichen 1,70 Meter Höhe aus, bei 25° müssen es schon 2 Meter sein. Bei der Badewanne vergrößern Sie den Freiraum, wenn Sie die Wanne weiter in den Raum rücken oder die Schmalseite in den Raum ragen lassen. Das WC sollte in stehender und sitzender Position bequem nutzbar sein. Das verlangt an der Hinterkante eine Kopffreiheit von 130 cm, an der Vorderkante sogar 175 cm. Der Waschtisch sollte möglichst an einer geraden Wand stehen, damit Sie aufrecht in den Spiegel schauen können.

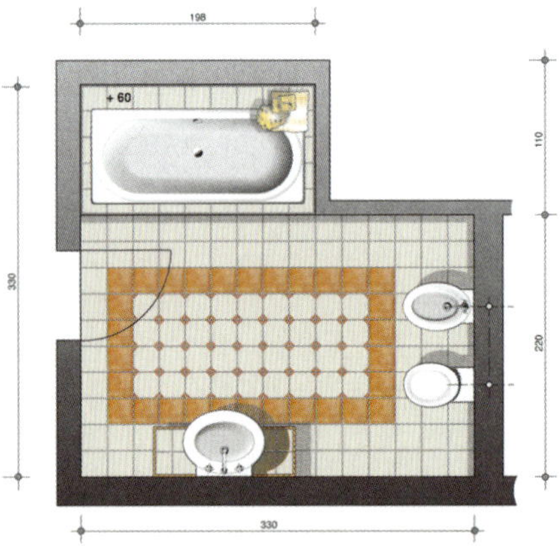

Tipps und Tricks

Das müssen Sie tun, damit die baulichen Vorraussetzungen stimmen:

- Vor allem im Altbau sollten Sie vorher die Tragfähigkeit der Decke überprüfen lassen. Mit zusätzlich eingezogenen Balken stehen Wanne, WC & Co. auch unterm Dach auf festem Grund.
- Die Wände können Sie mit feuchtigkeitsbeständigen Gipsbauplatten an die neuen Anforderungen angepassen.
- Der Boden muss, bevor er gefliest wird – beispielsweise mit PVC-Bahnen – abgedichtet werden.

3. Für Vieles Platz schaffen

Badmöbel-Kollektionen strahlen behaglichen Charme aus und schaffen – gerade unterm Dach – angenehm Platz: in unserem Beispiel mit großzügigen Ablagen, Schubfächern und Schrankflächen.

Schlauchbad – Herausforderung für Querdenker

Was macht man mit einem langen, schmalen und – für viele Altbauten typischen – Bad mit hohen Decken? Man tut gut daran, einige Tricks anzuwenden, die das Schlauchgefühl aufheben. Vorteilhaft sind beispielsweise unkonventionelle, kreative Anordnungen, die der Längsrichtung entgegen wirken.

1. Die Badewanne stellt sich quer

Ein simpler Trick, der zuverlässig wirkt: Quer nimmt die Badewanne extrem wenig Platz ein. Dabei lässt sie den Raum optisch breiter wirken. Das gelingt ihr in unserem Einrichtungsbeispiel auf so wenig Raum, dass der Platz auch noch für den Einbau einer Dusche ausreicht. Lässt es das Platzangebot zu, kann auch ein Raumteiler die Raumproportionen deutlich verbessern.
(Fliesen COLLECTION CENTURY, Bordüre TEATIME, Villeroy & Boch)

2. WC in der Diagonalen

Dezent wendet sich das an einer diagonalen Vorwand hängende WC vom Wannenbereich ab. Das ermöglicht die zusätzliche Anordnung eines Urinals (Kollektion ARRIBA,Villeroy & Boch). Auch sonst kann es sich lohnen, bei der Planung „schräger" als gewohnt zu denken.

3. Waschtisch in voller Breite

Schrankwaschtische verbinden – wie in unserem Beispiel – das Angenehme mit dem Nützlichen. Sie bieten viel Platz auf wenig Raum: ein großes Becken, breite Ablagen und im Unterbau eine beachtliche Schrankfläche. (Schrankwaschtisch „VELVET", Villeroy & Boch)

4. Fliesen gehen aufs Ganze

Auch Fliesen sind dazu geeignet, mit kleinen Tricks Weite zu vermitteln: In unserem Beispiel gelingt das der rundum geführten Bordüre und den blauen Akzenten im Boden-Design.

Tipps und Tricks

Villeroy & Boch bietet spezielle, besonders platzsparende Lösungen an. Badewanne, Dusche, Waschtisch und WC können jetzt dort eigebaut werden, wo bislang nur Waschtisch, WC und Dusche Platz fanden.

Weitere Gestaltungsvorschläge für Ihr Traumbad finden Sie in der Broschüre „Tipps und Tricks" von Villeroy & Boch:
Übersichtliche Information über die Vielfalt möglicher Sanitärraustattungen, Badewannen und Fliesen. Schutzgebühr: 3,50 Euro

Infos unter:
Villeroy & Boch AG
Postfach 11 29 • Stichwort: „Haus-Planset"
D-66688 Mettlach
Tel.: +49 (0) 68 64/81 0
www.villeroy-boch.com

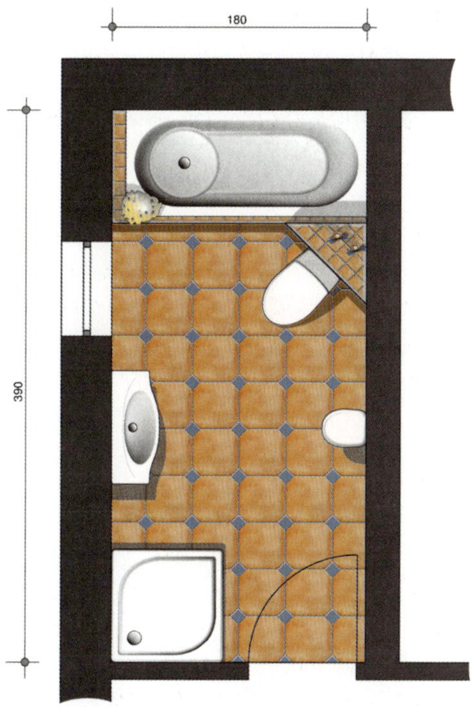

Inspirationen für Ihr Bad

Das Bedürfnis nach einem schönen und harmonisch gestalteten Bad ist universal, seine Umsetzung hingegen so vielfältig wie die Menschen selbst.

Erholung für die Sinne!

Die wohltuende Leere asiatischer Räume wirkt beruhigend auf Geist und Seele. Sorgfältig aufeinander abgestimmte Farben und eine puristische Ästhetik verbinden sich zu einer Welt von einzigartiger Klarheit. Nutzen Sie sie, um eine neue Lebenslust für sich zu entdecken.

Unterschrank der Linie TONIC ermöglicht Waschutensilien und Accessoires optimal zu verstauen.

Oft sind es die ganz einfachen Dinge, die am meisten Freude machen. Farben und Formen, die Sie begeistern, Licht, eine erfrischende Dusche am Morgen. Mit Ihrem Bad erschaffen Sie sich Ihre persönliche Oase der Erholung.

Die Linie TONIC

Ein klares, modernes Design mit sanft geschwungenen Formen ist das Markenzeichen der Linie TONIC – von den Keramik- und Acrylprodukten über die Armaturen bis hin zu den passenden Accessoires und Möbeln.

Für jeden Geschmack und jede Raumgröße hält das umfangreiche TONIC-Programm die optimale Lösung bereit.

Die Armaturenkollektion verbindet ergonomische Linienführung und elementare Formen zu einem außergewöhnlich markanten Design.

Abb. links: Schaffen Sie sich Ihren Tempel der Gelassenheit mit einer Umgebung, die dem Auge und der Seele schmeichelt.

Abb. oben: Sanfte Linien, harmonisch abgestimmte Farben und stilvolle Dekorationen sind Markenzeichen der Linie CELIA.

Die Kraft des Ursprünglichen

Mensch und Natur im Einklang. Die Welt mit allen Sinnen erleben. Sich an den Geruch eines Sommernachmittags oder den Klang der Brandung erinnern. Natur genießen und sie zu einem Teil der eigenen vier Wände machen – mit den Farben des Wassers, organischen Formen und natürlichen Materialien.

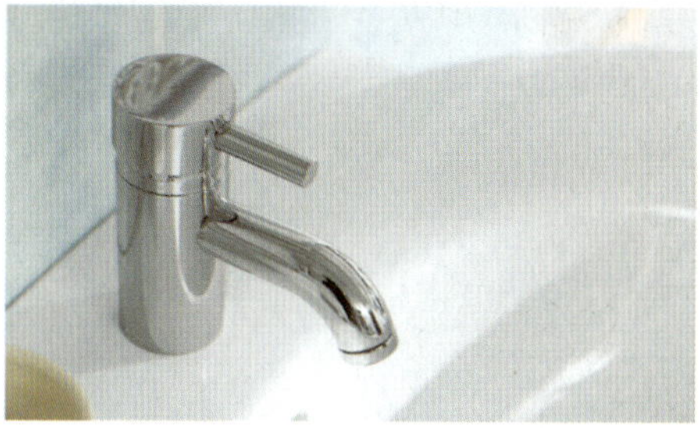

Durch ihre zeitlose Schönheit und natürlich geschwungenen Formen ist die Linie CELIA wie geschaffen für den Stil „Natural“.

Infos unter:
Ideal Standard GmbH
Euskirchener Straße 80 • D-53121 Bonn
Tel. +49 (0)2 28/52 10 • Fax 52 12 41
E-Mail: idealstandard.de@aseur.com
www.idealstandard.de

Bäder geschickt renovieren

Der Wunsch nach einem neuen Bad ist oft schon lange Zeit geweckt. Doch immer wieder wird eine Renovierung verschoben.

Damit aus Ihrem Traumbad Wirklichkeit wird, möchten wir Sie bei der Realisierung begleiten. Missel plant für Sie ein komfortables Bad zum Wohlfühlen, auch auf kleinstem Raum. Dabei sind die Gestaltungsmöglichkeiten mit den raumoptimierenden, dreieckigen Missel Kompaktelementen, in die hoch wirksamer Schallschutz integriert ist, nahezu grenzenlos. Mit der Planung von Missel erhalten Sie dazu außerdem Tipps, wie Sie mit schallgedämmten Rohrleitungen Lärm verhindern können. Lassen Sie sich von den gekonnten Planungsideen inspirieren.

Abb. links: Missel Kompakt-Spülrohr und Kompaktelement Waschtisch

Gute Ideen für kleine und schmale Bäder

Wahre Verwandlungskünstler, wie die Missel Kompaktelemente, bieten ideale Lösungen für Problembäder. Sogar ein Schlauchbad der schwierigsten Kategorie präsentiert sich nach der Renovierung als ein modernes Bad, in dem Funktionalität und pfiffige Details überzeugen. Ein Tipp: Diagonal und in zwei kontrastreichen Farben verlegte Bodenfliesen strecken das schmale Bad. Große Wandspiegel geben kleinen Räumen eine großzügige Weite. Verbindende Badmöbel beispielsweise zwischen den Kompaktelementen Waschtisch und WC verbergen im Sockel die Verlegung von Rohrleitungen. So reduzieren Sie Modernisierungskosten.

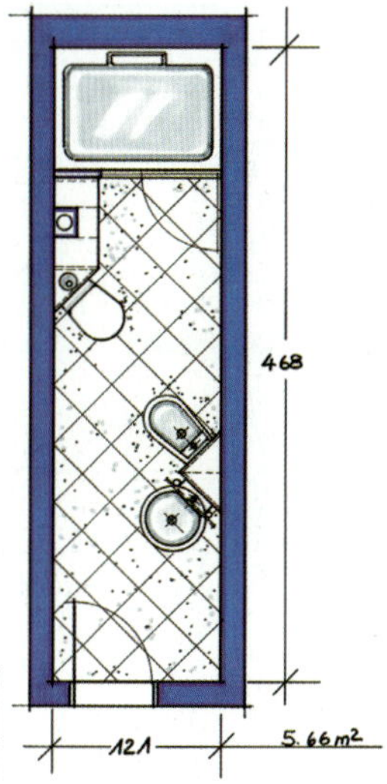

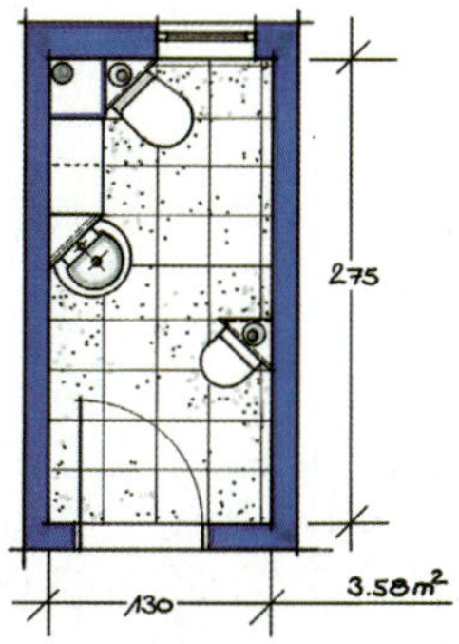

Mehr Platz im kleinen Bad

Bewegungsfreiheit für kleine Bäder mit dem Missel Kompakt-System.

Gerade in einem kleinen Bad erweist sich die Kombination der Sanitärobjekte auf kleinstem Raum als ideale Lösung. Die innovative Verbindung für Komfort auf kleinstem Raum ist das Missel-Kompakt-System. Es kann ganz individuell mit den Kompaktelementen für WC, Bidet, Waschtisch, Urinal, Dusche und Badewanne ausgestattet werden. Dadurch gewinnen Sie zusätzlichen Bewegungsspielraum.

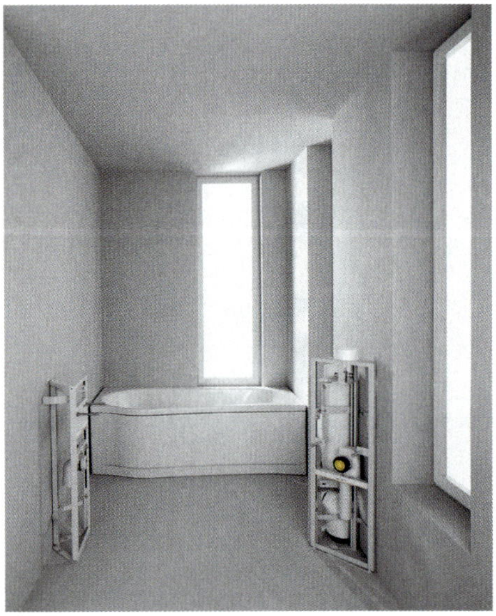

Vorher

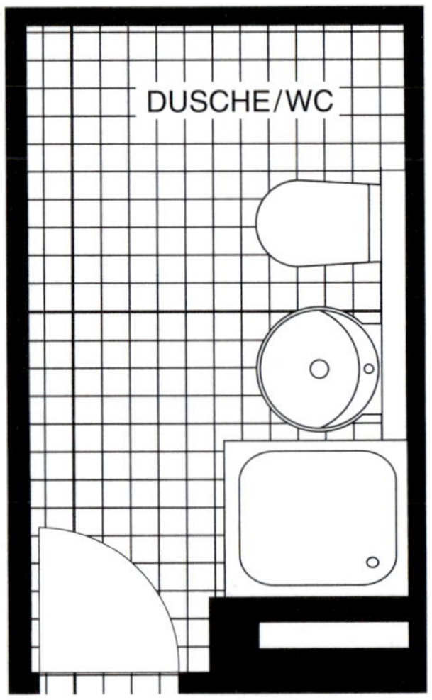

Nachher

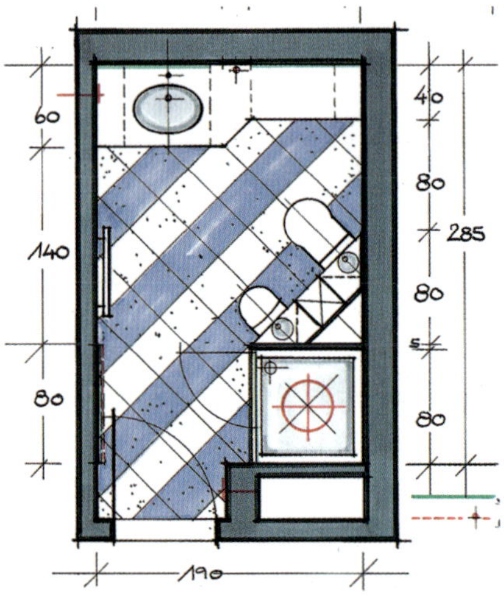

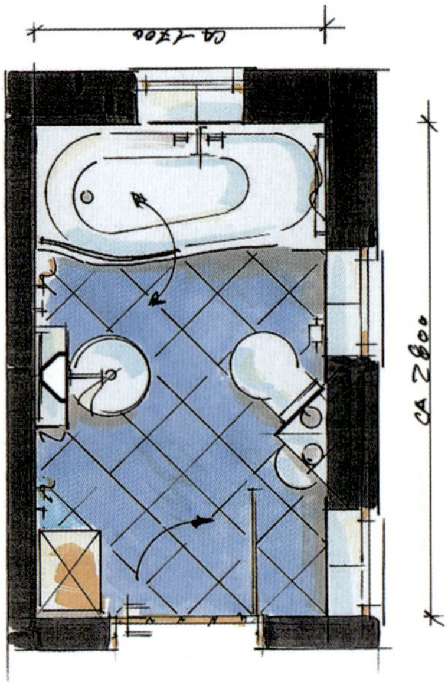

Abb. rechts: Missel Kompakt-Spülrohr und Kompakt-Element Urinal und Waschtisch.

Infos unter:
E. Missel GmbH & Co.
Siemensstr. 5 • D-70736 Fellbach/Stuttgart
Tel. +49 (0)7 11/53 08-0 • 53 08-1 28
E-Mail: zentrale@missel.de
www.missel.de

Design meets Wellness!

Wellness hat ungebrochenen Erfolg, besonders wenn Kreativität und Kompetenz mit im Spiel sind. Hoesch verbindet Wellness mit hohem Design-Anspruch und präsentiert viele aufregende Neuheiten.

Andrée Putman, die Grande Dame des französischen Designs, ist weltberühmt und international gefeiert, was sie zweifellos auch mit ihrer für Hoesch kreierten, frei stehenden Wanne unter Beweis stellt. Die weichen Rundungen, bei denen Andrée Putman die Formensprache der Antike mit der Moderne verbindet, lassen die Wanne geradezu schweben und dokumentieren schon äußerlich die Zweisitzigkeit. Eine verblüffende Optik, die mit Sicherheit Kultstatus erreichen wird.

Neue Freiheit für die Badeinrichtung.

Bade-Freiheit: Adolf Babel

Free by Babel verleiht jedem Bad einen nie dagewesenen ästhetischen Erlebniswert. Eine Innovation: das transluzente unverstärkte Acryl, das die Wanne geradezu in neuem Licht erstrahlen lässt. Dazu kontrastiert edles Holz. Die intelligente Lösung mit Vorwand-Adapter ermöglicht zudem jederzeit auch die nachträgliche Installation der Wanne.

Buchstäbliche Harmonie in D ...

... bietet die gesamte Produktfamilie HAPPY D. mit ihrer rechteckigen Grundform und abgerundeten Ecken. Ideal als Badmittelpunkt vor der Wand, aber auch als Ecklösung ein Klassiker. Natürlich auch mit allen gängigen Whirlsystemen lieferbar.

Ein Modell mit besonderem Tiefgang

Avventura bietet eine Wannentiefe von fantastischen 570 mm: Eintauchen ins Vergnügen wie noch nie. Sicher durch die serienmäßigen eleganten Echtholzgriffe. Bequem durch den auf Wunsch erhältlichen Einstieg aus edlem Holz. Die diagonale Innenraumausformung ermöglicht eine große Bodenlänge, zwei komfortable Sitzpositionen und ausreichend Ablagefläche.

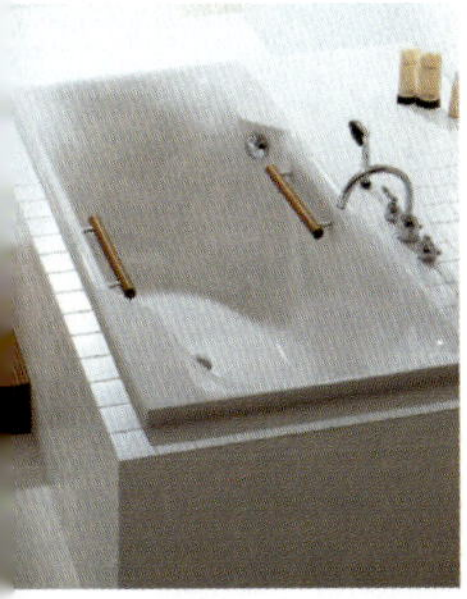

Philippe Starck Edition I: Eintauchen in ein entspannendes Badeerlebnis.

Diese Edition ist in der Größe 1800 x 900 mm erhältlich. Vom Badezuber als Urform zur freistehenden Badewanne mit Handtuch-Reling. Ein bequemes Oval mit einem breiten Wannenrand.

Abano Mini Nova 1100: Erholung für Körper, Geist und Seele.

Comfort Sauna: Top in Form

Die Comfort Sauna von Hoesch lässt den Standard weit hinter sich. Die neue gewölbte Ganzglastür mit Erkervorbau aus Einscheiben-Sicherheitsglas ist eine optimale optische Abrundung. Auf Wunsch mit gehobener Innenausstattung in gerundeter Formgebung.

Abano Mini Nova 1100

Waren bisher Dampfbaden und Duschen zusammen möglich, so genießt man in ABANO MINI NOVA parallel zum Dampfbad auch eine entspannende Rücken- und Nackenmassage. Denn über den Sitzen befinden sich hochwertige Massagedüsen.

Ein besonderes „Highlight“ ist der Sternenhimmel mit 60 Lichtpunkten im Kuppeldach, die farblich variieren.

Abb. links: Heiß-kalte Entspannung in der Comfort Sauna von Hoesch.

Infos unter:
Hoesch GmbH & Co. KG
Postfach 10 04 24 • D-52304 Düren
Kostenlose Hotline: +49 (0) 8 00/4 63 72 43
Fax +49 (0) 24 22/67 93
E-Mail: info@hoesch.de • www.hoesch.de

*B*adrenovierung mit Sanitärsystem

Ob Bad-Neuinstallierung oder -Sanierung: Mit diesen Vorwandinstallationen werden Ihre Badpläne schnell und kostengünstig realisiert!

Die perfekten Sanitärsysteme von Marley bieten funktionale und ästhetische Lösungen. Geschickte Heimwerker können sogar problemlos selbst den Einbau vornehmen!

Alle Zu- und Abflussleitungen werden einfach hinter den Vorwandelementen verlegt und bieten Ihnen viele Freiräume bei der Badplanung. Ein weiterer Vorteil sind die wirksamen Wasserspartechniken, was sowohl der Umwelt als auch dem Geldbeutel gut tut!

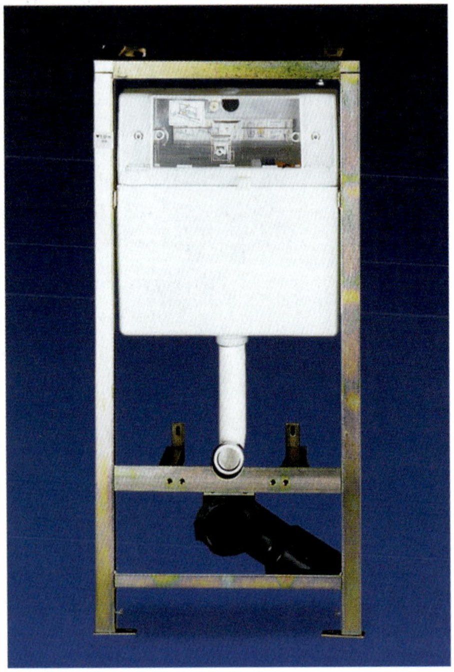

Die Vorwandelemente bestehen aus einer selbst tragenden, verzinkten Stahlrahmenkonstruktion und werden inklusive Anschlüssen und Befestigungsmaterial geliefert. Im Marley-Programm für Ihr modernes Bad: WC-Element mit vormontiertem, vollisoliertem 6-9-Liter-UP-Spülkasten für 2-Mengentechnik oder Start/Stop-Spülung, Waschtischelement, Bidetelement, Urinal- und Eckelement.

Vorher: Das alte Badezimmer entspricht nicht mehr den Bedürfnissen und Ansprüchen.

Die Renovierung: Mit Marley-Sanitärsystemen ganz einfach – die Vorwandsysteme werden vor die Wand geschraubt, mit Gipskartonplatten verkleidet und verfliest.

Mit Vorwandelementen schnell und preiswert zum neuen, modernen Bad.

Nachher: Kaum mehr wieder zu erkennen! Mit modernster Wasserspartechnik und eleganter Einrichtung realisieren Sie schnell Ihr Traumbad.

Be- und Entlüftung ist wichtig!

Gerade im Bad und besonders in innen liegenden Bädern ist ausreichendes Be- und Entlüften wichtig.

Hohe Luftfeuchtigkeit führt nämlich schnell zu Schimmelpilzbildung und gefährdet nicht nur die Bausubstanz, sondern auch die Gesundheit. Kontrolliertes Be- und Entlüften mit Marley-Ventilatoren sorgt für optimales Raumklima.

Intelligente Steuerungen und Sensoren erhöhen Wirtschaftlichkeit und Komfort. Marley-Ventilatoren sind leicht zu montieren und zu reinigen. Je nach Modell bieten sie Spritz- oder Strahlwasserschutz.

Radial-Ventilatoren mit hohem Förderdruck sind dabei besonders geeignet, wenn Luft über lange Strecken nach draußen transportiert werden muss.

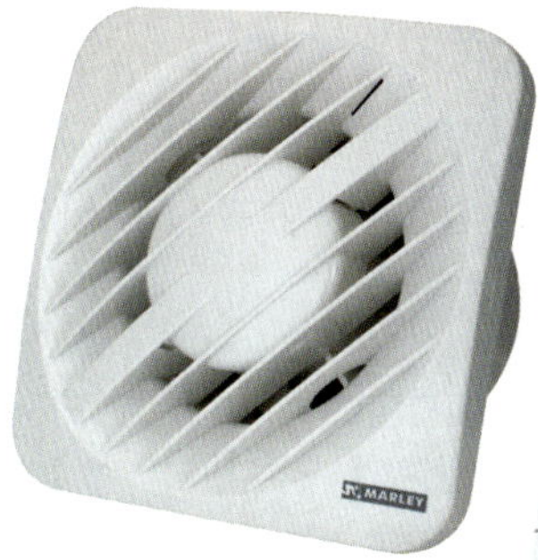

Modernes Design und intelligente Technik – Ventilatoren sorgen für das richtige Klima im Bad.

Trinkwasserleitung selbst montieren!

Ob Renovierung oder Neubau, beim Dachausbau oder Hausanbau – mit Marley DreMa und StecMa können Sie Ihre Trinkwasserleitung selbst installieren.

Das Leitungssystem DreMa ist sowohl für die Trinkwasser- als auch die Heizungsinstallation ideal geeignet. Das bewährte Schraubsystem ist leicht zu montieren und problemlos an vorhandene Kupfer- oder Eisenrohre anzuschließen. Alu-Verbundrohre in drei Durchmessern decken alle Anwendungsbereiche von Waschbecken über Schwalldusche bis zur Steigleitung ab. Sie sind 100 Prozent diffusionsdicht und deshalb für die Heizungsanbindung ideal geeignet: Heizkörper können von innen nicht verrosten DreMa bietet auch die Möglichkeit, Entnahmestellen mit PE-X-Rohr im Schutzrohr anzubinden – ein beschädigtes Rohr kann dann leicht ausgetauscht werden.

Das Leitungssystem StecMa für kaltes und warmes Trinkwasser in den Durchmessern 16 und 25 mm ist als Stecksystem besonders einfach und sicher zu verlegen. Haltekrallen aus Edelstahl stellen eine dauerhaft sichere Verbindung her. Das spart Zeit: Kein Löten, Schweißen, Kleben oder Schrauben – benötigt wird lediglich eine Kunststoff-Rohrschere. Rohre und Verbinder bestehen aus hochwertigem Kunststoff Polybutylen und sind korrosionsbeständig. Glatte Rohrinnenflächen und ein großer freier Querschnitt gewährleisten einen sehr hohen Durchfluss bei geringen Fließgeräuschen. Marley gibt 25 Jahre StecMa-Garantie bei Materialfehlern von Fittings und Rohren.

Beide Systeme sind DVGW geprüft (Deutscher Verein des Gas- und Wasserfaches e.V.) und lassen bei fachgerechter Montage und Instandhaltung eine Lebensdauer von mindestens 50 Jahren erwarten.

Marley DreMa – das sichere bewährte Schraubsystem für Trinkwasser- und Heizungsinstallation.

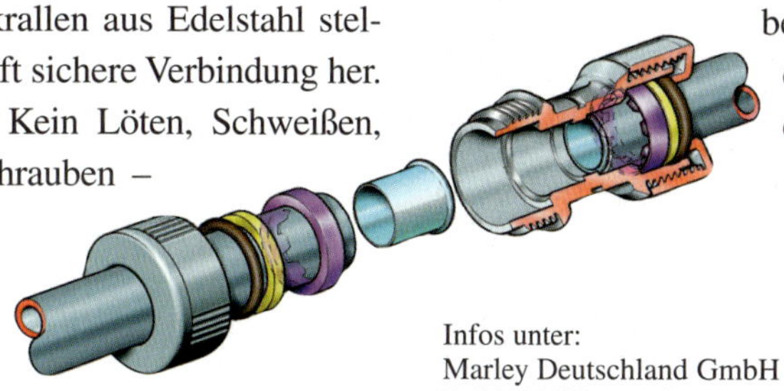

Marley StecMa – das innovative, sichere Stecksystem für Trinkwasser – besonders einfach zu verlegen.

Infos unter:
Marley Deutschland GmbH
D-31513 Wunstorf
Tel. +49 (0) 50 31/53-0 • Fax 53-3 71
E-Mail: info@marley.de
www.marley.de

Die Küche, das Herz der Wohnung

Die Küche ist in das Zentrum der Wohnung gerückt. Führende Architekten bestätigen uns, dass sich der Stellenwert des Wohnens hin zur Küche verschoben hat. Die Küche ist Mittel- und Treffpunkt der ganzen Familie und ein Ort kreativer Bestätigung.
Der Anspruch an Optik und Funktion sowie die Anpassung an die individuellen Bedürfnisse und Körpermaße der Benutzer ist entsprechend hoch.

Auf den folgenden Seiten informieren wir Sie detailliert und aktuell über allgemeine Trends in der Küchenplanung und -gestaltung und bieten eine Übersicht über empfehlenswerte Küchenmöbel und Innenausstattungsvarianten. Außerdem wird der aktuelle Stand der Hausgerätetechnik im Hinblick auf Komfort, Leistung und Funktion, aber auch unter Berücksichtigung ökologischer Grundlagen gezeigt. Auf dem Weg zu Ihrer ganz persönlichen, nach Ihren Wünschen geplanten Einbauküche geben wir Ihnen viele Informationen, die Ihnen helfen werden, die richtige Entscheidung bei der Auswahl der für Sie passenden Küchenmöbel, Geräte und Zubehörteile zu treffen. Ihre individuellen Vorstellungen können Sie am besten zusammen mit einem Küchenplaner realisieren. Diese Fachleute verstehen es, alle Ihre Küchenwünsche perfekt zusammenzuführen, in die Praxis umzusetzen und eine detaillierte Planung zu entwickeln, die Ihren Geschmack trifft, Ihrem Lebensstil und dem Ihrer Familie entspricht.

Solide und warm ist der Gesamteindruck von Bad Ischl. Zeitlos aktuell wirkt die glatte Füllung der Fronten mit nach außen hin abgerundeten Rahmen. Die Oberfläche gibt sich in jedem Fall ganz natürlich, entweder geölt und gewachst oder wahlweise mit Wasserlack veredelt.

Infos unter:
Kornmüller GesmbH & CoKG
A-3351 Weistrach
Tel. +43 (0) 7477/42347 • Fax 42322
E-Mail: kueche@kornmueller.at
www.kornmueller.at

Durchdacht und bewährt

Der vorhandene Raum kann sinnvoll genutzt werden, wenn man einige Planungsregeln beachtet; Grundsätze, die helfen, die Küche funktionell auszustatten und den Gewohnheiten und Arbeitsabläufen individuell anzupassen. Moderne Küchenplanung heißt heute: kreative und unkonventionelle Gestaltung eines Raumes, in dem es sich nicht nur gut arbeiten, sondern auch gut leben lässt.

Immer mehr Menschen wünschen sich wohnliche Küchen. Sie möchten beim Kochen nicht auf Wände schauen und suchen nach speziell zugeschnittenen Einrichtungen. Ausgehend von sechs bewährten Grundformen richtet sich die Anordnung der Küchenmöbel und -geräte in der ersten Linie an den Maßen und Proportionen des Raumes aus. Für eine funktionstüchtige Arbeitsküche sind acht bis 10 m² zu veranschlagen, für eine Küche mit Essplatz 12 m² und für eine repräsentative Wohnküche sind etwa 15 bis 20 m² notwendig.

Aber Achtung:

Ungünstig gelegene Türen, Fenster und Heizkörper verringern die Stellfläche. Für die Küchenausstattung eines Durchschnittshaushaltes empfiehlt sich eine Stellfläche von sieben Metern. Der Arbeitsablauf sollte (für Rechtshänder) immer von rechts nach links (Vorbereitungsplatz, Herd, Spüle, Abstellfläche) geplant werden, und die Breite des Küchenraumes muss bei gegenüberliegenden Einbauten mindestens 2,40 m betragen.

Welche Küchenlösung Sie auch wählen, mit der großen Programmpalette, den unzähligen Oberflächenvarianten und den vielseitigen Schranktypen der zahlreichen Anbieter lassen sich fast alle Küchenräume so einrichten, dass neben der Funktionalität auch die Optik stimmt.

Unser Tipp:
Weitere wertvolle Infos finden Sie in dem Ratgeber Küche von AMK. Zu bestellen: Broschüre 4 Euro und Planungs-CD 4 Euro (V-Scheck), mit frankiertem A4-Rückumschlag, an: AMK Dannstadter Str. 6-8 • D-68199 Mannheim Tel. +49 (0)6 21/8 50 61 71 • Fax 8 50 61 01 E-Mail: info@amk.de • www.amk.de

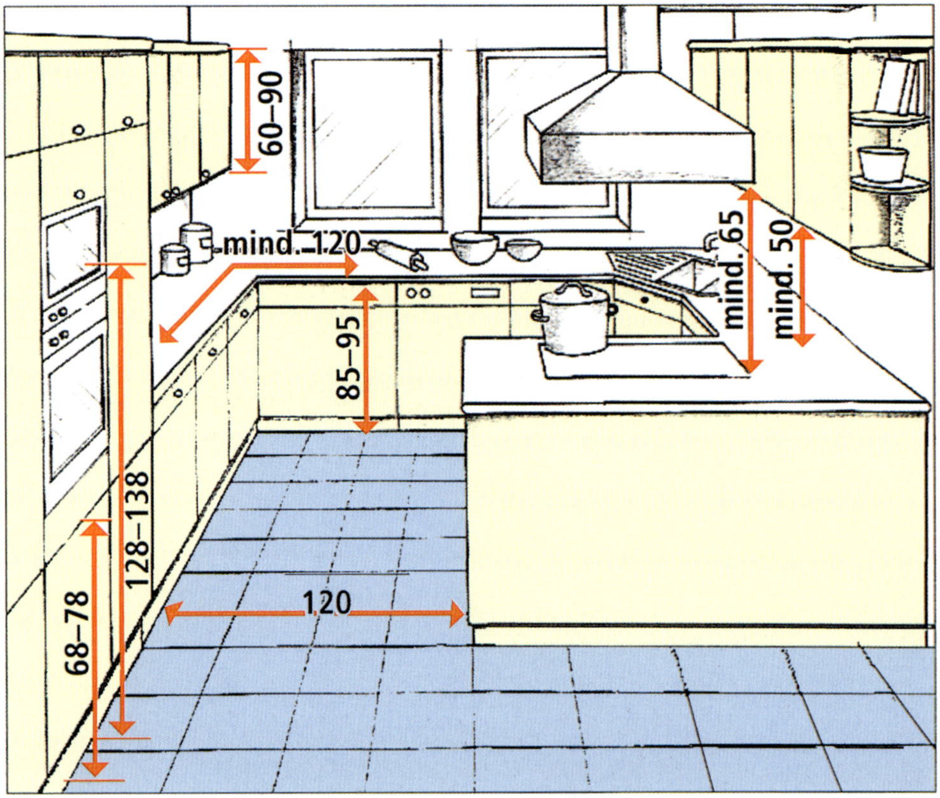

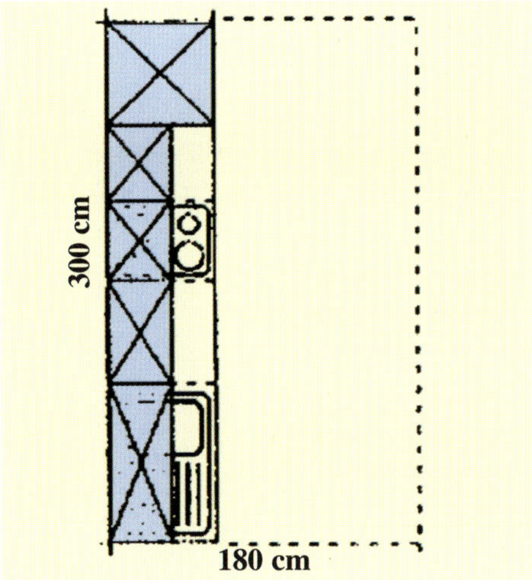

Einzeilige Küche

Geeignet für kleinere Wohnungen oder Appartements mit nur einer Stellwand. Alle Funktionen auf kleinstem Raum – das muss keine eintönige Aneinanderreihung von Schränken bedeuten.

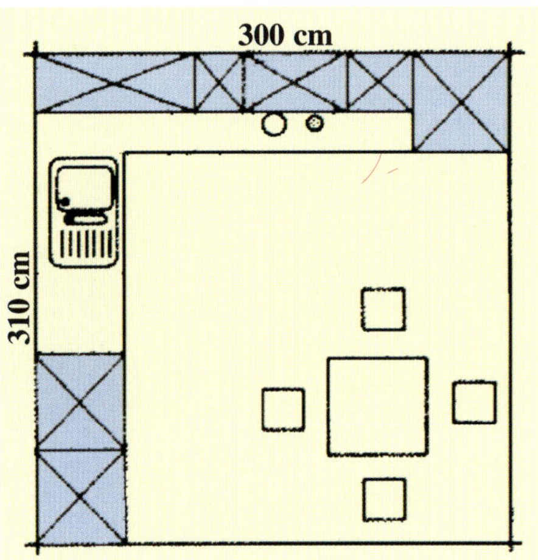

Küche in L-Form

Bei dieser vielseitigen Küchenform sind die Wege kurz und viele Planungsvariationen möglich. Diese Küchenform eignet sich besonders für Räume, die über mehrere Türen verfügen.

Zweizeilige Küche

Mehr Platz bedeutet automatisch mehr Arbeitsflächen. Die zweizeilige Anordnung erschließt vielfältige Gestaltungsvarianten und ermöglicht eine optimale Raumausnutzung. Diese Variante bietet sich an, wenn sich an den schmalen Seiten des Raumes Türen oder Fenster befinden.

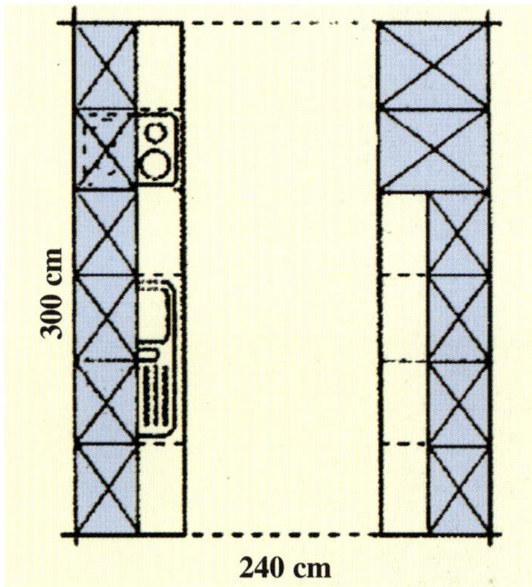

Küche in U-Form

Die repräsentative U-Form benötigt ausreichend Platz, um genügend Bewegungsfreiheit zu gewährleisten. Großzügige Wohnküchen sind mit dieser Variante in vielen Formen zu realisieren.

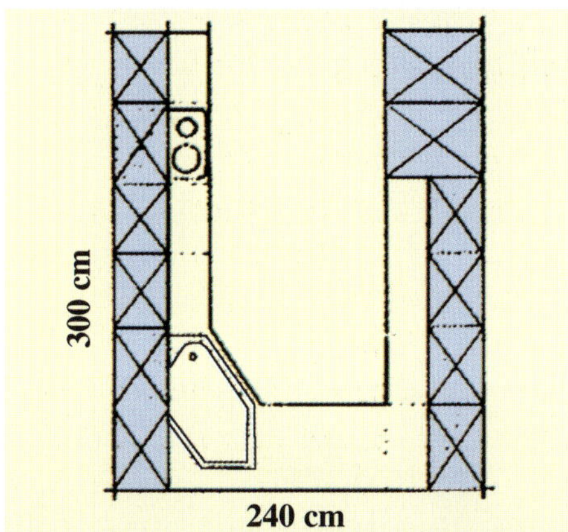

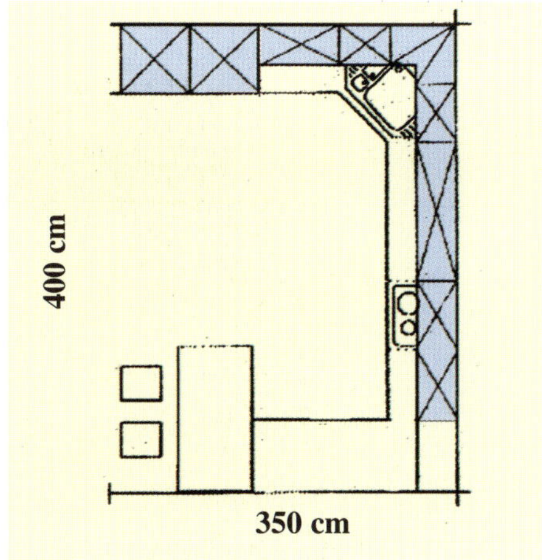

Küche in Halbinselform

Wenn die Küche und der Wohn- und Essbereich fließend ineinander übergehen, bietet sich dieser Grundriss an, bei dem die Halbinsel oft die Funktion eines optischen Raumteilers übernimmt.

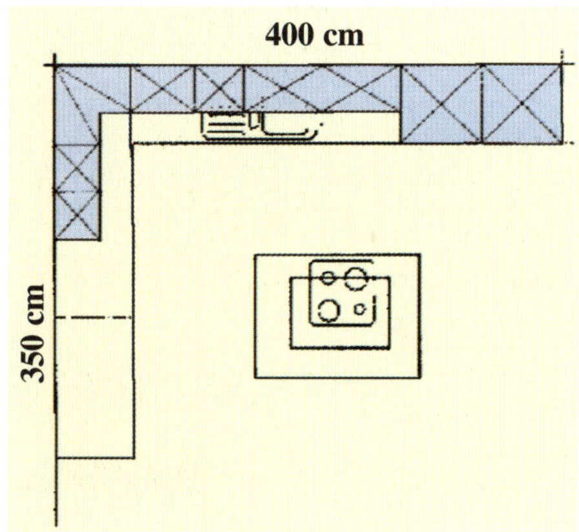

Küche mit Kochinsel

Wer über einen Küchenraum von mindestens 15 m^2 verfügt, dem bieten sich mit dieser Variante repräsentative architektonische Möglichkeiten. Wer die Installation eines Kochfeldes mit einer Abzugshaube mitten in der Küche scheut, kann die Insel auch als reines Vorbereitungszentrum planen.

Abb. oben: LOGIC: Auf den gerillten Alufronten reflektiert das Licht, und die Sockelschubkästen lassen Sie strahlen. Durch das Mattglas der Oberschränke werden kleine Geheimnisse nur etwas unscharf. Dagegen verbirgt das Trockengestell über der Spüle sein wahres Gesicht ganz.

Harmonie ist, wenn alles passt

In der Küche gilt dasselbe wie für die Einrichtung jedes Lebensraums: Alle Teile müssen so zusammenpassen, dass sich ein harmonisches Gesamtbild ergibt.

Je mehr Gestaltungsmöglichkeiten eine Küche bietet, desto mehr muss man beachten, um ästhetische ebenso wie funktionale Stimmigkeit zu erreichen. Stilbrüche fallen besonders bei Landhausküchen sofort ins Auge. Wer sich auf britisches Grün einschießt, seine Gäste dann aber provenzalisch zu Tisch bittet, wird wenig Beifall ernten. Bei Schmidt Küchen hat man das Problem erkannt und bietet für alle Modelle Tische und Stühle an, die exakt zum Korpusdesign passen.

Küchen müssen Ihrem Geschmack entsprechen und gleichzeitig den Bedürfnissen Ihrer Wirbelsäule entgegenkom-

FUTURA: Ein warmer Kirschbaum-Frontenfarbton mit großzügigen Schubladen und einer ergonisch gut zusammen gestellten Kombination an Schränken.

NATURA: Die Sandfarbe ruft Urlaubserinnerungen wach. Zum sanften Erscheinungsbild tragen die schräg geschliffenen Kanten bei. Nichtstun versprechen pflegeleichte kunststoffummantelte Fronten.

men. Bei der Auswahl sollten Sie deshalb besonders darauf achten, dass der ideale Abstand zwischen Ellbogen und Arbeitsfläche eingehalten wird. Jumbo-Line ermöglicht eine stufenlose, ergonomisch präzise Anpassung an Ihre Körpergröße.

MARBELLA VANILLE: Ob strahlender Sonnenschein oder gedämpfte Straßnlaternen, diese Vanillefarbe sieht bei jedem Licht gut aus. Für so viel Glanz werden die Oberflächen in mehreren Schichten lackiert und sorgfältig nachpoliert.

Abb. oben: CHESTER LACK: Man braucht keinen Dauerregen, um sich in dieser Küche wohl zu fühlen. Arbeitsflächen aus massiver geölter Buche sind ein Tasterlebnis und die ideale Ergänzung zum offenporigen Vanillelack.

So üben Sie den aufrechten Gang und vergrößern den Spaß am Schnipseln, Häckseln und Kochen. Auch der Nebeneffekt kann sich sehen lassen: Je nach Raumaufteilung gewinnen Sie 20 bis 100% mehr Stauraum.

Wenn es Ihren Küchenutensilien leicht zu eng wird, sind Sie mit der Jumbo-Line gut beraten. Die etwas tieferen Unterschränke bedeuten 30% mehr Stauraum und 25% mehr Arbeitsfläche, ohne dabei aufzutragen. Vor der Kaffeemaschine bleibt noch genügend Raum zur Vorbereitung leckerer Mahlzeiten, und in den Auszügen kann sogar der Wok sich richtig breit machen. Der Selbsteinzug SoftMotion sorgt im Übrigen dafür, dass unsichtbarer Luxus auch lautlos daherkommt. Mit seiner Hilfe bremsen die Auszüge selbst bei voller Beladung von bis zu 50 kg sanft ab und schließen geräuschlos.

MARYVILLE LACK: Weil das Meer keine Leerstellen kennt, kleidet sich hier die ganze Wand im passenden Dekor. In offenen Möbeln und Regalen finden Ozeane von unverzichtbaren Utensilien Platz.

LARGO: Achten Sie beim Tomatenschneiden auf Ihre Finger, denn hier schaut man schon mal gedankenverloren aus dem Fenster.

Schön technisch

Die Technik sollte ein Diener ihrer Herrin sein. Das schließt allerdings nicht aus, dass sie in attraktivem Gewand daherkommt. Modernes Design hat auch am Herd Einzug gehalten. Ob Sie sich für Induktions-, Ceran- oder Gaskochfelder entscheiden, die ausgereifte Technik bietet immer einen Augenschmaus. In praktischer Arbeitshöhe fügen sich Mikrowellenherd, Dampfgarer und Backofen nahtlos in die Schrankwand Ihrer Wahl ein.

Zeitgemäße Dunstabzugshauben könnten fast aus einem Science-Fiction-Film stammen. Zu diesem Eindruck trägt ihr eleganter Aufwärtsschwung ebenso bei wie die Materialien Chrom und Glas. Die Funktionen unterstreichen den futuristischen Aspekt: Bei Bedarf werden die eleganten Gebilde allein von der Dampf- und Hitzeentwicklung aktiviert. Fazit: Einer gezielten Kombination der praktischen mit den schönen Seiten des Lebens steht nichts im Wege.

Weitere Infos:
Schmidt Küchen
Hubert-Schmidt-Str. 4 • D-66625 Türkismühle
Tel. +49 (0) 6 85 28 87-0 • Fax 6 85 28 87-1 55
E-Mail: info@schmidt-kuechen.de
www.schmidt-kuechen.de

Sparsamer heizen durch Modernisierung der Heizungsanlage

Heizkosten sparen, ohne dabei zu frieren, möchte jeder, insbesondere in älteren Gebäuden mit hohem Brennstoffverbrauch. Was ist zu tun? Was sollte man bei der Anschaffung einer neuen Heizungsanlage beachten? Wer sich zu entscheiden hat, möchte für sein Geld den höchsten Nutzeffekt erreichen, und dazu braucht er nicht nur oberflächliche Informationen, sondern Antworten auf alle Fragen rund um wirtschaftliches und komfortables Heizen.

Einflussgrößen

Von der Heizungsanlage erwartet man individuellen Wärmekomfort mit möglichst wenig Brennstoffaufwand und geringer Umweltbelastung. Der Brennstoffverbrauch wird von einer ganzen Reihe von Faktoren bestimmt, die zum einen dem Wärmebedarf des Gebäudes und Nutzers und zum anderen dem Nutzungsgrad der Anlage zuzuordnen ist.

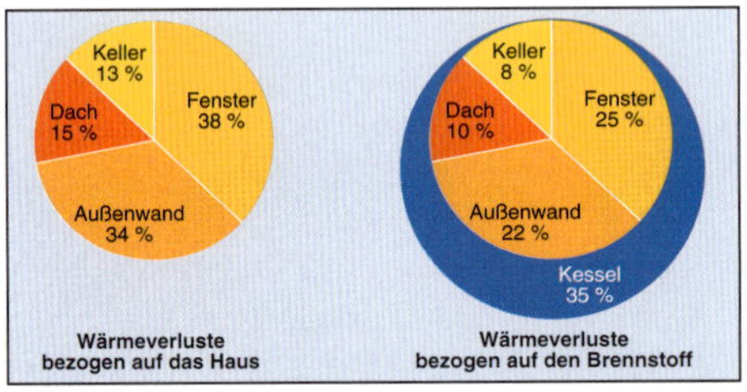

Der schlechte Nutzungsgrad älterer Heizungsanlagen ist häufig die gewichtigste Einzelursache für die Höhe des Brennstoffverbrauchs.

Welche Maßnahmen sind sinnvoll?

Ältere Heizungsanlagen sind nur in zumindest ebenso alten Gebäuden zu finden. Hoher Brennstoffverbrauch beruht deshalb einserseits auf dem gegenüber der heutigen Bauweise geringeren Wärmedämmungsstandard älterer Gebäude und andererseits auf dem geringeren Wirkungsgrad älterer Heizungsanlagen.

Am wirkungsvollsten ist es, wenn Maßnahmen am Gebäude zusammen mit der Heizungsanlagenmodernisierung getroffen werden. Allerdings kann der finanzielle Aufwand ganz erheblich sein. Es ist deshalb häufig so, dass überall ein „bisschen" nachgebessert wird. Der Einspareffekt ist jedoch mehr als zweifelhaft, z. B. ist es energetisch wenig wirkungsvoll, dem alten Kessel nur einen neuen Brenner vorzusetzen, ebenso wie es wenig bringt, nur die Heizkörpernischen mit Wärmedämmung zu versehen.

Wirklich Spürbares zu erreichen, erfordert eine klare Entscheidung für die effektivsten Maßnahmen. Sieht man nur das Haus, so sind Wärmeverluste über die Fenster und Außenwände am gewichtigsten. Sie machen fast dreiviertel der Gebäudeverluste aus.

Kosten-/Nutzenverhältnis Brennstoff sparender Maßnahmen

Maßnahmen zur Anlagenmodernisierung wie auch zur nachträglichen Wärmedämmung kosten Geld. Um Prioritäten zu setzen, interessieren deshalb die Kostenaufwendungen im Verhältnis zum erreichba-

Der Heizungsenergieverbrauch wird vom Wetter, dem Gebäude, den Bewohnern und der installierten Heiztechnik bestimmt.

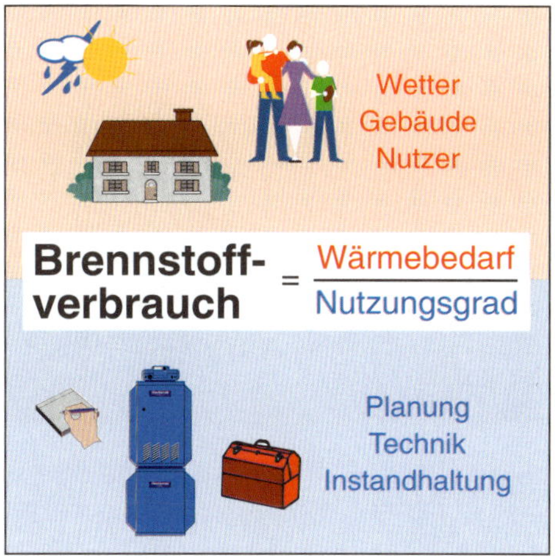

ren Nutzeffekt – unmittelbar ausgedrückt: Welchen Kostenaufwand erfordert eine bestimmte Maßnahme je 1 Liter oder m³ Brennstoffersparnis?

Aussagen dieser Art sind bei Wärme dämmenden Maßnahmen über die Verbesserung der Wärmedurchgangszahl (k-Zahl) mit wenig Aufwand zu machen. Die k-Zahl gibt den Wärmeverlust in Watt je 1 m² Fläche und 1 °C Temperaturunterschied zwischen der warmen und der kalten Wandseite an.

Etwas schwieriger sind entsprechende Angaben für die Heizungs-Anlagenmodernisierung zu machen. Wie die Gegenüberstellung auf der linke Seite zeigt, bietet die Anlagenmodernisierung häufig ein besonders günstiges Kosten-/Nutzungsverhältnis.

Die Verluste der Heizungsanlage

Jede Heizungsanlage produziert auch Wärme, die nicht dem Bedarf zugute kommt und somit als Verlust zu werten ist. Es handelt sich um den Abgasverlust des Kessels sowie der Auskühl- und Regelungsverluste.

Abgasverlust

Der Abgasverlust ist Wärme, die buchstäblich zum Schornstein hinausgeht. Sie steckt in den noch bis über 200 °C heißen Verbrennungsgasen am Ausgang des Kessels. Da der Abgasverlust leicht zu ermitteln ist, gibt es gesetzlich festgelegte Maximalwerte, die vom Bezirksschonsteinfegermeister oder von der Bezirksschornsteinfegerin im Rahmen der jährlichen Emissionsmessungen überwacht werden. So dürfen z. B. ab 1.1.1998 neu installierte Heizkessel bis 25 kW Leistung den Grenzwert nicht überschreiten. Für ältere Kessel gibt es Übergangsregelungen, die noch recht großzügig sind.

Der Abgasverlust ist durch folgende Merkmale gekennzeichnet:

- Er tritt nur während der Brennerlaufzeiten auf. Das hat zur Folge, dass er in seiner Messgröße direkt als Brennstoffverlust verstanden werden kann.
- Der Verlust ist in Wahrheit größer, denn der im „trockenen" Abgas enthaltene Wasserdampf wird mit seiner Kondensationswärme bei der Messung nicht berücksichtigt. Tut man das, sind bei Öl noch 6 Prozentpunkte und bei Erdgas auf Grund des hohen Wasserstoffgehaltes noch 11 Prozentpunkte als so genannter latenter Abgasverlust hinzuzurechnen.

Gemessene 12 Prozent Abgasverlust eines Ölkessels sind somit in Wirklichkeit 12 + 6 = 18 Prozent.

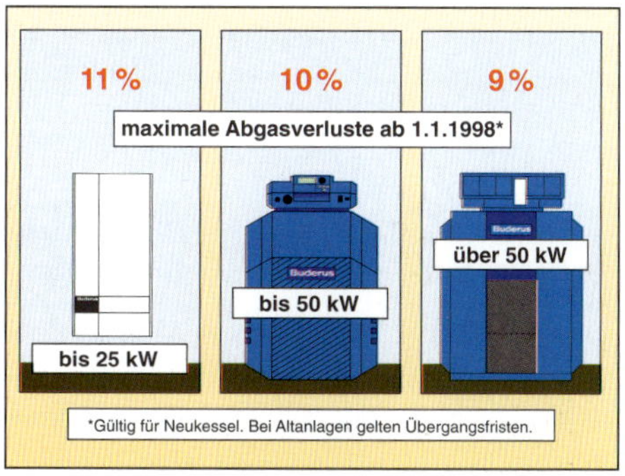

Die ab 1.1.1998 zulässigen Abgasverluste sind neu definiert worden. Die heutigen Niedertemperatur- und Brennwertkessel unterschreiten auch diese Werte deutlich.

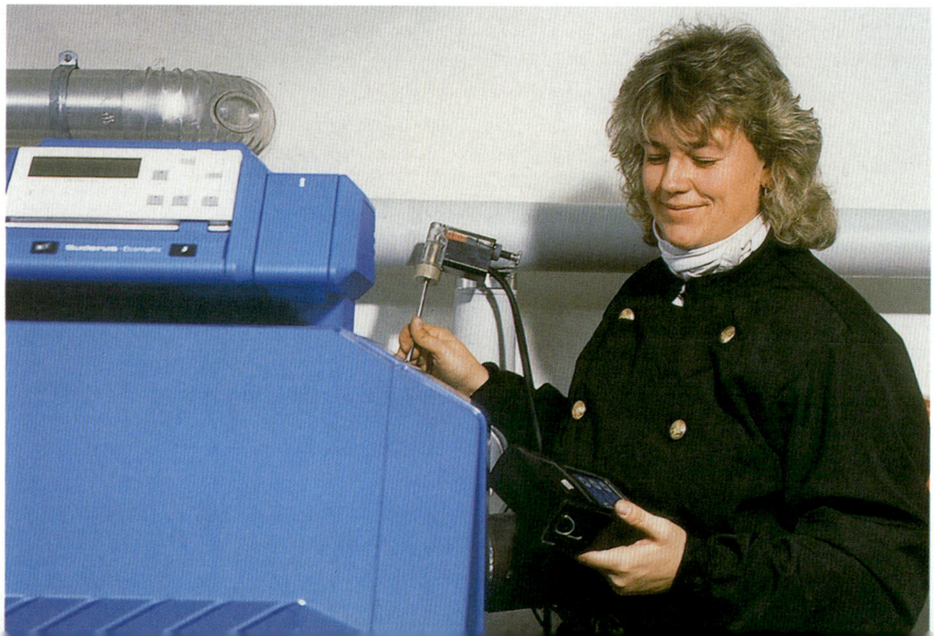

Typischer alter, auf Ölbetrieb eingerichteter Umstellbrandkessel. Die großen, nicht gedämmten Oberflächenpartien und hohen Betriebstemperaturen verursachen Auskühlverluste, die weit bedeutsamer sind als der Abgasverlust.

Auskühlverluste

Unter Auskühlverlusten ist die Wärmeabgabe des Heizkessels, der Rohrleitungen und sonstiger Anlagenteile – auch die eines evtl. vorhandenen Warmwasser-Speichers – an eine Umgebung, die nicht beheizt werden soll, z. B. Kellerräume, zu verstehen. Da diese Wärmeverluste während der gesamten Betriebsdauer auftreten, summieren sie sich im Jahresverlauf zu Energiemengen, die bei älteren Kesseln den Abgasverlust weit übertreffen können.

Leider gibt es – im Gegensatz zum Abgasverlust – kein „amtliches" Messverfahren zur Feststellung der Auskühlverluste vor Ort. Bei Vorhandensein eines Brennstoff-Mengenmessers (Gaszähler oder Ölmengenzähler) ist das aber, zumindest für die Kessel-Auskühlverluste, sehr einfach möglich.

Netzverluste

Darunter fallen die Auskühlverluste warmwasserführender Rohrleitungen, Armaturen etc. Diese sind bei Wärmedämmung nach der Heizungsanlagenverordnung sowie beim temperaturgleitenden Betrieb von Niedertemperatur- und Brennwertkesseln nur von untergeordneter Bedeutung.

Regelungsverluste

Verluste dieser Art sind am schwersten zu erfassen. Es sind ungewollte und nicht benötigte Wärmemengen, die deshalb eingespart werden können. Typische Beispiele: Beheizung bei längerer Abwesenheit von Personen, ungedrosselte Wärmelieferung trotz wirksamer Sonneneinstrahlung, unnötig hohe Raumtemperaturen etc.

Regelungsverluste haben deshalb nicht nur mit der Qualität regeltechnischer Einrichtungen zu tun, sondern auch mit den Nutzererwartungen und dem Nutzungsverhalten, denn der Nutzer entscheidet, was „Nutzen" ist.

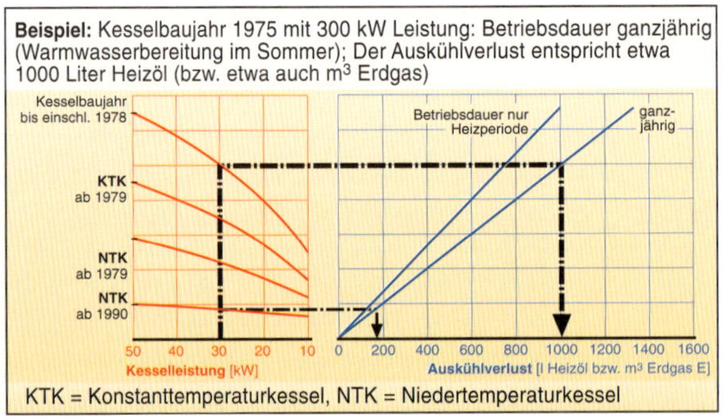

Diagramm zur Abschätzung der Kessel-Auskühlverluste

Ölheiztechnik

Öl und Gas sind Brennstoffe, die leistungsfähige und variantenreiche Heiztechniken erlauben. Unabhängig vom Brennstoff haben heute Kesselkonstruktionen die temperaturgleitende Betriebsweise gemeinsam – der Kessel wird nur auf der Temperatur gehalten, die gerade notwendig ist. An kalten Tagen ist diese also höher als an den milderen Tagen. Der Zusammenhang von Außen- und Heizwassertemperatur wird als „Heizkurve" bezeichnet und ein solcherart betriebener Heizkessel als Niedertemperaturkessel.

Diese Kessel zeichnen sich durch sehr geringe Auskühlverluste aus. Auch der sensible Abgasverlust ist mit 6 bis 7 Prozent deutlich kleiner als bei den früheren Kesselkonstruktionen.

In Verbindung mit Öl sind heute Niedertemperaturkessel Standard. Öl enthält im Gegensatz zu Erd- oder Flüssiggas weniger Wasserstoff. Die „Brennwertnutzung" durch Wasserdampfkondensation ist deshalb nicht so interessant wie bei Gas.

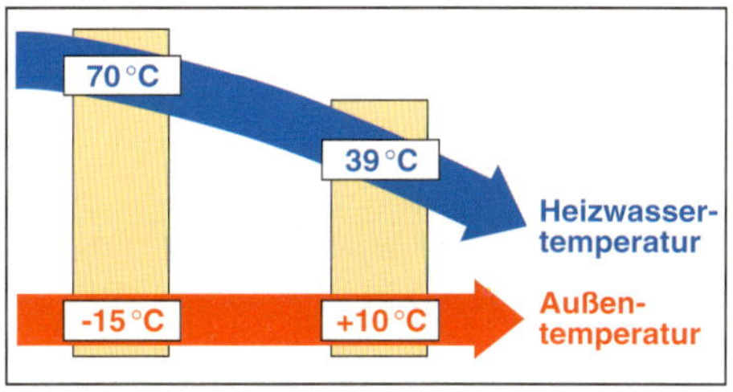

Der Zusammenhang zwischen Außentemperatur und Heizwassertemperatur wird als „Heizkurve“ bezeichnet.

Auswahlkriterien

Erstes Auswahlkriterium ist die Kesselleistung. Als Anhaltswert können bei Einfamilienhäusern mit Baujahr vor 1995 120 W/m² (Watt je 1 m² Wohnfläche), bei Zwei- und Mehrfamilienhäusern 100 W/m² gelten. 150 m² beheizte Wohnfläche im Einfamilienhaus erfordern somit etwa 18.000 W bzw. 18 kW.
Um genügend Reserven für die Warmwasserbereitung und schnelles Wiederaufheizen nach Heizpausen zu haben, sollte diese Leistungsgröße, auch wenn die Rechnung einen kleineren Wert liefern sollte, bei Ölkesseln nicht wesentlich unterschritten werden. Einige Hersteller bieten für ein und dieselbe Leistungsgröße verschiedene Kessel- und Brennerausführungen an, z. B. Guss- oder Stahlkessel, Blau- oder Gelbbrenner etc. Die Auswahl sollte nicht schwer fallen, denn Preisunterschiede sind fast ausschließlich auf die Kriterien Brennstoffersparnis und Umweltschonung zurückzuführen. Wer nicht nur ein mit dem „Blauen Engel“ und dessen strengen Anforderungen ausgezeichnetes Gerät haben möchte, sondern eines, das bis an die Grenzen des Machbaren geht, wird bereit sein, den entsprechend höheren Preis dafür zu bezahlen.
Verschiedene Ausführungsformen gibt es meist auch bei dem zum Niedertemperaturkessel gehörenden Regelsystem und natürlich bei den Warmwasserspeichern. Die Auswahl muss sich hier an den Bedingungen des Heizsystems und den zu erfüllenden Anforderungen orientieren. Näheres hierzu im Abschnitt „Wohlige Wärme“.

Öl-Niedertemperaturkessel mit nebenstehendem Warmwasserspeicher.

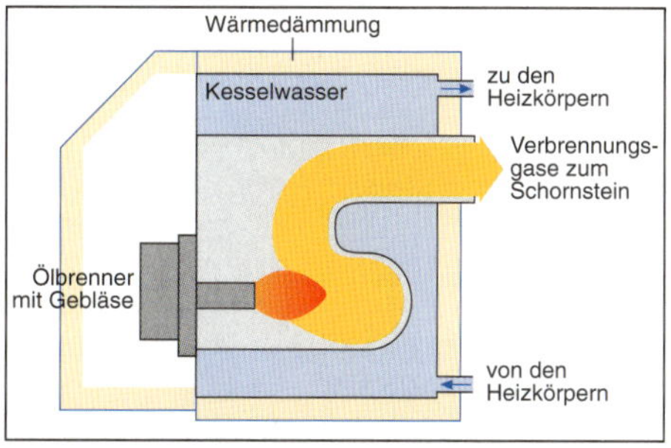

Konstruktiver Aufbau eines Ölkessels.

Gas-Niedertemperaturkessel

Gaskessel werden in bodenstehenden und wandhängenden Ausführungsformen angeboten.
Wandkessel sind besonders kompakt gebaut und bei ebenfalls wandhängenden Warmwasserspeichern fast in jedem beliebigen Raum zu installieren. Sie sind genauso leistungsfähig und wirtschaftlich wie bodenstehende Geräte, allerdings muss der begrenzte Warmwasserkomfort bei den relativ kleinen wandhängenden Speichern beachtet werden.
Im Regelfall kommt die gleiche Variante, die der ausgetauschte Altkessel hatte, wiederum zum Einsatz, da alle Anschlüsse meist ohne Änderungen übernommen werden können.

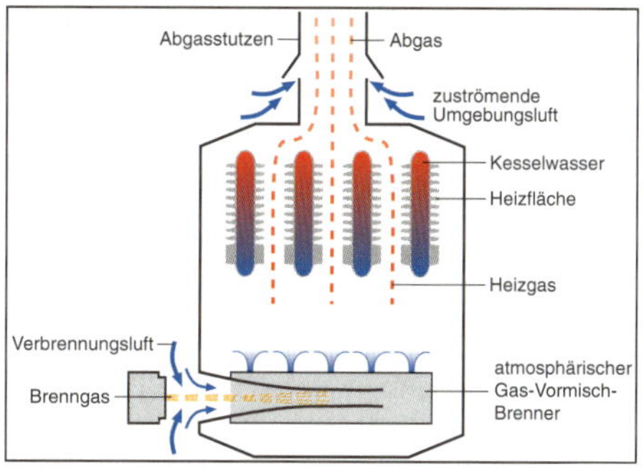

Schematischer Aufbau eines Gaskessels mit atmosphärischem Brenner.

Wandhängender Umlauferheizer mit 70-Liter-Warmwasserspeicher.

Gas-Brennwertkessel

Bei der Verbrennung von Erdgas fällt reichlich Wasserdampf an. Brennwert ist der Energieinhalt eines Brennstoffs, wenn die Verbrennungsgase bis auf Umgebungstemperatur „entwärmt“, also abgekühlt werden. Der vorhandene Wasserdampf ist vollständig zu Wasser kondensiert. Der Brennwert von Erdgas E beträgt z. B. 11,5 kWh/m³, der Heizwert bezeichnet gleiches ohne Kondensation des Wasserdampfs, er ist deshalb immer kleiner als der Brennwert, für Erdgas E z. B. 10,4 kWh/m³.

Brennwertkessel entwärmen die Verbrennungsgase fast bis zu Temperatur des Heizwassers. Ein Großteil des Wasserdampfs kondensiert dabei. Brennwertkessel nutzen somit den Brennwert und nicht nur den Heizwert wie die Niedertemperaturkessel. Dies drückt sich im Normnutzungsgrad aus, der je nach Heizkurve Maximalwerte von 105 bis 109 Prozent erreichen kann.

Brennwertkessel stellen keine besonderen Betriebsanforderung. Da der Kessel temperaturgleitend nach der Heizkurve gefahren wird, arbeitet er auch bei üblichen Heizkörpergrößen unter günstigen Kondensationsbedingungen.

Weiterhin erfordern Brennwertkessel feuchteunempfindliche Abgaswege. Einfach und kostengünstig sind die von den Kesselherstellern angebotenen konfektionierten Abgassysteme einzusetzen, auch in Verbindung mit dem vorhandenen Schornstein.

Das anfallende Kondenswasser ist leicht sauer, etwa mit Mineralwasser vergleichbar. Die Einleitung in das Abwassernetz ist deshalb bei Materialien wie Steinzeug, Kunststoff (z. B. PVC-, PE-, PP-Rohr) oder beschichteten Guss- und Stahlrohren unproblematisch und bis zumindest 25 kW Leistung mit keinen Auflagen versehen.

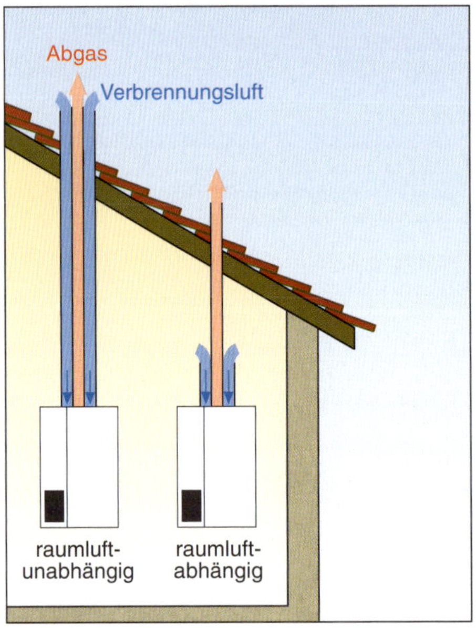

Die raumluftunabhängige Betriebsweise erlaubt uneingeschränkte Nutzung des Aufstellraumes.

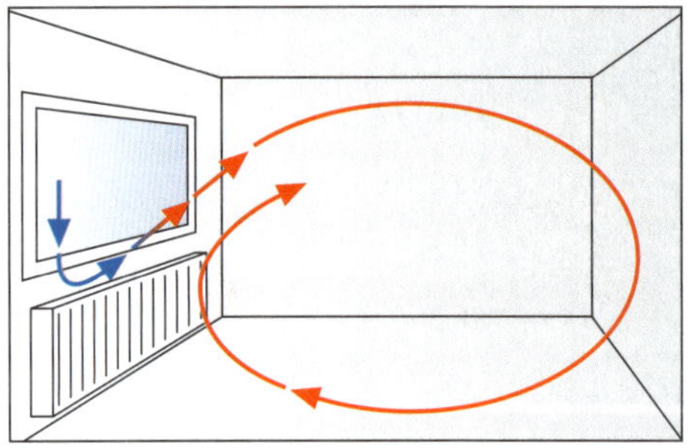

Günstige Anordnung der Heizflächen.

Wohlige Wärme

Die Bewohner eines Hauses erwarten bei jeder Witterung angenehme Raumtemperaturen. Da diese von Tag zu Tag wechselt, jedes Gebäude seine eigene Wärmecharakteristik hat und auch die persönliche Definition von „angenehm“ keine feststehende Größe ist, scheint dem Regelsystem der Heizungsanlage die Hauptverantwortung für „Wohlige Wärme“ zuzukommen. Dass dies nicht so einfach ist, zeigen die für das Wohlbefinden maßgeblichen Faktoren:

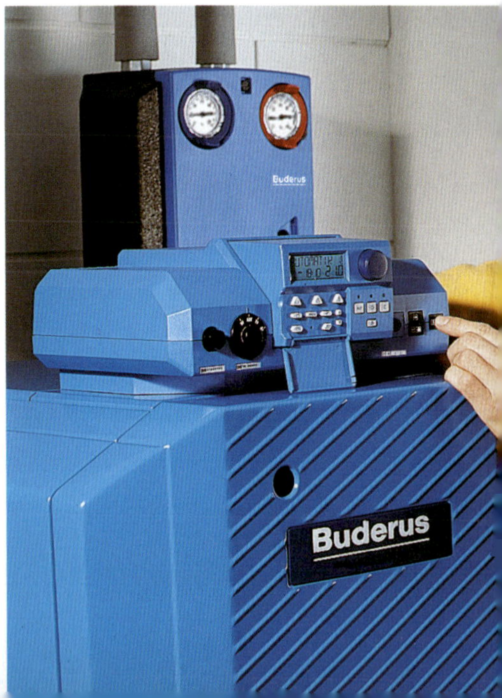

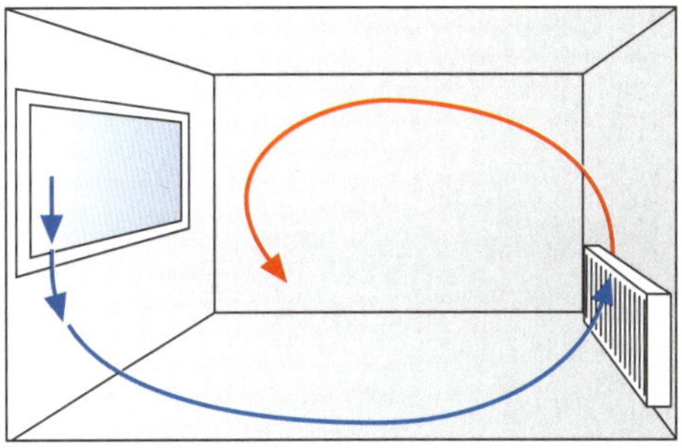

Ungünstige Anordnung der Heizflächen – Zugerscheinungen im Fußbereich

- angenehme Lufttemperatur
- keine kalten Wände/Fenster
- gleichmäßige Termperaturverteilung
- keine Zugluft

Von diesen Faktoren ist nur die Lufttemperatur unmittelbar über das Regelsystem zu beeinflussen. Die anderen Faktoren sind Sache der Gebäudekonzeption, der Bauweise und Anordnung von Raumheizflächen, eines bedarfsgerechten Luftwechsels und nicht zuletzt der Art und Weise, wie geheizt wird.

Bivalent heizen ...

... heißt, zwei verschiedene Energieträger nutzen. Relativ häufig sind z. B. Kachelöfen oder solche mit Heizeinsätzen anzutreffen, die ergänzend zur vorhandenen zentralen Heizung eingesetzt werden. Viel Aufmerksamkeit finden heute auch Möglichkeiten, unmittelbare Umweltwärme zur Heizungsunterstützung heranzuziehen. Die unbestritten größte Faszination geht dabei von Solaranlagen aus, da sie die natürliche Wärmequelle schlechthin – die Sonne – anzapfen.
Mit Sonnenenergie lässt sich weitestgehend umweltneutral heizen und Warmwasser bereitstellen. Hauptproblem ist die zeitliche Verschiebung von solarem Energieangebot und Heizbedarf. Naturgemäß wird dann am wenigsten oder gar keine Heizwärme benötigt, wenn die Sonne besonders ausdauernd und intensiv scheint. Preiswerte, direkte Sonneneinstrahlung als Ergänzung der Heizungsanlage beschränkt sich deshalb meist auf die Trinkwassererwärmung.

Typisches Schaltschema einer bivalenten Trinkwassererwärmung.

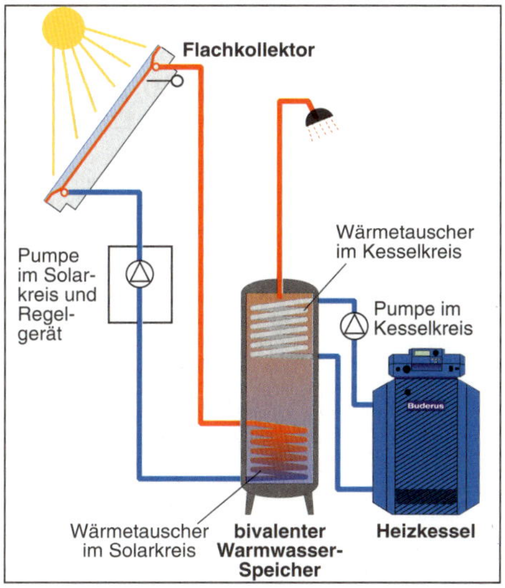

Flachkollektoren decken in diesem Wohnhaus ca. 60 Prozent des jährlichen Energiebedarfs für die Trinkwassererwärmung.

Es gibt verschiedene physikalische Prinzipien, Sonnenstrahlung in Wärme umzuwandeln. Für Ein- und Mehrfamilienhäuser haben sich Flachkollektoren durchgesetzt, die im Wesentlichen aus dem mit Wärmeträgerfluid gefüllten Absorber in einem wetterfesten und wärmedämmenden Gehäuse bestehen. Der Absorber ist eine Metall- oder Kunststoffplatte mit integrierten Strömungskanälen für den Wärmeträger. Die schwarze Oberfläche absorbiert kurzwellige Sonnenstrahlung und setzt sie in Wärme um, die in den Wärmeträger abfließt.
Der Kollektor ist Teil des Solarsystems, das noch aus dem die Solarwärme aufnehmenden Warmwasserspeicher, den verbindenden Rohrleitungen einschließlich Umwälzpumpe und Armaturen sowie dem elektonischen Regelsystem besteht.

Gekürzte Fassung des gleichnamigen Titels aus der Schriftenreihe „Buderus Heiztechnik Spezial"

Infos unter:
Buderus Heiztechnik GmbH
Sophienstraße 30-32 • D-35576 Wetzlar
Tel. +49 (0) 64 41/4 18-0 • Fax 4 18-16 33
E-Mail: info@buderus.de • www.buderus.de

*D*as reinste Frischlufterlebnis

In Deutschland wandelte sich Anfang der 90er-Jahre der Wohnungsneubau – ausgelöst durch die Verbesserung der Wärmedämmwerte von Fenstern, Wänden und Dächern.

Wohnungslüftung mit Wärmerückgewinnung

Der Abtransport der in die Raumluft eingebrachten Schadstoffe war nicht länger gewährleistet. Zwischen sinnvollem Wärmeschutz und Frischluftbedarf besteht somit ein „Interessenkonflikt“. Wer die beiden gegensätzlichen Anforderungen unter einen Hut bringen will, findet in Systemen für die kontrollierte Wohnungslüftung mit Wärmerückgewinnung vernünftige Lösungen.

Laut der Energieeinsparverordnung (EnEV – siehe Extrathema) muss der Heizenergiebedarf von Neubauten um rund 30 Prozent gegenüber heutigen Anforderungen sinken. Effiziente Anlagentechniken wie Wohnungslüftungsanlagen mit Wärmerückgewinnung von Stiebel Eltron führen zu einer erheblichen energetischen Verbesserung, so dass die EnEV mit diesen Techniken leicht zu erfüllen ist.

Komfort aus Luft und Sonne

Beispielsweise mit den Integralsystemen LWA 203/303 SOL. Sie sorgen für die Be- und Entlüftung von Wohnungen oder Einfamilienhäusern, sie übernehmen die zentrale Warmwasserversorung und stellen die Beheizung sicher – und das alles unter Nutzung von kostenloser Energie aus der Umwelt. Das Integralsystem LWA sorgt über ein Rohrsystem für die zentrale Entlüftung. Frische Außenluft dringt über dezentrale Zuluftventile nach innen und verteilt sich gleichmäßig im Raum. Die integrierte Luft/Wasser-Wärmepumpe entzieht der Abluft den größten Teil der Wärmeenergie, setzt sie höchst effizient in Nutzenergie um und gibt sie an die Heizungsanlage und das Warmwassersystem ab. Als Fortluft wird

Energie und Geld sparen

Weniger Lärmbelästigung

Weniger Feuchtigkeit

Optimaler Schutz vor Pollen

Weniger Mikroorganismen

Das Integralsystem LWA 203/303 SOL von Stiebel Eltron sorgt für die Be- und Entlüftung inklusive Warmwasserversorgung und Beheizung.

Mit dem LWA 203/303 SOL kann man in Verbindung mit einer Solaranlage noch effizienter heizen, lüften und warmes Wasser bereiten.

der abgekühlte Luft-Volumenstrom ins Freie geleitet. Besonders günstig, effizient und umweltschonend arbeitet das Integralsystem LWA 202/303 SOL im Kombination mit einer Solaranlage.

Ökologisch sinnvoll – ökonomisch perfekt

Eine andere Lösung ist das Integralsystem LWZ 303. Es vereint in sich drei Funktionen der Haustechnik: Lüftung mit Wärmerückgewinnung, Heizung und Warmwasserbereitung – und das bei einem Platzbedarf, der lediglich dem Volumen von zwei nebeneinander stehenden Kühl/Gefrierkombinationen entspricht. Zwei Rohrleistungssysteme führen frische Luft zu den Wohnräumen beziehungsweise entsorgen verbrauchte Luft aus Küche, Bad und Toilette. So genießen die Bewohner gleich einen doppelten Vorteil: Sie haben ständig frische, saubere und wohltemperierte Luft – zusätzlich wird das Einfamilienhaus entfeuchtet. Nicht nur vorhandene Restwärme, sondern auch sonnengewärmte Außenluft nutzt die Luft/Wasser-Wärmepumpe des LWZ 303 umweltfreundlich für die Zentralheizung mit Fußbodenheizung und Warmwasserbereitung.

Das Integralsystem LWZ 303 von Stiebel Eltron zur Wohnungslüftung mit Wärmerückgewinnung eignet sich besonders gut für abgedichtete Gebäude.

Infos unter:
Stiebel Eltron GmbH & Co. KG
Dr.-Stiebel-Straße • D-37603 Holzminden
Tel. +49 (0) 18 03/70 20 10 • Fax 70 20 15
E-Mail: info-center@stiebel-eltron.com
www.stiebel-eltron.com

Neu: Heizen mit Pellets

Der Pelletsverband Deutschland (PVD) dient als Informationsplattform und setzt mit seiner PVD-Güterichtlinie die höchsten Qualitätsstandards bei Pelletsheizungen und beim Brennstoff Pellets. Damit hat der Kunde einen hilfreichen Wegweiser bei der Wahl einer Pelletsheizung bzw. des Brennstoffes Pellets.

Was sind Pellets?

PVD-Pellets bestehen zu 100 Prozent aus naturbelassenem Holz. Als Rohstoff für die Pelletserzeugung dienen Hobel- und Sägespäne, welche in der holzverarbeitenden Industrie als bisher schlecht genutztes Nebenprodukt in großen Mengen anfallen. Ohne Zugabe von chemisch-synthetischen Bindemitteln wird der unbehandelte Rohstoff unter hohem Druck verdichtet und pelletiert, also in kleine zylindrische Röllchen gepresst. Laufende Qualitätskontrollen garantieren einen sauberen Brennstoff mit geringer Restfeuchte und hohem Brennwert (ca. 5 kWh/kg).

Welche Systeme von Pelletsheizungen gibt es?

Es gibt verschiedene Arten von Pelletsheizungssystemen. Egal ob Förderschnecke, Saugsystem, Behälteranlage, ein Erdtank oder ein Mischsystem – Pelletsheizungen garantieren immer höchsten Komfort und Behaglichkeit.

Pellets und Solar – die optimale Kombination

Eine optimale Kombination zur Pelletsheizung stellt eine Solaranlage dar. Mit Sonnenkollektoren ist es möglich, den gesamten Warmwasserbedarf im Sommer und in den Übergangszeiten bereitzustellen. In der Zeit, in der das Warmwasser nicht vollständig von den Sonnenkollektoren beheizt werden kann, übernimmt die Pelletsheizung den Rest.

Infos unter:
Pelletsverband Deutschland
Am Mühlberg 20 • D-90559 Burgthann
Tel. und Fax +49 (0) 91 83/90 18 08
E-Mail: office@pelletsverband.de
www.pelletsverband.de

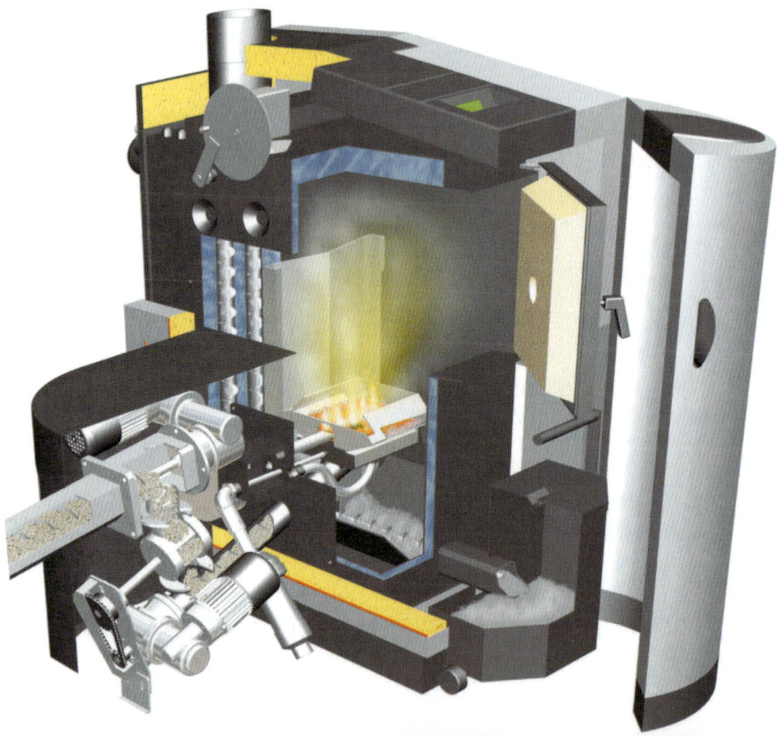

Spezieller Heizkessel für Holz-Pellets

Das Spitzengerät, der Holzpellets-Kessel Vitolig 300 im Nenn-Wärmeleistungsbereich von 5 bis 26 kW, entspricht in puncto Heizkomfort und Bedienungsfreundlichkeit praktisch Öl-/Gas-Heizsystemen – dank modulierender Leistungsanpassung und digitaler Regelung.

Durch das stufenlose Saugzuggebläse wird ein modulierender Betrieb realisiert, dadurch ist eine optimale Anpassung an den momentanen Wärmebedarf möglich. Die Pelletsbeschickung aus einem 150 Liter Inhalt fassenden Pelletsbehälter erfolgt vollautomatisch über die Pelletsdosierschnecke. Der Inhalt des Pelletsbehälters reicht je nach Außentemperatur für bis zu zwei Tage Heizbetrieb.

In der hochhitzebeständigen Brennerschale aus Edelstahl erfolgt mit Hilfe eines Heißluftgebläses die vollautomatische Zündung. Die Heizflächen werden selbsttätig gereinigt, die Brennerschalentaschung erfolgt automatisch. Beste Verbrennungsergebnisse sorgen für extrem geringen Ascheanfall.

Die Vorteile auf einen Blick:

- Der Holzpellets-Kessel Vitolig 300 unterscheidet sich in puncto Heizkomfort und Bedienungsfreundlichkeit kaum mehr von Öl/Gas-Heizsystemen – dank modulierender Leistungsanpassung und digitaler Regelung.
- Beste Energieausnutzung durch selbstregelnde Leistungsanpassung, dadurch niedrige Abgastemperaturen und hoher feuerungstechnischer Wirkungsgrad bis 95 Prozent.
- Geringer Platzbedarf durch kompakte Bauweise (Stellfläche: 0,6 m^2).
- Vollautomatische Pellets-Beschickung und Ansaugsystem (Zubehör). Der integrierte Pelletsbehälter (150 Liter Inhalt) reicht je nach Außentemperatur für bis zu zwei Tage Heizbetrieb.
- Heißluftgebläse für vollautomatische, leise Zündung.
- Taktende Pelletsdosierschnecke, stufenlos geregeltes Saugzuggebläse und exakt dosierte Brennstoff- und Luftmengen für modulierenden Betrieb garantieren eine optimale Anpassung an den momentanen Wärmebedarf.
- Digitale Regelung mit automatischer Funktionsüberwachung mit Fehlerdiagnose-System, Heizkreis-Regelung für einen Heizkreis mit Mischer und Speichertemperaturregelung.
- Mit automatischer Heizflächenreinigung und Brennerschalenentaschung für lange Reinigungsintervalle.

Infos unter:
Viessmann Werke • D-35107 Allendorf
Tel. +49 (0) 64 52/70-0 • Fax 70-27 80
info@viessmann.de • www.viessmann.de

Energie, die Sie keinen Cent kostet

Solarenergie ist kostenlos. Und effektiv – auch in unseren Breiten. Vorausgesetzt, man besitzt ein Solarsystem mit hoch effizienten Kollektoren und abgestimmten Systemkomponenten.

Das Vitosol Solarprogramm

Wie die Solarsysteme von Viessmann. Ein solches Solarsystem kann 50 bis 60 Prozent des jährlichen Energiebedarfs zur Trinkwassererwärmung von Ein- und Zweifamilienhäusern einsparen. In den Sommermonaten von Mai bis August reicht die Sonnenenergie sogar aus, um die Trinkwassererwärmung nahezu vollständig zu decken. Und in den Übergangsmonaten kann Solarenergie optimal zur Vorerwärmung des Trinkwassers genutzt werden. Das reduziert spürbar den Öl- oder Gasverbrauch.

Der Umwelt zuliebe

Und auch die Umwelt geht mit einer dreiviertel Tonne weniger Kohlendioxid (CO_2) bei einem Einfamilienhaus pro Jahr und Solaranlage sonnigen Zeiten entgegen. Umso mehr, als alle Viessmann Sonnenkollektoren das Umweltzeichen „Blauer Engel" tragen.

Ebenso wichtig sind natürlich eine hohe Betriebssicherheit und lange Nutzungsdauer, die die Vitosol-Kollektoren dank korrosionsbeständiger Materialien wie Spezial-Solarglas, Aluminium, Kupfer und Edelstahl erreichen. Der Qualitätstest des SPF-Instituts Rapperswil belegt dies eindrucksvoll und bestätigt darüber hinaus die konstant hohe thermische Leistung dieser Sonnenkollektoren über einen Zeitraum von 20 Jahren.

Technik, die sich auszahlt

Sonnige Zeiten für den Geldbeutel versprechen überdies die Förderprogramme von Bund, Ländern und Energieversorgern.

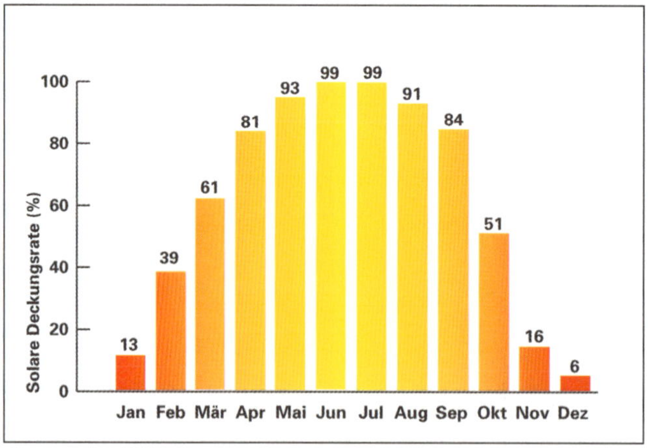

Solare Deckungsrate für die Trinkwassererwärmung eines Einfamilienhauses.

Infos unter:
www.foerderdata.de
www.solarfoerderung.de

Effiziente Sonnenkollektoren

Immer mehr Menschen entscheiden sich für die umweltfreundlichste Art der Trinkwassererwärmung und Heizungsunterstützung: für Sonnenkollektoren.

Viessmann hält dafür das neue Vitosol-Solarangebot bereit, das für jeden Anspruch und jede Anwendung die passende Lösung aufs Dach bringt.

Vitosol 100 – Flachkollektoren mit 1,7 oder 2,5 m^2 Kollektorfläche

- Vitosol 100
  Flachkollektoren mit 1,7, 2,5 und 5 m^2 Kollektorfläche
- Vitosol 200
  Vakuum-Röhrenkollektoren, direkt durchströmt, 1, 2 und 3 m^2 Kollektorfläche
- Vitosol 300
  Vakuum-Röhrenkollektoren nach dem Heatpipe-Prinzip mit trockener Anbindung, 2 und 3 m^2 Kollektorfläche.

Alle Vitosol-Kollektoren zeichnen sich durch ihre hohe Betriebssicherheit und lange Nutzungsdauer aus. Sie bestehen durchweg aus korrosionsbeständigen Materialien wie Edelstahl, Aluminium, Kupfer und starkem Spezial-Solarglas.

Die neue Sol-Titan-Beschichtung macht die Kollektoren jetzt noch effektiver, dabei ist das Herstellungsverfahren noch umweltfreundlicher geworden. Darüber hinaus sind Vitosol-Kollektoren stabil und wetterbeständig – das haben sie in zahlreichen Tests unter Beweis gestellt. Neben ihrer Umweltfreundlichkeit und Wetterbeständigkeit sind Vitosol-Sonnenkollektoren überaus montagefreundlich. Das Viessmann-Stecksystem ermöglicht kurze Montagezeiten.

Vitosol 200 Vakuum-Röhrenkollektoren direkt durchströmt.

Vitosol 300 Vakuum-Röhrenkollektoren nach dem Heatpipe-Prinzip mit trockener Anbindung.

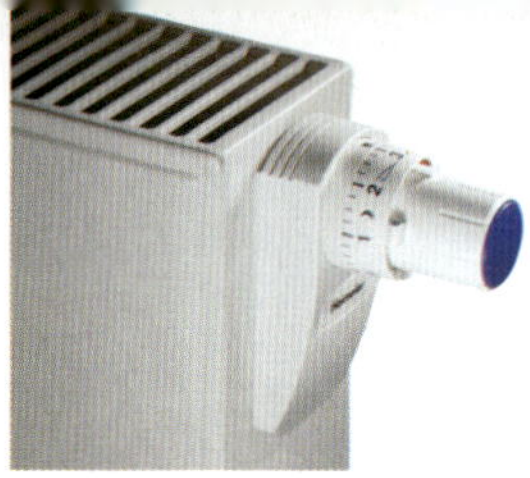

Thermostat-Kopf VD: Speziell für Heizkörper mit integrierten Ventilen.

Wohlfühlen und sparen mit hochwertigen Thermostatventilen

Wer sich für Heimeier entscheidet, holt sich automatisch Deutschlands Nr. 1 ins Haus. Denn Thermostatventile von Heimeier sind nicht nur die meist gekauften, sie wurden auch von der Stiftung Warentest viermal in Folge mit dem Spitzenplatz und der Note „Sehr gut" bewertet, was noch bei keinem anderen Fabrikat der Fall war.

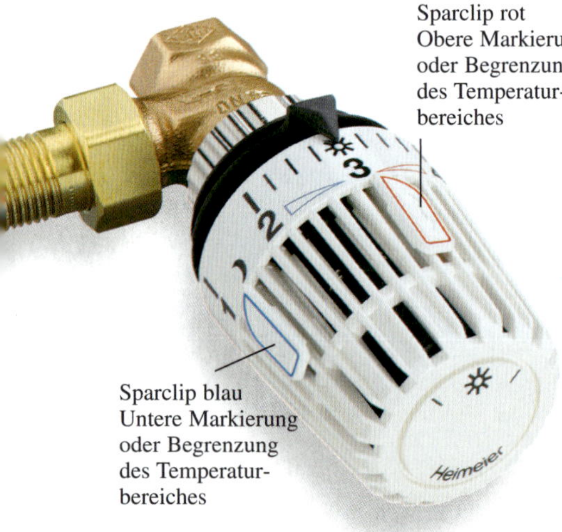

Thermostat-Kopf K. Deutschlands erfolgreichstes Thermostatventil.

Die hohe Regelgenauigkeit, wichtig fürs Energie- und Geldsparen, hat Stiftung Warentest genauso überzeugt wie die anwenderfreundlichen Bedienungshinweise direkt am Thermostat-Kopf. Denn so hat jeder schnell und sicher den richtigen Dreh für die Wohlfühltemperatur heraus.

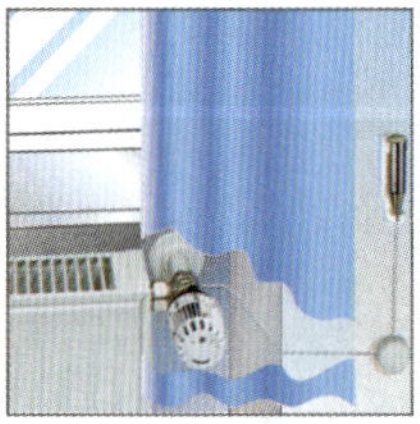

Wenn Vorhänge für Stauwärme sorgen, schafft ein Fernfühler problemlos Abhilfe.

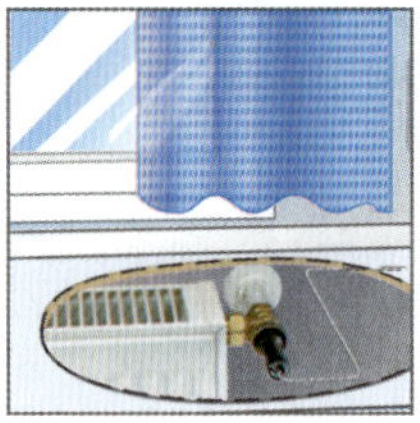

In überbauten Heizkörpern wie z. B. in einer Einbauküche lässt sich die Temperatur durch einen Ferneinsteller regeln.

Und damit der dadurch erzielte Spareffekt besonders gut arbeiten kann, gibt es bei den Heimeier-Thermostatventilen neben speziellen Fühler-Lösungen für besondere Einrichtungssituationen auch die praktischen Sparclips, mit denen sich mit einem Dreh einfach und bequem die optimale Raumtemperatur für Tag- und Nachtbetrieb einstellen lässt.

Von der Stiftung Warentest besonders gelobt: Die Kurzinformation am Thermostat-Kopf.

Design-Line

Die Design-Line bietet ein umfangreiches Programm an Verkleidungen für Ventile bzw. Anschlussverschraubungen und farbige Speziallösungen bei den Thermostatköpfen. Neben dem Standardkopf in der Farbe „Verkehrsweiß" gibt es auch Köpfe in den Farben Anthrazit, Chrom und zwei modisch-eleganten Grautönen. Eine attraktive Lösung bietet Heimeier auch mit dem VD-Kopf, dem ersten Thermostat-Kopf der Welt, der speziell für Ventilheizkörper konstruiert wurde. Konsequenz, die sich auszahlt – man sieht es auf den ersten Blick. Auch für Bad- und Universalheizkörper mit unterem Zweipunktanschluss hat Heimeier mit dem neuen Multilux-Ventil eine ideale Lösung gefunden: Thermostatventil und Rücklaufverschraubung in einem, ebenfalls mit einer formschönen Verkleidung ausstattbar.

Farbskala

Wer darüber hinaus das Thermostatventil dem farblichen Ambiente des Wohnbereichs anpassen möchte, kann dieses mit den Color-Clips problemlos erreichen. Gewählt werden kann aus zehn verschiedenen Farbtönen.

Infos unter:
Theodor Heimeier Metallwerk GmbH & Co. KG
Wilhelmstr. 5 • D-59439 Holzwickede
Tel. +49 (0) 23 01/2 93-0 • Fax 2 93-4 52
E-Mail: info@heimeier.com • www.heimeier.com

Holzwerkstoffleisten, streichbar oder mit Echtholzfurnier (Abachi oder Eiche hell), erfüllen auch höchste stilvolle Ansprüche bei Parkett- oder Holzdielenböden.
Und sichtbare Abwasser- und Lüftungsleitungen in der vertikalen Verlegung werden mit Steigstrangprofilen verkleidet, erhältlich in verschiedenen Abmaßen.
Arbeitszimmer oder Partykeller nachträglich einbauen – auch kein Problem: Kombinationsprofile mit Steckdosen für die gemeinsame Verlegung von Heizung und Elektro machen es möglich.
Ob Renovierung oder Neubau, Vorwandverkleidungen für Rohre sind im Bedarfsfall zugänglich, flexibel bei der Raumgestaltung und Erweiterung.

Heizungsrohre unsichtbar machen

Schön, wenn man sich auf zu Hause freuen kann. Auf eine Umgebung – gestaltet nach eigenen Ideen, Wünschen und Anforderungen. Aber wie oft stören unverkleidete Heizungsrohre, ein Abwasser- oder Lüftungsrohr? Die Rohrverkleidung in Sockelleisten von HZ Hans Weitzel schafft hier mühelos Abhilfe!

Mit einer speziellen Befestigungsschelle können Heizungsrohre bis 22 mm bzw. 28 mm verlegt werden, abgedeckt durch Sockelleistenprofile in zeitgemäßen Dekoren, die auch Boden- und Wandunebenheiten ausgleichen. Die Anbindung zum Heizkörper erfolgt mittels abgestimmter variabler Anschlusssets für alle Rohrarten ohne irgendwelche Arbeiten an Boden oder Mauerwerk.

Holzwerkstoffsockelleiste mit Abachi Furnier

Dekore des Sockelleistenprofils aus Kunststoff

Ahorn	Buche hell
Buche dunkel	Esche weiß
Eiche hell	Eiche dunkel
Weiß (RAL 9010)	Grau (RAL 7035)

Infos unter:
HZ – Hans Weitzel GmbH & Co. KG
Konrad-Adenauer-Str. 20 • D-55218 Ingelheim
Tel. +49 (0) 61 32/79 08 9-0 • Fax 78 36 21
E-Mail: info@hz-weitzel.de • www.hz-weitzel.de

Heizkörpermodernisierung: Komfort, Energieersparnis und attraktive Optik

Genial einfache Systemlüftung via Heizkörper

ComfortAir System: Frischluft hinter dem Heizkörper angesaugt, allergikerverträglich gefiltert und sofort erwärmt.

Passgenauigkeit statt Provisorium: Durchdachte Systeme passen genau auf die bestehenden Anschlüsse – und vermeiden Kosten, Schmutz und Ärger.

Moderne Heizungen brauchen moderne Heizkörper, denn die Technik muss miteinander harmonieren. Nur das Gesamtpaket spart ordentlich Energie und sorgt für Komfortgewinn. Der Bundesverband Deutscher Heizungshersteller (BDH) rechnet vor, dass durch den Austausch der Heizkörper bis zu 15 Prozent Energieeinsparung zu realisieren sind – vom ästhetischen Gewinn für Wohnräume, Bad und Küche einmal ganz zu schweigen.

Der deutsche Heizkörperhersteller Purmo DiaNorm hat sich schon vor Jahren auf die Heizungsmodernisierung spezialisiert. Heute werden Purmo und DiaNorm Heizkörper exakt im Rastermaß der alten DIN-Radiatoren gefertigt und mit seitlichem Anschluss versehen. Dadurch können die bisherigen Anschlüsse genutzt werden – sie müssen nicht versetzt werden und die Heizungsmodernisierung ist perfekt: Moderne, elegante Kompakt-Heizkörper sind kleiner, schneller und heizen effektiver.

Kaum ein Belüftungssystem erfüllt die Anforderungen der kontrollierten Wohnraumlüftung so einfach und kostengünstig wie das ComfortAir System von Purmo DiaNorm. Genial einfach: Frische Zuluft wird durch einen Mauerwerksdurchgang hinter dem Heizkörper angesaugt, gefiltert, erwärmt, auf der Etage verteilt und über einen Ventilator in einem geeigneten Raum (Küche, Bad) ausgeblasen.

Zugfrei ist der Luftstrom, weil die Außenluft durch das Mauerwerk des Gebäudes hinter dem Heizkörper angesaugt, allergikerverträglich gefiltert und sofort erwärmt wird.

Einzigartige Dekorativheizkörper

Den Noblesse-Topline-Heizkörpern wurde der Stil sozusagen mit in die Wiege gelegt: Hergestellt werden die edlen Stücke nämlich gemäß traditioneller britischer Handwerkskunst in England. Doch hier wird nicht nur Klassisches geboten, es finden sich auch puristische junge Designs wie „Ascot“ oder „Newcastle“ im Programm.

Mit der Ausrichtung dieser Modellpalette zeigt Purmo DiaNorm Geschick, die aktuellen Einrichtungsstile im gehobenen Bedarf mit Produkten in Spitzenqualität abzudecken.

Elegante Ecklösung: Der „Windsor“ von Purmo DiaNorm.

Jung, dynamisch, extravagant: das Modell „Ascot“.

Abb. rechts: Modell „Newcastle“ mit klassisch gerader Linienführung in Chrom-Ausführung.

Infos unter:
Purmo DiaNorm Wärme AG
Postfach 13 25 • D-38688 Vienenburg
Tel. +49 (0) 53 24/8 08-0 • Fax 8 08-9 99
E-Mail: info@pdw.de • www.pdw.de

Wohlbehagen – Das Geheimnis der gesunden Strahlungswärme

Seit jeher übt der Kachelofen eine magische Anziehungskraft auf Groß und Klein aus. In seinem Umfeld stimmt das Klima – milde Wärme entspannt die Muskulatur; die angenehm gleichmäßig temperierte Raumluft wirkt beruhigend auf empfindliche Haut und Atemwege.

Von allen Heizsystemen kommt der Kachelofen den physiologischen Bedürfnissen des Menschen am stärksten entgegen.

In der kalten Jahreszeit muss die Heizung einen beträchtlichen Teil der Wärmeverluste ausgleichen. Je mehr sie dabei mit dem Wärmehaushalt des menschlichen Körpers harmoniert, um so besser. Da ist der Kachelofen mit seinem relativ hohen Anteil an milder Strahlungswärme einfach unübertrefflich! Der gesamte Raum wird sanft und gleichmäßig temperiert. Der menschliche Organismus empfindet die Kachelofenwärme wie ein natürliches Sonnenbad: als besonders wohltuend, entspannend und belebend. Während Konvektionswärme im Raum zirkuliert, bleibt das Klima in einem kachelofenbeheizten Raum angenehm und reizarm. Der Mensch fühlt sich rundum wohl und geborgen ... Kachelkamine wirken als „Solitär" ebenso eindrucksvoll wie in Kombination mit einer Wohnlandschaft oder einem Grundofen. Und sie verströmen Behaglichkeit pur. Denn ein besonderer Vorteil des Kachelkamins liegt – wie beim Kachelofen – in der hohen Speicherfähigkeit des glasierten Kachelmaterials, das angenehme Strahlungswärme im Raum verbreitet.

Infos unter:
Ulrich Brunner GmbH
Zellhuber Ring 17-18 • D-84307 Eggenfelden
Tel. +49 (0) 87 21/7 71-0 • Fax 7 71-10
E-Mail: info@brunner.de • www.brunner.de

AdK – Arbeitsgemeinschaft der deutschen Kachelofenwirtschaft e.V.
Rathausallee 6 • D-53757 St. Augustin
Tel. +49 (0) 22 41/20 39 79 • Fax 2 73 42
E-Mail: info@kachelofenwelt.de
www.kachenofenwelt.de

Specksteinöfen voll im Trend

Der Wellness-Trend ist in Deutschland ungebrochen. Neben bewusster Ernährung und sportlicher Betätigung spielt dabei auch die richtige Gestaltung der eigenen vier Wände eine immer größere Rolle.

Zunehmend werden in der modernen Innenarchitektur wieder Naturmaterialien wie Holz oder Stein eingesetzt, um das Zuhause zu einem Ruhepol in einer immer hektischeren Welt zu machen. Ein Grund, weshalb sich massive Specksteinöfen zunehmender Beliebtheit erfreuen, ist die angenehme infrarote Strahlungswärme, die ähnlich wirkt wie Sonnenstrahlen. Im Gegensatz zur Konvektionswärme herkömmlicher Heizungssysteme wird diese Strahlungswärme als besonders „sanft“ empfunden: Man lebt auf, Energien werden mobilisiert, Kreislauf und Stoffwechsel werden nachgewiesenermaßen angeregt. Dies liegt daran, dass die Strahlungswärme die gleiche Wellenlänge hat wie die menschliche Körperstrahlung. Die extrem kurze Wellenlänge der Wärme von Metallheizkörpern wird dagegen vom Menschen meist als zu „hart“ empfunden. Und nicht nur Allergiker schätzen die deutlich geringere Aufwirbelung von Hausstaub und die reduzierte Milben- und Pilzbildung, die durch die Strahlungswärme des Specksteinofens bedingt ist.

Zur sanften Wärme des Specksteins kommt bei dem außergewöhnlichen Ofenmodell "Zefiro" von Tulikivi die sägerau belassene Oberfläche; Höhe: 1525 mm, Gewicht: 2160 kg

Der Tulikivi-Specksteinofen „Gemini“ hat beidseitig große Panoramafenster für einen noch besseren Blick auf das lodernde Feuer; Höhe: 1890 mm, Gewicht: 2120 kg.

Infos unter:
Tulikivi Oyj
Niederlassung Deutschland
Wernher-von-Braun-Straße 5 • D-63263 Neu-Isenburg
Tel. +49 (0) 61 02/7 41 40 • Fax 74 14 14
E-Mail: tulikivi@t-online.de • www.tulikivi.de

Kaminöfen – Verbindung von Design und Funktion

Kaminöfen bieten heute eine umweltverträgliche Alternative zu anderen Heizquellen. Außerdem schaffen sie eine angenehme, wohnliche Atmosphäre.

In der Übergangszeit, wenn der Sommer hin und wieder eine „Pause einlegt", lohnt sich das Einschalten einer Heizung vielfach noch nicht.

Die Vorlaufphase dauert zu lange – bei Nachtspeicheröfen sogar bis zu einem Tag. Die Kosten für „ein paar Stunden behaglicher Wärme" sind somit unverhältnismäßig hoch. Dies gilt insbesondere für ältere Heizsysteme, die mit einer relativ hohen Vorlauftemperatur arbeiten. Eine ideale Alternative bieten hier moderne Kaminöfen, die die Wärme in kürzester Zeit in den Raum bringen.

Der großzügige Feuerraum des „Kairo" fasst in der Breite Holzscheite bis 33 cm. Die mehrteilige Kamin-Esse lässt sich unterschiedlichen Raumhöhen anpassen.

Checkliste für den Bauherren:

Was sollte beim Kauf eines Kaminofens beachtet werden?

- Wo bekomme ich eine fachgerechte Beratung?
- Welche baurechtlichenVorschriften sind einzuhalten?
- Welche Sicherheitsabstände sind zu beachten?
- Braucht der Kaminofen seinen eigenen Schornstein?
- Kann der Kaminofen in Niedrigenergiehäusern mit separater Luftzufuhr betrieben werden?
- Bekomme ich auch nach Jahren noch Ersatzteile für den Ofen?
- Ist die Heizleistung des Kaminofens für den Wohnraum richtig bemessen?
- Ist die Kaminofenscheibe so groß, dass ich viel vom Feuer sehen kann?
- Hat der Kaminofen eine Scheibenspülung, die das Verrußen der Feuerraumscheibe verhindert?
- Wird der Kaminofen vom Händler nach Hause geliefert und von geschultem Fachpersonal aufgestellt?

Unser Tipp:

Damit der Käufer den faszinierenden Feuerzauber bedenkenlos genießen kann, sollten die Öfen über den Fachhandel bezogen werden. Die Experten helfen bei der Standortwahl, dem richtigen Anschluss, der Abstimmung der Heizleistung auf die Raumgröße und klären Fragen zu rechtlichen und technischen Voraussetzungen.

„Lisboa" und der Traum vom beweglichen Feuer im Wohnraum wird wahr. Der Ofensockel ist um 360° drehbar und rundum mit Keramik verkleidet.

- Wird der Kontakt zum örtlichen Kaminfeger hergestellt, kennt der Schornsteinfeger die Funktionsweise des ausgewählten Ofens?
- Mit welchen Gesamtkosten muß ich rechnen? Was wird genau berechnet?
- Bietet der Verkäufer auch einen Reparaturservice an?

Infos unter:
Hase-Kaminofenbau GmbH
Niederkircher Str. 14 • D-54294 Trier
Tel. +49 (0)651/8269-0 • Fax 8269-118
E-Mail: info@hase.de • www.hase.de

Der schlanke „Lisboa" lässt sich platzsparend und vielseitig platzieren. Das einzigartige Wellenprofil der Keramik ist eine technische Innovation und echte Meisterleistung in seiner Verarbeitung.

Der Dachausbau

Unter vielen nicht ausgebauten Dächern liegt noch eine große ungenutzte Wohnraumreserve. Im Vergleich zur Bereitstellung von gänzlich neuem Wohnraum sind Dachausbauten mit geringerem Zeit- und Kostenaufwand verbunden, da die äußere Hülle schon fertiggestellt ist und Erschließungs- und Versorgungsanlagen (Gas, Wasser, Strom, Telefon, Abwasser, Brauchwasser etc.) in der Regel im Gebäude schon vorhanden sind. Der Dachgeschossausbau unterliegt der Genehmigungspflicht. Auch für Räume unter Dachschrägen gelten die Anforderungen des Bauordnungsrechts für Aufenthaltsräume. Das bedeutet, damit keine unzumutbaren Wohnverhält-nisse entstehen, dass Wohnräume unter einer Dachschräge mindestens über der Hälfte der Grundfläche eine bestimmte lichte Höhe haben müssen. Unabhängig von einer etwaigen Abtrennung bleiben Raumteile mit einer Höhe von unter 1,5 m unberücksichtigt. Die ausreichende lichte Höhe beträgt im Regelfall 2,40 m. Bei einzelnen Aufenthaltsräumen kann eine Höhe bis zu 2,20 m gestattet werden. Raumhöhen unter 2,20 m sind stets unzulässig.

Ein Dachgeschossausbau muss auch in brandschutztechnischer Sicht detailliert werden. Wohnräume und Wohnungen – einschließlich ihrer Zugänge – sind in Dachräumen gegen den nicht ausgebauten Dachraum durch Trennwände in einer Feuerwiderstandsklasse abzuschließen. Auch die Decken unter dem auszubauenden Dachraum müssen einer bestimmten Feuerwiderstandsklasse entsprechen. Die Feuerwiderstandsklassen beurteilen sich nach der Anzahl der Wohnungen und der Höhe der Aufenthaltsräume im Gebäude. In jedem Geschoss muss jede Wohnung über mindestens zwei Rettungswege erreichbar sein. Diese Rettungswege müssen voneinander unabhängig sein.

Der erste Rettungsweg führt in der Regel über das bestehende Treppenhaus. Einschiebbare Treppen (Bodentreppen) sind im Zusammenhang mit einem Rettungsweg nicht gestattet. Auch im Dachgeschoss führt der zweite Rettungsweg über ein so genanntes notwendiges Fenster, das über ein lichtes Maß von mindestens 0,90 m bis 1,20 m verfügen muss. Der Einbau von Dachflächenfenstern ist in jedem Fall genehmigungspflichtig.

Beim nachträglichen Ausbau von Dachgeschossen wird für die notwendige Belichtung der Einbau von liegenden Fenstern oder auch Dachgauben notwendig. Je nach Ausgestaltung der Dachgauben kann sich jedoch die Abstandsfläche zum benachbarten Grundstück vergrößern.

Hier sollte sich der Bauherr frühzeitig von der Bauaufsichtsbehörde beraten lassen. Bei der Gestaltung sind die örtlichen Gestaltungsvorschriften zu beachten.

Beim Ausbau des Dachgeschosses zu einer kompletten Wohnung wird ein zusätzlicher Stellplatzbedarf ausgelöst; daher ist es notwendig zu überprüfen, ob dieser auf eigenem Grundstück nachgewiesen werden kann oder andernfalls die Möglichkeit der Ablösung besteht. Wird in einem Gebäude, das vor dem

Besondere Gemütlichkeit strahlt ein Schlafzimmer mit Dachschräge aus. Die attraktiven Raffrollos sind von der Firma MHZ, Stuttgart.

1.1.1993 fertiggestellt war, eine oder mehrere Wohnungen durch Ausbau des Dachgeschosses geschaffen, so brauchen Stellplätze nicht nachgewiesen zu werden, wenn sie gar nicht oder nur unter großen Schwierigkeiten herzustellen sind. Der wichtigste Schritt vor Beginn des Dachausbaus bleibt der Gang zur Bauaufsichtsbehörde, um zu erfahren, welche Maßnahmen der Genehmigung bedürfen.

Achtung:

Die Ausführung von unzulässigen Baumaßnahmen kann dazu führen, dass diese zurückgebaut werden müssen oder dass sogar die abgeschlossene Maßnahme in den Urzustand zurückgeführt werden muss!

Energie sparen

Derzeit werden in einem Einfamilienhaus 80 Prozent des Gesamtenergiebedarfs für die Heizung benötigt. Sparmaßnahmen in diesem Bereich sind daher besonders effektiv.

Sie sollten mit Ihrem Bauvorhaben versuchen, den spezifischen Wärmebedarf zu minimieren. Dies kann mit einer Erhöhung der Wärmedämmung bei Dach- und Wandflächen erfolgen. Gleichzeitig ist eine Dämmung, d. h. eine Wärmeschutzverglasung bei allen nicht nach Süden gerichteten Fenstern vorzusehen. Wenn Sie bei Ihrem Bauvorhaben keine Kippfenster einplanen, wird eine Dauerlüftung vermieden und eine wesentlich sinnvollere und Energie sparendere Stoßlüftung erreicht.

Streng genommen müssten alle Heizungsanlagen, die vor 1979 gebaut wurden, modernisiert werden. Hauptursache der schlechten Energieausbeute und damit einer erhöhten Umweltbelastung ist der geringe Wirkungsgrad veralteter Heizkessel. Erhebliche Wärmemengen verlassen das Haus ungenutzt über den Schornstein. Diese Abgasverluste können durch moderne Heizkessel beträchtlich verringert werden. Nicht zuletzt spart eine umweltfreundliche Feuerungsanlage unmittelbar auch Kosten.

Ein Traum von Bad! So ansprechend kann ein Bad unterm Dach sein. Ideenreich geplant mit Hoesch.

Dokumentation eines beispielhaften Dachausbaues

Ein junges Ehepaar baut sich einen Dachboden aus.

Der langgestreckte Bodenraum entsprach in der Größe den Vorstellungen der jungen Leute. Jetzt hieß es, zunächst eine Bestandsaufnahme zu machen. Das Foto lässt Zweifel aufkommen, ob hier jemals eine Wohnung entstehen könnte.

Zuerst wurden die Gegebenheiten geprüft ...

Es wurde zunächst der Bodenraum ausgemessen und skizziert. Dabei waren alle Maße wie Dachneigung, Höhe der Kehlbalkenlage, Position des Schornsteins und Läge der Giebelfenster von Wichtigkeit.

... dann der Plan (Grundriss) erstellt.

Die Aufmaßzeichnung diente als Grundlage für den Um- und Ausbauplan. Unter Berücksichtigung der nicht zu verändernden Bauteile wurde nun die Raumaufteilung geplant.

Die Aufteilung entspricht genau den Bedürfnissen.

Nach der festgelegten Raumaufteilung konnten die Positionen der einzubauenden Dachflächenfenster bestimmt werden. Sanitärleitungen, Heizungsrohre und Leerrohre für die Elektroinstallation wurden geplant und eingezeichnet.

Die Wohndachfenster waren wirklich problemlos einzubauen.

Damit sich ein Dachfenster in ausreichender Größe einbauen ließ, musste ein Sparren ausgewechselt werden. Die Sturzhöhe des Fensters sollte zwischen 190 und 220 cm liegen, damit ein freier Zugang und guter Ausblick erreicht wurde.

Der Durchblickspunkt darf nicht niedriger als 90 cm sein!

Zu beachten war, dass der Durchblickspunkt aus baurechtlichen Gründen nicht niedriger als 90 cm sein durfte. Roto-Wohndachfenster wurden wegen der guten Qualität und des Bedienungskomforts ausgewählt.

Vorsicht, dass keine Dachpfanne runterfällt!

Jetzt wurden die Dachpfannen im Bereich des Fensters entfernt. Der Sparren wurde in Sturz- und Brüstungshöhe abgesägt und durch Querriegel mit den seitlichen Sparren verbunden. Die erste Fensteröffnung in der Dachfläche wurde angelegt. Es wurde hell in der „neuen Wohnung".

Die Latten müssen mit den Sparren bündig sein.

Am Sparren wurden die Dachlatten bündig abgeschnitten. Nach Festlegung der Fensterbreite wurde ein Füllholz in Sparrenrichtung eingebaut und ebenfalls bündig mit den Nachlatten ausgerichtet. Nun konnte das Dachfenster genau nach Einbauanleitung eingesetzt werden.

Jetzt waren die Dachschrägen dran – eine hochwertige Dämmung lohnt sich!

Dachflächen müssen besonders sorgfältig wärmegedämmt werden. Die Sparrenfelder wurden mit ISOVER-Rollisol gedämmt. Wichtig war, dass zwischen Dachziegeln und Wärmedämmung mindestens 4 cm Luftraum blieb, der mit der Außenluft in Verbindung stand, um die

Nutzungsfeuchte abführen zu können. Bei der Anbringung der Dämmstoffbahnen war darauf zu achten, dass keine Kältebrücken entstanden.

Bodentreppe

Der Spitzboden bot sich als Abstellfläche an. Eine komforttable Bodentreppe von Roto wurde im Flurbereich eingebaut. Die Maße des Deckenausschnittes und genaue Montageanleitungen waren der Einbauanleitung leicht zu entnehmen.

3-teilige Bodentreppe mit wärmegedämmter Ausführung. Besonders leichte Bedienbarkeit. Abb. Roto Frank AG

Die ganze Dachschräge war nun perfekt „eingepackt".

Die vollständig wärmegedämmte Dachschräge ging „nahtlos" in die ebenfalls gedämmte Kehlbalkendecke über. Jetzt wurden die Drempelwände erstellt und mit einer Dämmschicht versehen.
Die Giebelwände erhielten eine Lattung für die Befestigung der Bauplatten. Die

Lattenzwischenräume wurden mit Dämmstoff fugendicht ausgefüllt.

Wärmedämmung

Bisher war die hinterlüftete Wärmedämmung die Regel. Nach aktuellem Stand der Technik ist das vollgedämmte, nichtbelüftete Steildach die bessere Lösung; bis zu 40 Prozent mehr Dämmstoff bedeuten nur geringere Mehrkosten, aber wesentlich mehr Behaglichkeit, größere Energieeinsparung, höheren Schallschutz und vor allem Schonung unserer Energievorräte und der Umwelt. Durch die größere Dämmstoffdicke werden die Forderungen der Wärmeschutzverordnung sogar noch übererfüllt.

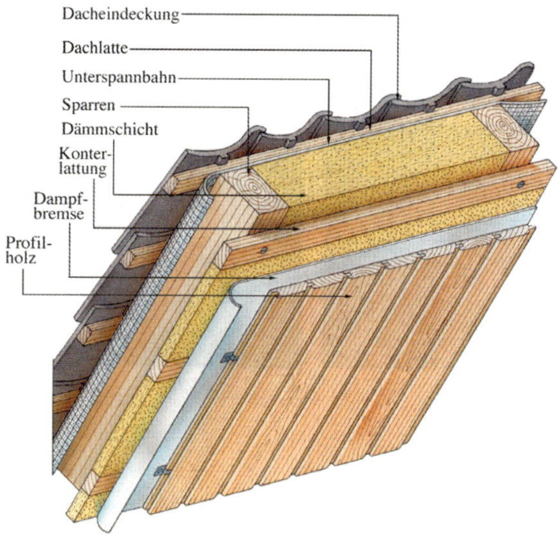

So sieht der Aufbau eines gut geschützten und gedämmten Daches aus.

Darauf sollten Sie unbedingt achten:

1. Individuelle Planung wird oft nur durch mehrere Entwürfe erreicht.
2. Genaue Detailplanung verhindert unnötigen Zeitaufwand.
3. Durch Material- und Farbproben lassen sich Schönheitsfehler vermeiden.
4. Nur eine gewissenhaft ausgeführte Arbeit zeichnet sich durch Qualität und Zweckmäßigkeit aus.

„Drempel“ heißt es in der Fachsprache.

Die senkrechten Wände oberhalb der Betondecke bis zur Dachschräge werden als Drempel bezeichnet. Aus konstruktiven oder baurechtlichen Gründen ist die Höhe des Drempels unterschiedlich.
Da hier die Dachschräge unmittelbar auf der Betondecke beginnt, wird eine Trennwand in Holzkonstruktion hergestellt.

Zu bedenken war auch das Mobiliar, als die Höhe festgelegt wurde.

Bei der Höhenfestlegung der senkrechten Drempelwand muss auf ausreichende Kopfhöhe und Stellfläche für Möbel geachtet werden.

Der Fußboden

Am Beispiel dieses Dachboden-Ausbaues werden die Vorzüge der Trockenbauweise recht deutlich. Als Bauherr sparen Sie nicht nur Geld durch diese Bautechnik, sondern profitieren außerdem durch eine rasche Fertigstellung. Zu Hilfe kommen Ihnen dabei Ausbauprogramme, die aufeinander abgestimmt sind und den statischen Anforderungen des Altbaus entgegenkommen.
Trockenestrich wird in einem Arbeitsgang verlegt. Die Fertigelemente mit Dämmschicht werden trocken verlegt und im Falz verklebt. Auf ausgetretenen Holzdielen oder Rohbetondecken erzielen Sie eine Fußbodenkonstruktion, die einem schwimmenden Estrich mit guter Wärme- und Tritschalldämmung entspricht. Der Trockenestrich ist sofort begehbar und am nächsten Tag aufnahmebereit für alle Beläge.
Selbstverständlich kann unter den Fertigelementen auch eine Fußbodenheizung installiert werden. Wenn der Unterboden Unebenheiten aufweist, empfiehlt sich als Ausgleich eine mineralische Trockenschüttung. Der Einbau ist unabhängig von der Jahreszeit und dem Baufortschritt. Man kann Trockenböden auch dann noch verlegen, wenn Wände und Decken bereits fix und fertig sind!
Unterboden-Elemente eignen sich für alle Oberbeläge wie Parkett, Textil, keramische Fliesen und Kunststoff.

Trocken-Unterboden-Elemente zeichnen sich durch kurze Verlegezeit, gute Trittschalldämmung und leichte Verarbeitung aus.

Decke und Ausbauwände

Die Wärmedämmung spielt bei der Altbaurenovierung eine besondere Rolle. Wer heute renoviert oder modernisiert, sollte eine ausreichende Wärmedämmung vorsehen.

Zusätzliche Wärme- und Schalldämmung mit Verbundplatte.

Viele Verbundplatten bieten hervorragenden Wärme-und Schallschutz. Die nichtbrennbare Verbundplatte wurde in die Baustoffklasse A2 eingereiht, was besonders beim Dachausbau von Bedeutung in Bezug auf vorbeugenden Brandschutz ist. Beim Einbau dieser Platten werden in einem Arbeitsgang drei wesentliche Voraussetzungen erfüllt: Niedrigere Heizkosten, Schallschutz und Sicherheit im Brandfall.

Die Distanzbleche sind wichtig.

Danit ein konstanter Abstand zwischen Gipskartonplatten und Lattung bleibt, werden Blechkrallen (Abstandhalter) in die elastische Mineralfaser eingedrückt. Dadurch wird eine durchlaufende, wärmebrückenfreie Dämmschicht gewährleistet.

Zuschnittplatten werden mit dem Kantenhobel abgefaßt, damit eine einwandfreie Verfugung hergestellt werden kann.

So sieht dann die vorbildlich aufgebaute und isolierte Dachhaut aus.

Beachten Sie die Mindestanforderung für Wärmeschutz.

Darüber hinaus können durch zusätzliche Maßnahmen weitere Energiekosten eingespart werden.
Für die Innendämmung von Giebelwänden haben sich Verbundplatten als praktikable Lösung bewährt. Der zusätzliche Wärmeschutz wurde hier in einem Arbeitsgang hergestellt. Die malerfertige Oberfläche ist gleichzeitig heizkostensparende Dämmung. In diesem Zusammenhang muss die leichte Verarbeitung der Verbundplatten hervorgehoben werden. Alle Ausschnitte für Elektro, Sanitär und Heizung wurden schnell und problemlos eingearbeitet. Auch die Anschlüsse zwischen Dachschräge und Drempel lassen sich fachgerecht herstellen. Durch die Fugenbewehrung werden kleine Bewegungen des Dachstuhls aufgefangen.
Im ausgebauten Dachgeschoss sind besonders die Übergänge zwischen Drempel und Dachschräge starken Beanspruchungen durch die ständige, wenn auch geringfügige Bewegung der Dachkonstruktion ausgesetzt. Gerade hier bieten sich Gipskartonplatten mit den bewehrten Fugenausbildungen besonders an.

Die Räume nehmen Formen an.

Im Baukastensystem können leichte Trennwände aus Bauplatten für alle Ansprüche im Wohnungsausbau hergestellt werden. Außer den einfach beplankten Wänden lassen sich doppelt beplankte oder sogar Installationswände, die aus zweifachem Ständerwerk bestehen, herstellen.

Für diese Trennwände wurden einfache Metallständerwände gewählt. Die horizontalen Profile an Decke und Fußboden lassen sich schnell mit den Ständerprofilen verbinden.

Gipskartonplatten und Wärmedämmstoff waren schnell eingesetzt.

Nachdem eine Seite der Trennwand beplankt ist, werden die Dämmstoffmatten in das Ständerwerk passgenau eingelegt. Zuvor wurden noch Leitungen für Elektro, Radio, Telefon usw. installiert. Dann wird als Abschluss die Gipskartonplatte augeschraubt.
Die Dicke der Dämmstoff-Zwischenlage richtet sich nach den Anforderungen an Schall- und Feuerschutz. Ein mindestens 40 mm dicker Dämmstoff sollte eingebaut werden.

So ist die Weiterverarbeitung fachgerecht.

Eine gute Verfugung soll immer drei Arbeitsgänge umfassen.
Nach dem Anschrauben der Gipskartonplatten werden die offenen Fugen verfüllt

und eventuelle Plattenbeschädigungen ausgeglichen. Die Außenecken sind mit Kantenschutz bewährt. Vor der Weiterverarbeitung muss das eingebrachte Fugenmittel abgetrocknet sein.

Vor dem Einlegen des Fugendeckstreifens muss genügend Füllmasse in die Fugenmulde gebracht werden, damit eine einwandfreie Armierung gewährleistet ist und keine Blasenbildung auftritt.
Das Endergebnis dieses Dachausbaues ist gelungen – es ist eine charmante und relativ kostengünstige Wohnung entstanden.

Wärme- und Schallschutz

Abb. Isover

Der Wärmeschutz von Gebäuden ist von großer Bedeutung, da er mehrere Kriterien erfüllen muss. Zum einen soll durch den Wärmeschutz ein hygienisch einwandfreies Raumklima sichergestellt sein, andererseits muss die gesamte Baukonstruktion vor klimabedingten Feuchtigkeitseinwirkungen dauerhaft geschützt sein. Eine weitere wichtige Aufgabe erfüllt der Wärmeschutz bei der Einsparung von Heizenergie.

Die Mindestanforderungen für den „Wärmeschutz im Hochbau“ sind in der DIN 4108 festgehalten. Eine novellierte Fassung der Verordnung über einen Energie sparenden Wärmeschutz ist in Kraft getreten. Danach wird ein etwa 25 Prozent höherer Wärmeschutz als bisher vorgeschrieben.

Dies betrifft alle umschließenden Bauteile eines Gebäudes, d. h. das Dach, die Außenwände und die Kellerdecke. Darüber hinaus werden aber auch Anforderungen an den Wärmeschutz bestehender Gebäude gestellt, dies insbesondere beim Ausbau von Dachgeschossen und beim Ausbau von Räumen. Aber auch bei der Erneuerung von Dächern und obersten Geschossdecken muss soviel Wärmedämmschicht mit eingebaut werden, dass die Mindestanforderungen der Wärmeschutzverordnung erfüllt werden. Auf der Grundlage dieser ist bei der Bauvorlage ein Nachweis des Wärmeschutzes vorzulegen, der von Architekten oder Fachingenieuren erstellt werden muss.

Wärmeverluste vermeiden

Der größte Teil des Energieverbrauchs im Haus erfolgt durch die Heizwärme, die ständig die Wärmeverluste ausgleichen muss. Hauptsächlich leiten die Umfassungsflächen des Hauses die Wärme nach draußen (Transmissionswärmeverluste). Denn sobald ein Temperaturunterschied zwischen der Außen- und Innenseite eines Bauteiles besteht, wird die Wärme zur kälteren Außenseite abgeleitet.

Außendämmung

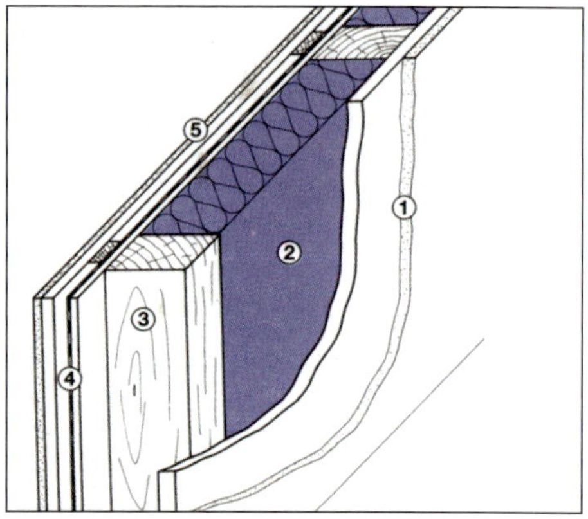

1. Außenputz auf Holzverschalung an Lattung
2. Flachsdämmung
3. Holzständer
4. Innenputz auf Gipsbaustoff, Holzverschalung, Spanplatte o. Ä.

Abb. unten: Wärmeschutz in Form von Steinwolle-Dämmstoffen, wie sie beispielsweise Rockwool anbietet, kann Energiekoste sparen. Dämmstoffe von Rockwool tragen das RAL-Gütezeichen für Erzeugnisse aus Mineralwolle und entsprechen den höchsten Sicherheitsstandards.

Neben dieser Wärmeleitung entstehen Wärmeverluste hauptsächlich durch den Luftaustausch zwischen Haus und Umgebung. Verursacht werden diese Verluste durch geöffnete Fenster und Türen sowie Undichtigkeiten an den Fugen von Fenstern und Türen.
Bei dieser Außenwandkonstruktion übernimmt die Dämmschicht den Wärmeschutz. Dieses System ist für Neubauten ebenso geeignet wie für Altbauten. Die Dämmstoffplatten werden auf der Außenseite der Wand aufgebracht und mit einem mehrschichtigen Putz als Witterungsschutz beschichtet.

Mauerwerk und Kerndämmung

Eine zweischalige Außenwandkonstruktion besteht aus einer inneren tragenden Wand (17,5 bis 24 cm dick) und einer äußeren zweiten Vorsatzschale als Wetterschutz. Zwischen diesen beiden Schalen ist die Wärmedämmschicht angeordnet, die entweder den gesamten Bereich ausfüllt oder zusätzlich eine mind. 4 cm dicke Luftschicht aufweist. Als Dämmstoffe kommen Wärmedämmplatten, Ortschaum oder schüttfähiges Material (ohne Luftschicht) in Frage.

Trennwände

Leichte Trennwände mit ein- oder zweilagiger Bekleidung bieten im Innenausbau unschlagbare Vorteile. Niedriges Eigengewicht und damit geringere Belastung der Deckenkonstruktion, die größere Flexibilität in der Raumaufteilung sowie die nachträgliche Möglichkeit, die Wandkonstruktion zu versetzen, oder auch die einfache Ausführung in Eigenregie führen dazu, dass sich derarti-

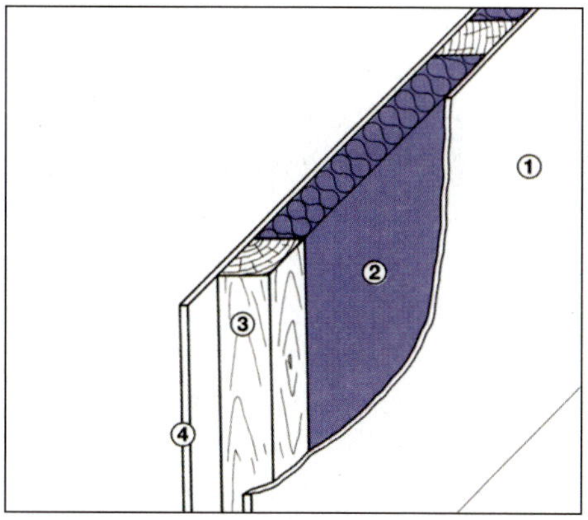

1. Gipskarton, Holzverschalung oder sonstige Bekleidung
2. Flachsdämmung
3. Holzständer
4. Gipskarton, Holzverschalung oder sonstige Bekleidung

ge Konstruktionen immer mehr durchsetzen. Die Befestigung bei Holzständerkonstruktionen erfolgt wie bei Dach- und Außenwandaufbauten durch seitliches Antackern im oberflächenverdichteten Bereich der Dämmung. Bei Metallständerwänden wird die Dämmung an der rückseitig vorhandenen Gipskartonplatte mit Gipsansetzbinder oder Tapetenkleister angeklebt.

Wärrnedämmung des Daches

Da durch das Dach bis zu 20 Prozent der Heizungswärme entweichen, ist ein sinnvoller Wärmeschutz bzw. eine ausreichende Wärmedämmung erforderlich. Dafür stehen entweder Dämmstoffmatten oder Dämmstoffplatten zur Verfügung, die sowohl auf wie auch zwischen den Sparren verlegt werden können.

Wärmedämmung zwischen den Sparren

Besonders beim Ausbau des Dachgeschosses für Wohnzwecke bietet sich das Verlegen von Dämmstoffmatten oder -platten zwischen den Sparren an. Diese einfache Verlegeart ist vom Bauherrn durchaus selbst durchzuführen.

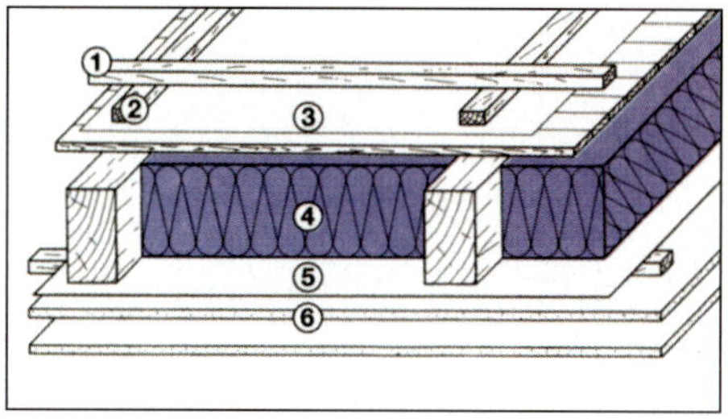

1. Traglattung
2. Hinterlüftung, Grundlattung
3. Winddichtung und Unterdach
4. Flachsdämmung
5. Dampfbremspappe
6. Raumseitige Bekleidung, evtl. an doppelter Lattung mit Zusatzdämmung

Wärmedämmung über den Sparren

Bei diesem System wird die gesamte Dachfläche mit einer durchgehenden Wärmedämmschicht versehen und direkt auf den Sparren oder einer Holzschalung befestigt. Die Dämmung besteht in der Regel aus großformatigen Hartschaum-Elementen. Diese Art der Wärmedämmung des Daches ist besonders dann geeignet, wenn im Innenraum die Sparren als dekorative Elemente eingesetzt werden sollen.

Zwischendecke

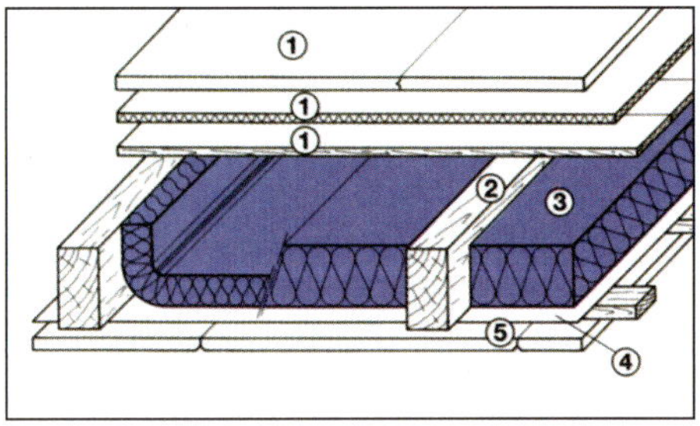

1. Deckenoberseitiger Aufbau
2. Deckenbalken
3. Flachsdämmung, bei geringeren Dämmstoffdicken seitlich an den Deckenbalken hochgezogen
4. Rieselschutz
5. Deckenunterseitige Bekleidung, evtl. an Ausgleichslattung

Bei Holzbalken-Deckenaufbauten kann die Dämmung bereits zwischen den Deckenbalken analog den Dachaufbauten eingesetzt werden. Auch hier empfiehlt sich eine seitliche Fixierung schon beim Einbau der Dämmung, um im Falle einer späteren deckenunterseitigen Sanierung die Dämmung nicht nachträglich befestigen zu müssen. Im Neubau sollte deckenunterseitig direkt an den Holzbalken gegen Staub und Schmutzpartikel, die während der Bauphase mit eingebaut werden, ein vollflächiger Rieselschutz z. B. in Form einer Pappe angebracht werden. Der Hohlraum im Gefach der deckenunterseitigen Ausgleichslattung kann zur Aufnahme von Leitungen genutzt werden.

Deckenoberseitig empfiehlt sich unmittelbar auf den Balken eine vollflächige, lastverteilende Lage, z. B. aus N+F-Brettern, Spanplatten etc. Darüber kann der Deckenaufbau analog dem gezeigten Bodenaufbau erfolgen.

Schallschutz

Verkehrs-, Arbeits- und Wohngeräusche können die Gesundheit und das Wohlbefinden stark beeinflussen. Daher ist der Schallschutz im Wohnungsbau besonders wichtig, um den Menschen das Entspannen und das Ausruhen in der Wohnung ermöglich zu können und um den eigenen häuslichen Bereich gegenüber dem Nachbarn abschirmen zu können. In dem neuen Normenentwurf zur Schallschutznorm DIN 4109 ist der Schutz des Menschen in Aufenthaltsräumen festgelegt. Danach sind Maßnahmen zu ergreifen, die vor Luft- und Trittschallübertragung aus benachbarten Räumen, vor Lärm aus haustechnischen Anlagen und Betrieben sowie vor Außenlärm schützen. Schall wird nicht nur über trennende Bauteile, sondern auch über flankierende Bauteile übertragen. Dies ist die so genannte. Schallübertragung durch Längsleitung.

Grundsätzlich wird zwischen drei Arten von Schall unterschieden.

1. Luftschall

– sich in der Luft ausbreitender Schall.

2. Körperschall

– sich in festen Stoffen ausbreitender Schall.

3. Trittschall

– Dieser entsteht beim Begehen und ähnlicher Anregung einer Decke als Körperschall und wird teilweise als Luftschall abgestrahlt.

Trittschalldämmung

Bei Fußböden wird ein wirksamer Trittschallschutz erreicht, wenn der Trittschall durch federnde Dämmschichten zwischen der Rohdecke und dem Fußboden unwirksam gemacht wird. Als Dämmschicht kommen Latten oder Platten aus Faserstoffen und Schaumkunststoffen in Frage.

Einschalige Bauteile

Bei einschaligen Decken und Wänden wird die Schalldämmung vor allem durch die flächenbezogene Masse, die Biegesteifheit, die Luftdichte und die Einflüsse aus Nebenwegübertragungen des Schalls durch angrenzende Bauteile beeinflusst. Je mehr Masse und Biegesteifheit vorhanden ist, umso mehr werden die durch Luftschall angeregten Schwingungen vermindert und damit die Schalldämmung erhöht.

Ein guter Wärmeschutz spart viel Heizenergie!

Die Dämmung von Keller und Dach

Die hier dargestellten Konstruktionen sind unsere Empfehlung für eine optimierte Wärmedämmung der Bauteile Keller und Dach

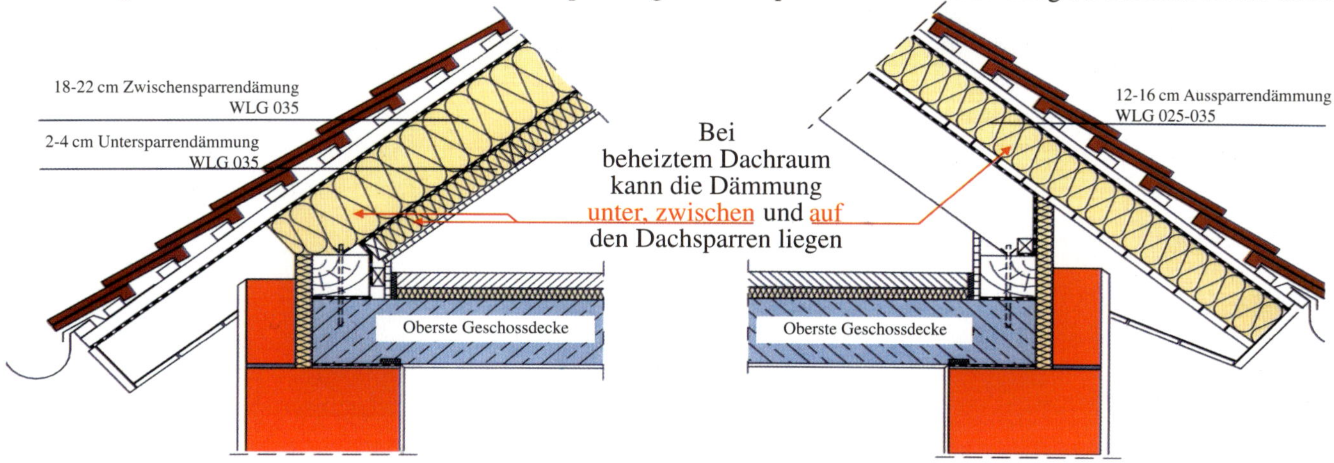

Bei unbeheiztem Keller kommt die Wärmedämmung

a) auf und unter die Kellerdecke oder b) nur auf die Kellerdecke.

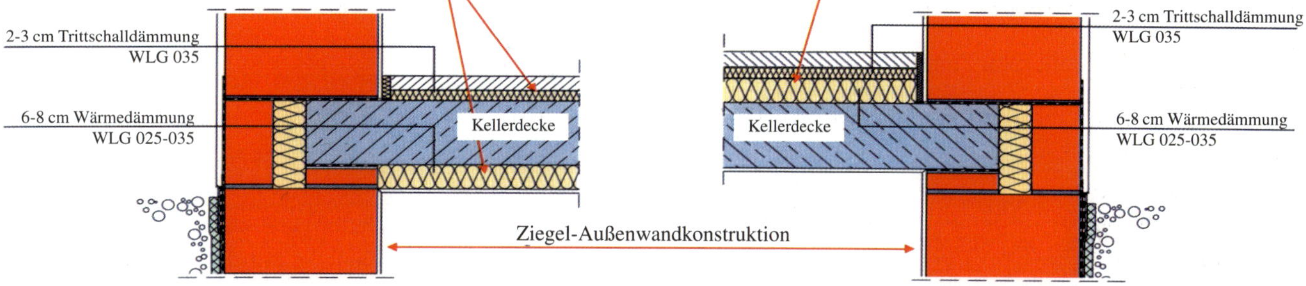

Bei beheizbarem Keller kommt die Wärmedämmung

a) auf und unter die Bodenplatte oder b) nur auf die Bodenplatte.

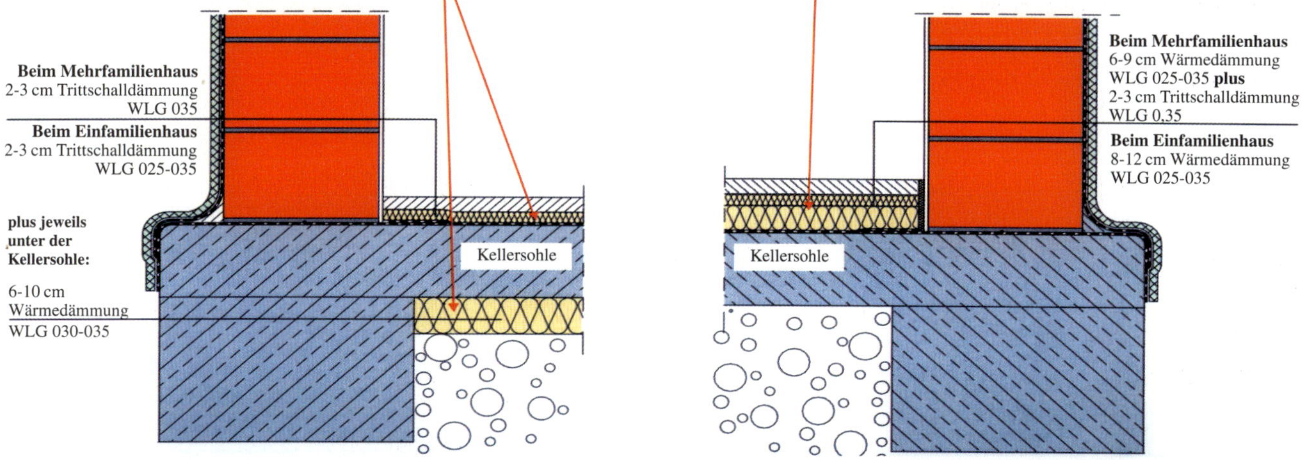

Mehrschalige Bauteile

Durch mehrschalige Bauteile mit geringer Konstruktionsmasse ist eine ebenso hohe Luftschalldämmung zu erzielen wie mit schweren einschaligen Bauteilen. Bei dieser Konstruktion werden die unterschiedlichen schalltechnischen Eigenschaften der biegesteifen und biegeweichen Schalen genutzt, um durch die Kombination zu der guten Luftschalldämmung zu kommen. Die biegesteife Schale sollte bei zweischaligen Wänden dabei so angeordnet sein, dass sie der lauten Seite zugewandt ist.

Übliche Dämmstoffe:

1. Glaswolle

Ein Dämmmaterial, das aus anorganischen Rohstoffen hergestellt wird und sich seit beinahe hundert Jahren am Bau bewährt hat. Typisch ist der gelbliche Farbton des Materials, der durch Zuschlagstoffe und Imprägnierung entsteht.

Für alle denkbaren Wärme- und Schallschutzmaßnahmen im und am Haus gibt es Spezialisten aus Glaswolle: für die außenseitige Wärmedämmung der Fassade, Kerndämmung bei zweischaligem Mauerwerk, Dämmung unter dem Estrich sowie die Wärmedämmung zwischen den Dachsparren.

Glaswolle ist nicht brennbar nach DIN 4102.

2. Steinwolle

Ein weiterer Klassiker mit ähnlichen Produkteigenschaften wie Glaswolle. Steinwolle ist absolut unbrennbar und wird für alle am Bau vorkommenden Wärme- und Schalldämmaufgaben verwendet. Sehr gut zu verarbeiten ist sie in Form von Dämmkeilen, die fest und sehr maßhaltig sind, außerdem eine gute Hinterlüftung sicherstellen.

3. Polystyrol

oder Hartschaumplatten sind für Steil- und Flachdachdämmung, Fassadendämmung wie als Trittschallschutz bewährt. Eine Dampfbremse ist bei diesem Material nicht nötig, weil es keine Feuchtigkeit aufnimmt. Polystyrol ist formstabil, diffusionsoffen und durch Imprägnierung schwer entflammbar.

4. Holzweichfaser

Fast schon ein rein ökologischer Dämmstoff, doch je nachdem mit welchem Kleber die Platten hergestellt werden, sind geringe Formaldehydausdünstungen möglich. Die etwa vier Zentimeter starken Platten gibt es mit Nut und Feder, was die Montage vereinfacht. Da Holzweichfaserplatten wasserempfindlich sind, ist eine Dämmung mit ihnen aufwändig: Erst wird eine Bitumenplatte zwischen den Sparren montiert, die eindringende Feuchtigkeit ableiten kann. Es folgen zwei Lagen Holzfaserplatten, die innen mit einer Dampfbremsplatte oder -folie abgedeckt werden. Abschließend wird das Dach nach innen mit Ausbauplatten geschlossen.

Ökologische Dämmstoffe:

1. Zellulose

Aus Altpapier lässt sich nicht nur Haushaltspapier, sondern auch ein erst-

klassiger Dämmstoff herstellen. Zellulose, bisher nur in Flockenform angeboten und durch den Fachmann zu verarbeiten, gibt es jetzt auch als Plattenware, die Sie leicht selbst verarbeiten können. Der Vorteil des Materials liegt nicht nur im Energie schonenden Produktionsverfahren und den natürlichen Bindemitteln, sondern besonders in der Eigenschaft Feuchtigkeit aufnehmen und wieder abgeben zu können, was für ein angenehmes Klima unter dem Dach sorgt. Die Platten gibt es in Stärken von 100 bis 240 mm.

2. Baumwolle

Was sich bei Windjacken bewährt hat, kann beim Dach nicht verkehrt sein: Baumwolle als natürliche Dämmung ist wasserabweisend, atmungsaktiv, recyclebar, widerstandsfähig gegen Schimmel und zudem hautsympathisch, was Sie bei der Verarbeitung vor unangenehmen Juckreiz durch herabrieselnde Fasern schützt. Baumwolldämmung wird als

Rollenware in Stärken von 50 bis 180 mm und als Schüttwolle angeboten. Zum Ausstopfen von Fugen, beispielsweise an Dachflächenfenstern, gibt es sogenannte Dämmzöpfe und Stopfwolle.

3. Flachs

Aus der heimischen Faserpflanze Flachs und Kartoffelstärke als Bindemittel wird ein Dämmstoff gewonnen, der wie Baumwolle feuchtigkeitsausgleichend wirkt. Durch eine zusätzliche Imprägnierung ist der Dämmfilz schwer entflammbar und gegen Schädlingsbefall geschützt. Bei der Verarbeitung von Flachs entsteht kaum Staub, und die Dämmung ist frei von Schadstoffen.

So einfach lässt sich der Klemmfilz von G+H als Zwischensparren-Dämmung verlegen. Neu: die praktische Vlieskaschierung mit Rieselschutz.

Wichtige Dämmstoffe im Überblick

Grundstoff/Produkt:	Baustoffklasse:	Wärmedurchgangskoeffizient in W/(m²K) bei 10 cm Dicke:
Mineralwolle (Matte)	A1/A2, nicht brennbar	0,40
Polystyrol (Platte)	B1, schwer entflammbar	0,40
Polyurethan (Platte)	B1 bis B2, schwer bis normal entflammbar	0,30
Polyester (Matte)	B1, schwer entflammbar	0,40
Baumwolle (Matte oder Flocke)	B1 bis B2, schwer bis normal entflammbar	0,40
Schafwolle (Matte)	B2, normal entflammbar	0,40
Holzfasern (Platte oder Flocke)	B2, normal entflammbar	0,35 bis 0,45
Zellulose (Platte oder Flocke)	B2, normal entflammbar	0,40
Kork (Platte oder Körner)	B2, normal entflammbar	0,45
Kokos (Matte oder Platte)	B2, normal entflammbar	0,45
Flachs (Matte oder Platte)	B2, normal entflammbar	0,40
Perlite (Körner)	A1, nicht brennbar	0,50

4. Schafwolle

Auf chemische Stützfasern und Bindemittel wird bei der Herstellung von Dämmplatten oder Dämmmatten (Rollenware) aus Schafwolle ganz verzichtet. Das diffusionsoffene Material benötigt, außer in Nassräumen, keine Dampfbremse. Die Dämmschicht aus lose verfilzter Schafwolle ist mit einem Trägervlies aus Schafschurwolle kaschiert, mit dem die Dämmbahnen einfach an die Sparren getackert werden. Die Dämmwolle bekommen Sie in Stärken von 80 bis 140 mm.

Infos unter:
SAINT-GOBAIN Isover G+H AG
D-67005 Ludwigshafen
Tel. +49 (0)8 00/5 01 55 01 • Fax 5 01 65 01
E-Mail: dialog@isover.de • www.isover.de

Deutsche Rockwool
Minderalwoll GmbH & Co. OHG
Rockwoolstr. 37-41
D-45966 Gladbeck
Tel. +49 (0) 20 43/40 83 29 • Fax 40 85 70
E-Mail: presse@rockwool.de
www.rockwool.de

ren zur Pflicht – und die Zulage entfällt. Als Beispiel: Ein 1995 gebautes Haus hatte im Durchschnitt pro Jahr einen Energieverbrauch von 100 Kilowattstunden (kWh) je Quadratmeter Wohnfläche. Bei einem Verbrauch unter 70 kWh galt ein Neubau bisher als förderungswürdiges Niedrigenergiehaus. Diesen Standard legt die jetzt gültige EnEV-Norm künftig als Obergrenze für alle neuen Wohnhäuser fest.

Als zweite, entscheidende Veränderung führt die EnEV zwei bisher getrennt betrachtete Verordnungen zum Wärmeschutz und zu Heizungsanlagen in einem Regelwerk zusammen. Haus und Technik werden nun als Einheit betrachtet, angefangen vom Energieaufwand für die Produktion der Baustoffe über die Effizienz des Heizkessels bis zum solaren Wärmegewinn. Entscheidend ist am Schluss nur die Gesamtbilanz des Hauses.

Die neue Energiesparverordnung

Sparen wird Pflicht! Niedriger Energieverbrauch bei neuen und renovierten Häusern ist das Ziel der Bundesregierung. Zum Senken der Heizkosten geben wir Ihnen hier Tipps und erklären die wichtigsten Regeln der neuen Energieeinspar-Verordnung.

Umweltkatastrophen wie die Jahrhundertflut und extreme Wetterverhältnisse lassen ein fast vergessenes Thema wieder brisant werden: den Klimaschutz. Auch wenn für viele Wissenschaftler noch nicht geklärt ist, ob die natürlichen oder die vom Menschen verursachten Faktoren den größeren Einfluss auf die weltweite Erwärmung und die Zunahme extremer Wetterlagen haben, herrscht in einem Punkt Übereinstimmung: Die Belastung der Atmosphäre durch Treibhausgase aus Verbrennung von Öl, Gas und Kohle durch Industrie, Verkehr und Gebäudeheizung muss langfristig sinken. Rund 75 Prozent des Energieverbrauchs der privaten Haushalte in Deutschland entfallen allein auf den Heizungs- und Warmwasserbedarf. Entsprechend hoch ist das Sparpotenzial.

Neue Normen beim Hausbau

Bis vor kurzem hatte der deutsche Staat Familien, die ein besonders energiesparendes Haus bauten, mit der Öko-Zulage finanziell gefördert. Seit die neue Energieeinsparverordnung (EnEV) gilt, wird das Spa-

Viele Wege führen zum Ziel

Für Architekten und Bauherren bietet die neue Regel den Vorteil, dass sie wählen können, wie der Energiebedarf unter den Grenzwert gedrückt werden soll. Zwei vereinfachte Beispiele erklären, was mit der variablen Planung gemeint ist:

• Der simpelste (und architektonisch kaum akzeptable) Weg wäre, ein kompaktes Haus zu planen, dessen äußere Form sich am energieoptimierten Würfel orientiert: mit kleinen Fenstern nach Norden und einer dicken Wärmedämmung vom Keller bis zum Dach. Der Energieverlust fällt niedrig aus, sodass die Effizienz der Heizanlage kaum eine Rolle spielt.

• Architektonisch anspruchsvollere Bauherren, die sich einen Erker am Essplatz, einen offenen an den Wohnraum angegliederten Wintergarten und natürliche Baustoffe für ein gesundes Raumklima (ohne eine wasserdampfdichte Dämmschicht) wünschen, können die Energiebilanz an anderer Stelle verbessern. Zum Beispiel durch einen besonders sparsamen Brennwertkessel und den Einsatz von Solarkollektoren. Ihr Gewinn an sauberer Energie gleicht den Wärmeverlust durch den Erker und den Verzicht auf ein dampfdichtes Wärmedämmsystem wieder aus.

Modernisierung im Altbau

Mit einem durchschnittlichen Wärmebedarf von 200 kWh pro Quadratmeter Wohnfläche und Jahr stehen Häuser aus der Zeit vor 1982, als die erste Wärmeschutzverordnung eingeführt worden ist, heute mit schlechter Energiebilanz da. Der Energieverbrauch sinkt bundesweit nur dann deutlich, wenn auch Altbauten sparsamer werden – deshalb schreibt die EnEV bestimmte Sanierungen vor.

• Rund zwei Millionen Heizungen sind zu alt. Sie müssen in Stufen modernisiert werden: Bis 2004 sind alle Anlagen gegen sparsamere Heizungen auszutauschen, bei denen der Schornsteinfeger zu hohe Abgasverluste feststellt. Sollten danach noch Heizungen in Betrieb sein, die vor Oktober 1978 installiert worden sind, müssen diese im Mehrfamilienhaus bis 2006 und bei Ein-/Zweifamilienhäusern nach einem Verkauf erneuert werden.

Wärmepumpen sind Niedertemperatur-Heizsysteme, die vollständig emmissionsfrei arbeiten.
Abb. Schrag

• Die Decken von Dachgeschossen über beheizten Räumen (zum Beispiel der als Abstellraum genutzte Spitzboden) müssen bis 2006 gedämmt werden.

• Dieselbe Frist gilt für die Dämmung von Rohren des Heizsystems, die durch nicht beheizte Räume führen.

• Werden bei Reparaturen mehr als 20 Prozent eines Bauteils erneuert, zum Beispiel an einer Fassade, muss die gesamte Fläche nach Abschluss der Renovierung den EnEV-Anforderungen entsprechen.

• Alle Anbauten an ein bestehendes Haus werden als Neubau betrachtet, entsprechend greift die neue Energiespar-Norm.

Energiepass für den Durchblick

Für alle neuen und von Grund auf sanierten Häuser erstellen Architekten eine ausführliche Energiebedarfsberechnung, kurz Energiepass genannt. Der Pass soll allen Bauherren, späteren Käufern und auch Mietern einen einfachen Überblick erlauben, wie gut die Energiebilanz ausfällt und wie hoch die voraussichtlichen Heizkosten sein werden. Der Energiepass soll in Zukunft genauso zum Haus gehören wie ein Fahrzeugbrief zum Auto.

Unser Tipp:

Als Bauherr sollten Sie sich nach Fertigstellung Ihres Eigenheimes einen so genannten Gebäudepass ausstellen lassen. Dieses Dokument kann dazu beitragen, den Wiederverkaufswert des Hauses zu erhöhen. In dem Pass sind die wichtigsten Daten zu dem betreffenden Haus verzeichnet. Der Gebäudepass ist kostenlos!

Infos unter:
Informationsverein Besser Bauen (IVBB), Augsburg

Infos unter:

Kostenlose Broschüre zum Energie sparenden Bauen und ausführliche Beratung über die telefonische Hotline: +49 (0) 80 00/73 67 34.
www.deutsche-energie-agentur.de

Saint-Gobain ISOVER G+H AG
Postfach 21 05 65 • D-67005 Ludwigshafen
Tel. +49 (0)6 21/47 01-6 21 • Fax 47 01-6 07
E-Mail: w.groener@gh-isover.de
www.isover.de

Schrag GmbH & Co. KG
Hauptstr. 118 • D-73061 Ebersbach
Tel. +49 (0) 71 63/17-0 • Fax 17-1 55
E-Mail: schrag@schrag.de • www.schrag.de

Deutsche Rockwool Mineralwoll GmbH & Co. OHG
Rockwool Str. 37-41 • D-45966 Gladbeck
Tel. +49 (0) 20 43/40 83 29 • Fax 40 85 70
E-Mail: presse@rockwool.de • www.rockwool.de

Wärmeschutz im Steildach spart Heizkosten und verbessert das Raumklima

Wer den Bau eines neues Wohnhauses plant oder sein bestehendes Haus auf Vordermann bringen will, sollte nicht nur an den Anstrich oder an das Aussehen der Dachziegel, sondern vor allem an eine verbesserte Dämmung denken. Denn sie finanziert sich praktisch von selbst und sorgt für ein angenehmeres Wohnklima in Sommer und Winter.

Beim Neubau ist die Dämmung der Sparren-Zwischenräume mit Glaswolle-Klemmfilzen die wirtschaftlichste und sicherste Variante. Bei der Modernisierung bestehender Wohnhäuser bringen Hauseigentümer am besten bei der Neueindeckung des Daches oder dem Ausbau des Dachgeschosses die Dämmung auf den neuesten Stand.

Nach rein wirtschaftlichen Gesichtspunkten hat es sich für den Eigentümer eines 60er-Jahre-Hauses bereits nach sieben Jahren ausgezahlt, die Dämmung auf den neuesten Stand zu bringen. Bei einem 150 m^2 großen Dach werden dank der verbesserten Wärmedämmung jedes Jahr rund 1.200 Liter Heizöl weniger verbraucht. Umgerechnet sind das mehr als 300 Euro im Jahr. Bei steigenden Heizölpreisen rentiert sich die Maßnahme noch früher.

Eine Investition in Wärmedämmung hat aber noch weitere Vorteile: Sie sorgt für angenehmes Wohnklima im Sommer wie im Winter. Hinzu kommt: Mit der Einführung des Energiepasses durch die neue Energie-Einsparverordnung (EnEV) wird der Heizenergieverbrauch eines Hauses für jeden potenziellen Käufer oder Mieter nachprüfbar und damit zum wichtigen Kriterium für den Wert einer Immobilie.

Angenehmes Wohnklima im Sommer und im Winter durch Wärmedämmung.

Mit dem Mineralwolle-Klemmfilz Isover Integra ZKF können Steildächer wirtschaftlich und unkompliziert gedämmt werden.

Klimamembran schützt vor Feuchteschäden

Unterhalb der Zwischensparren-Dämmung wird dann die feuchtevariable Klimamembran Vario KM mit Hilfe der Klebebänder Vario KB und des Dichtstoffs Vario DS winddicht verlegt. Die patentierte Folie Vario KM wurde vom Fraunhofer-Institut für Bauphysik in Stuttgart entwickelt und bietet deutlich mehr Sicherheit als herkömmliche Dampfbremsfolien. Denn sie passt ihre Wasserdampfdurchlässigkeit den Umgebungsbedingungen an und bietet wie keine andere Folie Sicherheit und Wohnkomfort für den Bauherrn.

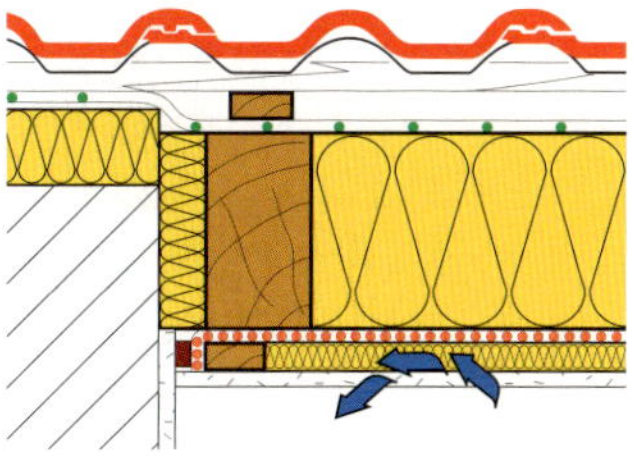

Die unterhalb der Zwischensparren-Dämmung angebrachte einzigartige Klimamembran Vario KM passt ihre Wasserdampfdurchlässigkeit den Umgebungsbedingungen an. Im Winter, wenn die Tauwassergefahr besonders groß ist, schließt sie ihre Poren und schützt so die Holzkonstruktion des Daches vor Feuchtigkeit aus der Raumluft.

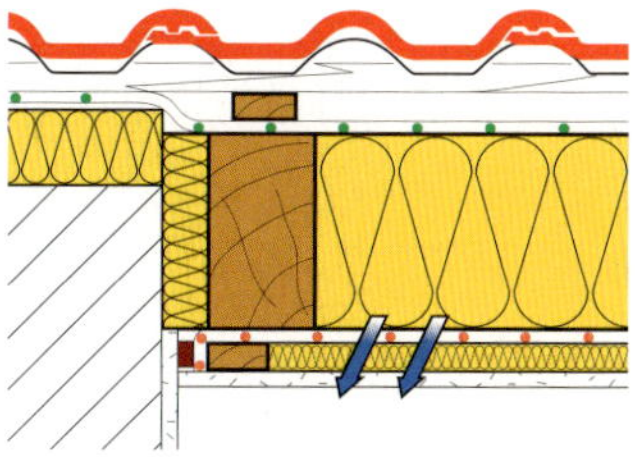

Im Sommer hingegen wird Vario KM durchlässig: Das Holz kann problemlos auch zum Raum hin austrocknen. So werden Feuchteschäden in der Dachkonstruktion verhindert, und ein gesundes Raumklima ist garantiert.

Mit Hilfe der Klebebänder Vario KB sowie des Dichtstoffs Vario DS fällt es auch Heimwerkern nicht schwer, die Klimamembran Vario KM an allen Anschlüssen und Übergängen winddicht zu verlegen. Vorteil: Alle Komponenten sind aufeinander abgestimmt und bieten als System die größtmögliche Sicherheit für Bauherren. Die dauerhafte Funktion des Vario-Winddicht- und Feuchteschutzsystems gewährleistet ein langlebiges Dach ohne Probleme und bietet hohen Wohnkomfort.

Von innen ist die Dämmung am einfachsten zu verlegen

Einfach und bewährt ist ein nachträglicher Wärmeschutz des Steildachs von der Raumseite her. Heute dämmt man in aller Regel nach der Warmdach-Methode: Dabei wird die gesamte Sparrenhöhe für die Dämmung genutzt.

Auf Nummer Sicher geht der Bauherr, wenn er Dämmsysteme einsetzt, die genau auf diesen Einsatzzweck zugeschnitten sind, wie das Warmdach-System Integra von ISOVER. Es umfasst die Glaswollefilze Integra ZKF für die Zwischensparrendämmung, die Untersparrendämmung Integra UKF in zwei Dicken und das Winddicht- und Feuchteschutzsystem Vario.

Die elastischen, sehr gut wärmedämmenden Integra-Glaswollefilze (Wärmeleitfähigkeitsgruppen WLG 035 und 040) lassen sich einfach und nahezu verschnittfrei verarbeiten. Sie werden mit geringem Übermaß zugeschnitten und zwischen die Dachsparren geklemmt.

Die mineralischen Filze dämmen nicht nur winterliche Kälte und sommerliche Hitze, sie haben auch hervorragende Schallschutz-Eigenschaften und sind nicht brennbar.

Im ersten Schritt wird der Sparrenabstand ausgemessen.

Der Klemmfilz wird mit 1 cm Klemmzugabe zugeschnitten und zwischen die Sparren eingeklemmt.

Die Klimamembran Vario KM wird unterhalb der Sparren angetackert.

Die Überlappungen der Klimamembran werden mit dem Systemklebeband Vario KB überklebt. Anschlüsse an Bauteile erfolgen mit dem Dichtstoff Vario DS.

Zur Vermeidung von Wärmebrücken wird zwischen die Traglattung der Innenbekleidung Integra UKF als Untersparrendämmung eingebaut.

ISOVER Flora Hanfwolle ist die natürliche Alternative zu konventionellen Dämmstoffen.

Dämmstoff auf pflanzlicher Basis – jetzt durch Fördergeld viel günstiger

Bauherren, die ein Dämmmaterial aus nachwachsenden Rohstoffen bevorzugen, bietet ISOVER mit seinen neuen Hanfwolle-Dämmplatten Integra ZKP 1 Florapan und Integra UKP 1 Florapan eine „nachhaltige“ Systemalternative an. Ausgezeichnet mit dem Umweltsiegel „natureplus“ bieten die Flora-Dämmstoffe aus reinem Nutzhanf geprüfte Sicherheit – sowohl in technischer als auch in ökologischer Hinsicht. Der Einsatz dieser Naturdämmstoffe wird jetzt sogar staatlich gefördert: Bauherren erhalten pro m^3 Isover Flora Hanfwolle 40 Euro Fördergeld. Damit sind die Naturdämmstoffe deutlich preisattraktiver geworden und stellen eine sinnvolle Alternative für alle Bauherren dar. Über die Bedingungen und die Antragsmodalitäten zum Förderprogramm, das bis zum 31.12.2004 befristet ist, informiert Sie gerne Isover Dialog unter der kostenlosen Hotline 0 800/5 01 55 01.

Die pflanzlichen Markendämmstoffe für den Wärmeschutz zwischen den Dachsparren ISOVER Integra ZKP 1 Florapan werden nach dem gleichen einfachen Prinzip verlegt wie die bekannten Mineralwolle-Klemmfilze. Zusammen mit der Untersparrendämmung Integra UKP 1 Florapan lassen sich bei Sparrentiefen ab 160 mm die aktuellen Wärmeschutzanforderungen der Energieeinsparverordnung (EnEV) erfüllen und Wärmebrückeneffekte ausschalten.

Das perfekte Sanierungs-Dämmsystem für bereits ausgebaute Dachgeschosse

Viele Altbaudächer sind schon vor Jahren ausgebaut worden. Ein Großteil der Wohnungen hat die ersten Renovierungen bereits hinter sich – nur der Wärmeschutz ist immer noch auf dem Stand von vorgestern. Erneuerung tut not, um Heizkosten und Raumklima modernen Verhältnissen anzupassen. Die meisten Althausbesitzer scheuen jedoch den Aufwand und den Dreck, den eine nachträgliche Dämmung von der Raumseite mit sich bringt. Die Alternative heißt: Dachsanierung von der Außenseite.

Diesen Gedanken greift auch die EnEV auf. Sie schreibt vor, bei Um- und Neueindeckungen die Wärmedämmung des Daches den aktuellen Anforderungen anzupassen. Bei Dach-Umdeckungen bietet sich mit dem Sanierungssystem Integra ZSF von Isover G+H eine gleichermaßen sichere wie wirtschaftliche Lösung für den nachträglichen Wärmeschutz von außen an.

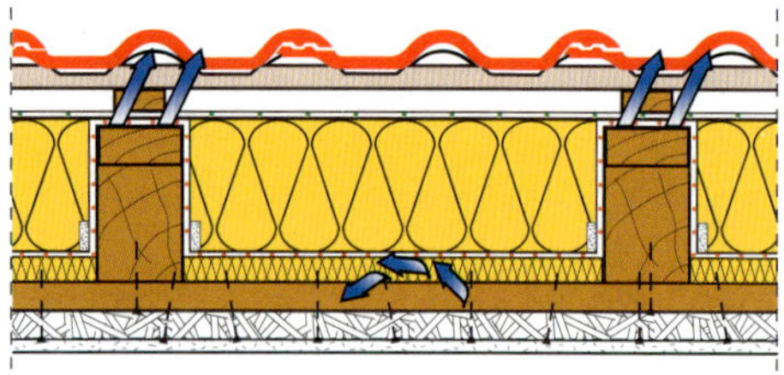

Durch die sich ideal ergänzenden Systemkomponenten sorgt ISOVER Integra ZSF dafür, dass Feuchteschäden konsequent vermieden werden.

Integra ZSF basiert auf der neuartigen, feuchtevariablen Dampfbremsfolie Vario KM Klimamembran. Sie kann ihre Wasserdampfdurchlässigkeit abhängig von den Umgebungsbedingungen variieren: Im Winter schließt sie ihre Poren und schützt die Dachkonstruktion vor eindringender Feuchtigkeit aus der Raumluft. Im Sommer hingegen wird die Folie durchlässig: Das Holz kann nach außen wegtrocknen.

Auf Grund dieser einzigartigen Eigenschaften kann die Klimamembran Vario KM großflächig über die Dachsparren hinweg verlegt werden kann. Dadurch entfällt ein zeit- und kostenintensives Zuschneiden.

Bei herkömmlichen Dämmverfahren musste jedes Sparrenfeld separat mit einer Dampfbremsfolie ausgekleidet werden. Diese durfte auf gar keinen Fall über die Sparren gezogen werden, da sonst die aufsteigende Raumluftfeuchte im Sparrenholz nicht austrocknen konnte und es zwangsläufig zu gravierenden Feuchteschäden kommen musste.

Die „intelligente" Dampfbremse hingegen muss lediglich an den Bahnenrändern sowie an Traufe und Ortgang mit speziellen Klebe- und Dichtungsbändern luftdicht verschlossen werden – fertig. So verringert sich der Arbeitsaufwand im Vergleich zu anderen Lösungen ganz erheblich.

Anschließend werden die Dämmfilze in die Gefache zwischen die Sparren gelegt. Dabei handelt es sich um einen speziell für diese Anwendung entwickelten, wasserabweisenden Glaswollefilz der sehr guten Wärmeleitfähigkeitsgruppe 035. Abgerundet wird das Sanierungssystem Integra ZSF durch die neue Unterdeckbahn Integra ZUB. Sie schützt den Dämmstoff vor Sprühregen oder Flugschnee, der durch Fugen und Ritze in der Dacheindeckung eindringen kann.

Nachdem der Sanierungsfilz Integra ZSF in die Sparrenzwischenräume eingebracht wurde, wird als Sicherheitsschicht die Unterdeckbahn Integra ZUB aufgebracht. Dann folgen nur noch Konterlattung und Traglattung und natürlich die neue Dacheindeckung.

Infos unter:
Saint-Gobain Isover G+H AG
Postfach • D-67005 Ludwigshafen
Tel. +49 (0) 800/5 01 55 01 • Fax 5 01 65 01
E-Mail: dialog@isover.de • www.isover.de

Moderne Gebäudesystemtechnik mit EIB, die alles für Sie regelt

Moderne Gebäude-Systemtechnik bietet viel Komfort und Sicherheit und spart Energie!

Wir möchten Ihnen die ausgereifte Technik Busch-Powernet® EIB vorstellen und Ihnen dadurch eine Entscheidungshilfe an die Hand geben. Die Ansprüche an eine zeitgemäße und darüber hinaus zukunftssichere Elektroinstallation sind in den letzten Jahren auf Grund einer rasanten technischen Entwicklung ständig gestiegen. Technische Lösungen, die noch vor 10 bis 15 Jahren guter Standard waren, sind heute nicht mehr ausreichend. Allein die Möglichkeiten, die sich Ihnen heute in den Bereichen Sicherheit, Energieeinsparung und Kommunikation bieten, sind mit einer Standardinstallation nicht mehr voll auszuschöpfen. Wir möchten Ihnen zeigen, welche Möglichkeiten sich Ihnen mit der modernen Gebäude-Systemtechnik bieten – gleichgültig, ob Sie nun einen Neubau planen oder Ihrem bereits vorhandenen Haus eine gründliche „Verjüngungskur" gönnen wollen.

Busch-Powernet® EIB unterstützt Sie bei der Realisierung Ihrer Anforderungen und Wünsche an eine zeitgemäße Elektroinstallation, die sich auch noch nach Jahren leicht der technischen Weiterentwicklung anpassen lässt. Bei der Konzeption von Busch-Powernet® EIB ist besonderen Wert auf leichte Bedienbarkeit gelegt worden. Änderungs- oder Erweiterungswünsche, die sich erst im Laufe der Zeit ergeben, sind einfach zu realisieren.

Busch-Powernet® EIB – das heißt: mehr Komfort, Sicherheit und Wirtschaftlichkeit für Ihre Elektroinstallation.

Lassen Sie sich von Ihrem Elektroinstallateur eine auf Ihre ganz persönlichen Bedürfnisse und Wünsche abgestimmte Elektroplanung erstellen. Die vielfältigen Anwendungsbereiche, die sich für Ihr Haus ergeben, werden Ihnen zeigen, dass Busch-Powernet® EIB eine Investition ist, die sich für viele Jahre bezahlt macht.

Elektronische Überwachung von Außentüren und Fenstern – sicher ist sicher.

Geöffnete Fenster und Türen wirken sehr einladend.

Leider auch für unerwünschte Gäste. Sie möchten sich sicher fühlen und nachts beruhigt schlafen. Darüber hinaus wollen Sie Ihr Haus und Ihre persönlichen Wertgegenstände besonders nachts und während Ihrer Abwesenheit wirkungsvoll gegen Unbefugte schützen. EIB bietet Ihnen verschiedene Möglichkeiten zur Sicherung Ihres Eigentums.

Diese Elektroinstallation Ihres Hauses ist fit für die Zukunft

Sie planen zur Zeit den Neubau Ihres Hauses und wünschen eine Elektroinstallation, die auch in den nächsten Jahren mit der rasanten Entwicklung auf dem Sektor Haustechnik (Heizung, Klima, Solarenergie, Regenwassernutzung etc.) Schritt halten kann. Sie haben bereits ein Haus, mit dem Sie an und für sich ganz zufrieden sind, aber Sie möchten dieses Haus elektronisch auf den neuesten Stand bringen, um dadurch mehr Komfort, Sicherheit und Wirtschaftlichkeit zu erreichen. EIB ist die moderne Technik für das perfekte Haus.

Wohlige Wärme: Heizung und Sauna – bestens geregelt

Sie möchten Ihre moderne, ökonomisch arbeitende Heizungsanlage wirklich optimal ausnutzen. Da freut sich die Umwelt – und Ihr Sparschwein lacht.

Wirtschaftlichkeit und Sicherheit – zwei wichtige Aspekte

Noch mehr Energie lässt sich einsparen, indem Sie einzelne Raumsteuerungen mit elektronischem Temperaturfühler und Anzeige der Raumtemperatur mit einplanen. Das jeweilige Heizungsventil wird dann nur zu den Zeiten geöffnet, zu denen Sie im Hause sind bzw. eine höhere Raumtemperatur wünschen. Auf einer LCD-Anzeige können Sie die Temperatur eines Raumes schnell ablesen und regeln.

Außenanlagen – viel mehr als nur beleuchten

Auch außerhalb Ihres Hauses haben Sie mit der Systemtechnik vielfältige Möglichkeiten für mehr Komfort, Arbeitserleichterung und Sicherheit.

Prima Klima in Ihrem „grünen Wohnzimmer“

Mit Busch-Powernet® EIB können Sie in Ihrem Wintergarten alles auf Witterungs- und Sonnenverhältnisse abgestimmt regeln, sodass Sie das ganze Jahr Freude an Ihrer grünen Oase haben werden.

Sonnenschutzsteuerung viel mehr als Licht und Schatten.

Sie wollen Ihre Rollläden, Jalousien und Markisen optimal nutzen und wünschen, dass diese auch während Ihrer Abwesenheit bei Bedarf oder nach Ihren zeitlichen Vorgaben herauf- bzw. heruntergefahren werden. Sie freuen sich auf Ihren Familienurlaub. Damit Ihr Haus nicht verlassen wirkt und „unerwünschte Gäste“ zu einem Besuch einlädt, lassen Sie auch während Ihrer Abwesenheit Ihre Rollläden und Jalousien bedienen.

Lichtgestaltung für ein behagliches Zuhause

Licht ist ein wesentlicher Faktor für das persönliche Wohlbefinden. Die Bedeutung

der Beleuchtung für eine als angenehm empfundene Wohnatmosphäre ist daher nicht zu unterschätzen. Variabel genutzte Räume oder Möbelstücke verlangen nach einer Lichtgestaltung, die sich leicht dem jeweiligen Zweck anpassen lässt.

Infos unter:
Busch-Jaeger Elektro GmbH
Freisenbergstraße 2 • D-58513 Lüdenscheid
Tel. +49 (0) 180/5 66 99 00
Fax +49 (0) 180/5 66 99 09
www.busch-jaeger.de

Ratgeber besonderer Art

Neben dem erfolgreichen Konzept des Haus-Plansets gibt es auch das Wohn- und das Garten-Planset. Planungsmappen mit schönsten Wohnbeispielen und Informationen für den perfekten Bau.

Kompletter Inhalt:

2 Raumperspektiven auf Folie für das Farbgestaltungs-System vermitteln ein verblüffendes Farb-Raumgefühl.

Möbelumrisse zum Ausschneiden für maßstabsgerechte und praktische Grundrissplanungen.

Wohnfaszination und Einrichtungstrends auf 192 Seiten. Mit einer Fülle von Ideen und Gestaltungsvorschlägen für alle Wohnbereiche.

Neuartiges Farbgestaltungssystem, mit dem Sie Ihre persönliche Farbharmonie optimal selbst gestalten. Mit exakter Gebrauchsanleitung und zahlreichen Beispielen.

104 trendige Wohnfarben. 40 Akzenttöne und 20 Holzdrucke für Ihre Farbcollagen.

- Moderne Küchen und Bäder
- Stilvoll speisen
- Schlafräume
- Der individuelle Schlafraum
- Wandgestaltung
- Ausgefallene Bodenbeläge

Kompletter Inhalt:

Großer Grundplan-Bogen zum Aufkleben der Symbole

Garten-Symbole zum Ausschneiden und maßstabgerechten Planen

Kalkulationsbögen

Sonnenrosen auf Transparentbogen zum Feststellen der Himmelsrichtungen und des Sonnenstandes

Pflanzenaufstellung mit Jahresplan

Garten-Planset: Auf 192 Seiten wichtige Planungsgrundlagen mit vielen Ideen und Anregungen

- Großer Grundplanbogen
- Verschiedene Pflanzen- und Gartenbausymbole
- Einmalige Sonnenrosen auf Transparent
- Tabellen mit Jahrespflanzplan, Kalkulationsbögen und Pflanzenaufstellung

Die Plansets sind über den Buchhandel zu beziehen. Weitere Informationen: www.karl-mueller-verlag.de

Impressum

Haus-Planset

Redaktion und Gesamtleitung:
Klaus M. Bayer
– klaus.m.bayer@bauzirkel-verlag.de

Zeichnungen:
Susanne Fischer

Text:
Judith Bayer, Gudrun Vorwerk Neumann,
Dr. Barbara Toillié

Grafik-Design und Produktionsleitung:
Thomas Bittner
– thomas.bittner@bauzirkel-verlag.de

Umschlaggestaltung:
Michael Raetz

Titelbild: Braas

Abbildung S. 3:
Röben Tonbaustoffe

Druck und Bindung:
Graspo CZ, a.s.

Printed in Tschechien
ISBN: 3-8336-276-7

www.bellavista-verlag.de

HINWEIS
Das vorliegende Buch ist sorgfältig erarbeitet worden. Dennoch erfolgen alle Angaben ohne Gewähr. Autoren und Verlag bzw. dessen Beauftragte können für eventuelle Personen-, Sach- oder Vermögensschäden keine Haftung übernehmen.

****

Inneneinrichter-Guide

Es gibt sie auch in Ihrer Stadt. Die im höchsten individuellen Interieurniveau arbeitenden „Viersterne-Inneneinrichter". Vorgestellt werden diese in dem jetzt wieder neu erschienenen „Viersterne-Inneneinrichter Guide". Die Auswahl erfolgt nicht nur deutschlandweit, sondern umfasst auch die benachbarten Länder in Europa.

Um Ihnen die Wahl Ihres Inneneinrichters zu erleichtern, haben wir eine Unterteilung in drei Gruppen vorgenommen. Und zwar in: Moderne Inneneinrichter, elegante Inneneinrichter und mit edelsten Antiquitäten arbeitende traditionelle Inneneinrichter. Darüber hinaus unterscheiden wir in Viersterne-Einrichtungsstudios bis 1.000 m² Interieurausstellungen, in denen der Inhaber persönlich berät und die keinem Einkaufsverband angehören, und den Einrichtungshäusern mit einer Ausstellungsfläche von mehr als 1.000 m².